U0529437

公共性哲学
——人的共同体的发展

Philosophy of Publicity
The Development of Human Community

郭 湛 / 等著

中国社会科学出版社

图书在版编目(CIP)数据

公共性哲学：人的共同体的发展 / 郭湛等著. —北京：中国社会科学出版社，2019.10（2021.7 重印）
ISBN 978-7-5203-5244-4

Ⅰ.①公⋯　Ⅱ.①郭⋯　Ⅲ.①哲学理论—理论研究
Ⅳ.①B0

中国版本图书馆 CIP 数据核字（2019）第 208982 号

出 版 人	赵剑英
责任编辑	朱华彬
责任校对	张爱华
责任印制	张雪娇
出　　版	中国社会科学出版社
社　　址	北京鼓楼西大街甲 158 号
邮　　编	100720
网　　址	http://www.csspw.cn
发 行 部	010-84083685
门 市 部	010-84029450
经　　销	新华书店及其他书店
印刷装订	环球东方（北京）印务有限公司
版　　次	2019 年 10 月第 1 版
印　　次	2021 年 7 月第 2 次印刷
开　　本	710×1000　1/16
印　　张	18
插　　页	2
字　　数	277 千字
定　　价	99.00 元

凡购买中国社会科学出版社图书，如有质量问题请与本社营销中心联系调换
电话：010-84083683
版权所有　侵权必究

目　　录

导　言　公共领域的哲学：新的生长点 / 1

第一章　哲学对公共活动领域的关注 / 5
　一　公共活动领域的公共性 / 5
　二　社会生活秩序的生产和供给 / 7
　三　国家、政府职能的公共性质 / 9
　四　市场经济社会的公共性前提 / 10
　五　当代社会对于公共性的需求 / 12

第二章　公共性问题的由来和发展 / 15
　一　公共性问题的产生 / 16
　二　公共性问题的凸显与困境 / 17
　三　公共性理念的历史检视和当代重建 / 20
　四　公共性问题研究的基本原则 / 23

第三章　人文世界的公共性及其诠释 / 25
　一　"公共性"概念的历史考察 / 25
　二　公共性的当代意蕴 / 30
　三　当代公共性发展面临的问题 / 35

第四章　公共利益：马克思唯物史观的解读 / 37
　一　公共利益的产生 / 37
　二　公共利益的实现 / 40

三　资本主义社会公共利益的产生和实现 / 43
　　四　公共利益的历史发展 / 46

第五章　哲学从主体性到公共性的走向 / 50
　　一　理论与实践 / 50
　　二　存在与规律 / 55
　　三　主体与活动 / 58
　　四　生产与发展 / 61
　　五　文明与交往 / 64
　　六　主导范式的转换 / 66
　　七　哲学的公共性转向 / 67

第六章　公共性的样态与内涵 / 70
　　一　人的社会关系与公共性 / 70
　　二　共在性、共处性、共和性 / 72
　　三　公有性、公用性、公利性 / 73
　　四　共通性、共谋性、共识性 / 74
　　五　公意性、公义性、公理性 / 76
　　六　公开性、公平性、公正性 / 77

第七章　人们的公共存在与公共意识 / 79
　　一　存在与意识：社会的公共性 / 79
　　二　人的社会和自然的公共性存在 / 81
　　三　对公共和公共性的意识 / 83
　　四　理解国家和社会的公共性 / 84
　　五　无产阶级与社会公共性的发展 / 86

第八章　作为公共意识的哲学社会科学 / 88
　　一　哲学社会科学：理论形态的公共意识 / 88
　　二　建构民族国家共同体亟需哲学社会科学引领 / 91
　　三　人类命运共同体对中国哲学社会科学的期待 / 95
　　四　中国马克思主义与当代哲学社会科学发展 / 99

五　主体性和公共性：话语体系建设两个维度 / 101

第九章　话语体系建设的主体性与公共性层面 / 105
一　话语体系的本质属性和功能作用 / 105
二　当代社会话语体系建设意识的觉醒 / 109
三　历史性和世界性：话语体系发展的趋势 / 111
四　话语体系建设的主体性层面 / 113
五　话语体系建设的公共性层面 / 116
六　哲学社会科学话语体系建设的立场和原则 / 118

第十章　公共意识对公共存在的维护和建构 / 121
一　社会公共意识与公共存在相互作用 / 121
二　个体群体：确立公共价值追求和评价体系 / 125
三　社会国家：建构秩序规范和维护公共利益 / 127
四　人类整体：聚集历史合力的命运共同体 / 131

第十一章　阶级性与公共性：《共产党宣言》双重意蕴 / 136
一　从历史上的阶级到当代的阶级 / 136
二　资产阶级公共性和资本主义社会危机 / 138
三　无产者的阶级性和公共性与未来社会 / 140
四　社会公共性变革及其措施的实质 / 142

第十二章　公共主义的核心价值观念 / 145
一　原有社会理论与现实矛盾的破解 / 145
二　公共主义：共产主义的基本含义 / 146
三　现代社会中的两种公共主义 / 147
四　当代社会主义：建设更高程度的公共主义 / 148

第十三章　面向未来的公共主义发展观 / 150
一　公共主义发展观：概念和特征 / 150
二　公共主义发展观的出场语境 / 153
三　发展观上的基本范式转换 / 155
四　公共主义发展观的现实基础 / 157

五　实现公共主义发展观的路径 / 159
六　公共主义发展观的时代表达 / 162

第十四章　人类命运共同体：坐标、基础与意义 / 165
一　人类命运共同体的历史坐标 / 165
二　构建人类命运共同体的现实基础 / 167
三　构建人类命运共同体的世界意义 / 169
四　治理的根本：共同体、公共性及其发展理念 / 170

第十五章　社会进步中当代中国人的发展 / 174
一　社会进步与人的发展 / 174
二　人的依赖关系占统治地位阶段 / 177
三　以物的依赖关系为基础的人的独立性 / 179
四　自由人联合体中的自由个性阶段 / 181
五　自由时间：人的发展的自由空间 / 183
六　当代中国人的发展与历史使命 / 185

第十六章　富强：中国特色社会主义的根基 / 190
一　富强作为社会主义核心价值的必要性 / 190
二　富强作为社会主义价值观范畴的界定 / 193
三　富强作为核心价值观念的践行误区 / 195
四　富强作为社会主义核心价值观的实现之路 / 198

第十七章　文明复兴：当代中国问题核心 / 201
一　中华文明历史发展与现实境遇 / 201
二　哲学思想对中华文明演进的影响 / 203
三　围绕文明复兴的"中国问题"群 / 204

第十八章　走向现代复兴的中华文明 / 206
一　"人化"之文化与文明 / 206
二　中华文明及其拥有的理念 / 209
三　中华文明的理念系统 / 212
四　中华文明使命：和平、发展、合作、自在 / 217

第十九章　中华文明复兴的核心取向 / 221
　　一　传承、创新和引领：中华文明复兴要义 / 222
　　二　超越资本文明：中华文明复兴核心取向 / 225
　　三　创新社会主义文明：中华文明复兴历史责任 / 228
　　四　立足现实，解决问题，创新发展 / 230

结　语　实践铸就中国道路自信 / 233
　　一　问题实质：中国道路的选择或创新 / 233
　　二　40 年实践检验中国道路正确性 / 235
　　三　道路自信与理论、制度和文化自信 / 236

主要参考文献　/ 238

附录 1　从主体性哲学到公共性哲学
　　　　——访郭湛教授（刘诤）/ 241

附录 2　郭湛：以赤子之心爱哲学　以学者之责观社会
　　　　（阴志璟　刘寒青）/ 248

附录 3　从中国走向世界的当代中华文明
　　　　——访中国人民大学哲学院郭湛教授（韩雪青）/ 254

附录 4　思想理论创新：从前提走向前沿
　　　　（郭湛）/ 266

后　记　/ 279

导　言

公共领域的哲学：新的生长点[*]

在人类历史进入新的世纪和新的千年之际，哲学将向何处去，怎样才能获得进一步的发展？对于这个问题，可以从不同角度进行思考，作出不同的回答。在这些思考和回答中间，特别值得注意的是对于哲学关注的对象和表述方式的变化的认识。从这个角度出发，我们认为未来的哲学应该更多地关注公共领域，在哲学的表述方式上，也应该因此有适当的调整。

哲学本来就是面向公众的，它所关注的中心就是公共领域。这里所说的公共领域，是包括哲学家本人在内的公众的生存、意识和行为，即众人的存在、感知和实践，是人们的物质生活和精神生活，是人与人、人与社会、人与自然的现实关系。这是每一个人都生活于其中，都不可能完全摆脱的领域，是他们都不能不关心的领域。实际上，公众所关心的就应该是哲学所关心的，只不过哲学力图以更理性、更智慧的方式来对待它，为公众提供或帮助公众把握一种对待事物或问题的较为明智的态度和方式。

古代的哲学，无论在东方或西方，都是在公众中形成和发展起来的。古希腊的苏格拉底是一位完全面向社会和公众的哲学家，他不是仅仅把自己关在书斋里，而是常常在公共场所与各式各样的人们讨论问

---

[*] 原载《中国人民大学学报》2002年第2期。

题。他同人们讨论的未必都是纯哲学问题，但却是以哲学的方式予以探讨的问题，最后总是会达到一定的哲学深度，使人们对问题的理解得以明晰和深化。中国古代的孔子同样是面向社会和公众的，不论是周游列国推行自己的政治主张，还是聚徒讲学培养人才，他所关心的都是天下、国家、社会、人生。在他对各种事物的见解和态度中，处处闪耀着哲学智慧的光芒。孔子主张"有教无类"（《论语·卫灵公》），这里所说的教当然包括哲学教育，因而也就意味着他的哲学是面向公众的。哲学的价值就在于满足公众"爱智慧"的愿望，这也正是哲学历经数千年而不衰的原因。

正因为哲学的接受对象是公众，它所关注的是公共领域，因此哲学的表述所应采用的只能是通行于公共领域的公众语言。为了使公众更易于接受和掌握哲学，哲学家应当注意改善哲学思想的表达形式，尽可能采取公众喜闻乐见的表述方式。在古代，科学还未从哲学中分化出来，而文学、史学和哲学也没有严格的界限。文学是用生动、形象的公众语言来表述的艺术形式，受到有接受能力的公众最广泛的欢迎。早期的哲学多采取文学的形式，或者带有浓郁的文学色彩，思想与文采相得益彰，至今魅力犹存。

近代之初，在哲学思维中孕育、成长的科学思维逐渐成熟，先是自然科学，然后是社会科学的各学科，相继从哲学中分化出来。在社会生活中，科学取代哲学而成为影响最大的思维方式。科学的精确化、实证化的特点与哲学的抽象性、形上性相比，在现实的社会中，特别是在社会的物质生产、物质生活和社会管理中显示了极大的优越性。现代社会整个面貌的巨大变化，人类生活状况的明显改观，从根本上说是由科学和随之而来的技术的发展所带来的。因此，科学理所当然地受到全社会的尊敬、重视和推崇。

于是，在哲学和科学的关系上也相应地发生了变化，由原先哲学较多地影响科学向科学较多地影响哲学转化。现代哲学在思考的内容上越来越关注科学所取得的成果，而在表述形式上也越来越同科学的表达方式接近。近代以来，科学内部日益分化，科学活动越来越成为一种专业领域。许多哲学家追随科学的发展，使哲学同样发生越来越细的分化，把哲学活动也变成了专业的活动。哲学家成为自己专业领域的专家，关注专业领域成为他们的主要任务，对于哲学的深入发展起了决定性的作用，完成了哲学从近代向现代的转变。

然而，这种转变也带来了相应的负面影响，那就是哲学的高度专业化使它远离公众和公共领域。哲学的内容和方法越来越专业化，哲学的作者和读者越来越专家化，使哲学渐渐从公共领域中淡出，同时自然也淡化了它的公众色彩。这种淡出和淡化使哲学在公众心目中的形象越来越苍白，也使哲学在社会生活中的作用越来越弱，造成了人们所说的"哲学的贫困"。尽管专业哲学领域不一定贫困，但由于公共领域的哲学趋于衰落，不能不使之在公众眼中呈现一片萧索的景象。

我们的哲学要想在新世纪得到新的发展，或者退一步说，要从根本上保持其生存的必要性，就必须重新高度重视公众密切关注的公共领域。哲学的专业领域的研究无疑是重要的，但我们应当清楚地意识到，专业领域本身并不是哲学研究的最终目的所在。哲学专业研究的真正任务，在于锻造哲学思维的方法论武器，以便哲学在面对公共领域的复杂问题时能够有一把更犀利的理性的解剖刀。历代杰出的哲学家，都是从具有专业水准的深入的哲学研究中找到新的更有力的哲学思维方法，因而才能在面对公共领域的问题时帮助和引导公众突破陈旧的思维模式，达到对事物的历史、现实和未来的更深刻的理解，启迪智慧和创造能力，推动认识与实践的进展。

对于哲学而言的公共领域和专业领域，是一个相对的划分，这种区分作为现实的结果有其历史的原因。任何一个国家或民族最初的哲学都是公共领域的哲学，尔后才渐次发展出了专业领域的哲学。即使在那时，许多哲学家在深入开掘专业领域的同时，仍然极为重视公共领域，不忘自己对于社会和公众最主要的责任。就我们中国哲学界来说，由于哲学的历史积累和文化承传，大体上形成了马克思主义哲学、中国哲学、西方哲学、伦理学、美学、宗教哲学、科学技术哲学等主要专业领域。当然还可以作更细致的专业划分，如各个民族的哲学，经济、政治、法律、文化等各个社会领域的哲学，等等。无论这些专业领域怎样划分，无论我们每个人处在哪个专业领域之中，都不应忘记哲学的公共领域。关心公共领域就是关心公众，就是关心整个社会、整个国家乃至整个人类，哲学真正的本性即在于此。

鉴于已有的哲学出现了重专业领域、轻公共领域的偏向，不仅影响哲学的发展，而且危及哲学的生存，未来的哲学更应当关心公共领域，大力开拓公共领域的哲学。应当鼓励各个专业领域的学者花更多的时间走出本专业的狭小房间，来到公共领域的大厅之中，进行跨专业的交流，共同关注和协力解决社会和公众关心的重大问题。这些问题关系到每个人，关系到人与人、人与社会、人与自然之间的关系，因而关系到每个人的生存和发展。

为了使公共领域的哲学更易于为公众了解和把握，哲学文本的表达方式需要更加多样化和公众化。哲学表达方式不应当只是追求与科学表达方式的一致性，还可以追求与文学表达方式的一致性。面向公众领域的哲学，在表述形式上也许更应该像文学，而不是更像科学。其实，在科学走出专业领域进入公众领域，如进行科学普及教育时，最经常运用的恰恰是文学的表达形式。在这方面，哲学也需要向科学学习。哲学表述方式作为手段应当服从于目的的需要。

第一章

哲学对公共活动领域的关注[*]

回归生活世界，已经成为当代哲学的一个时代话题。人类生活是永远流动、无限生成的。强调哲学回归生活世界，不是要人们沉醉于现实生活之中，而是要以一种哲学态度或观念来看待生活。用生活来说明人和世界，是哲学视野的根本转换。在这个意义上，人就成为立足现实而又追求超越、不断创造的生成的人，世界就成为由人无尽的生活实践而无限生成的过程。

人类的现实生活包括公共领域和私人领域两个方面，即通常所说的公共活动领域和私人活动领域。如果所谓回归生活世界仅仅意味着回归私人生活，即私人活动领域，不再关心公共活动领域，那么，这种回归实际上是对生活世界更严重的疏离。这样的哲学不仅不能对以往哲学的产生和发展做出历史的解释，还将丧失哲学本来的意义，导致哲学真正被生活遗忘。关注公共活动领域，这是哲学的一个不可或缺的方面或必要的维度。哲学总是力图以更理性、更智慧的方式，对待公共活动领域和公共性问题。

一 公共活动领域的公共性

公共活动领域是每一个人都生活于其中、不可能完全摆脱的领域，

---

[*] 本章与王维国合作，原载《北京大学学报》（哲学社会科学版）2003年第3期。

是由众多个人组成的公众不能不关心的公共领域。凡是借助公共权力或公共资源谋取可共享利益的活动都属于广义的公共活动，包括制度的确立和实施、改革和完善，宏观经济和社会政策的制定与实行，基础设施及公共工程的建设与管理，教育、国防、医疗卫生、社会保障、生态和环境保护等活动。虽然公共活动随着时代的变迁会有不同的内容和方式，但其基本特征一直为公共性。因此，公共活动领域问题的实质就是公共性问题，对公共活动领域的关注也就是对公共性的关注。对人类活动的公共领域和公共性问题加以思考，是哲学最重要的使命。

公共性，即可共享性，是相对于自利性而言的。自利性，简单地说就是排他性、独占性。凡是谋取排他性利益的活动就是私人活动。也就是说，私人活动的基本特征为自利性。由于私人活动主要是在家庭和经济领域中展开的，而家庭生活和经济生活又是人类最基本的活动，因而重视公共活动领域并不意味着要取消或贬低私人活动及其自利性，而是主张一种合理的自利性，反对那种过度扩张的自利性。每个人基本的生活所需，与其工作责任、劳动付出相一致的利益要求，属于合理的正当的自利性，是基本人权的组成部分，国家、政府必须给予充分尊重和保护。个人合理的自利性的实现不仅要靠个人的努力，更依赖于人们共同建构和维护的公共活动领域。

哲学和其他任何学术、科学一样，不应当也不可能是一种自私自利的享受，不能只关心私人活动领域。哲学作为"时代精神的精华"不是私人性的，而是公共性的，是对人类生活及其转型的自觉反思，是对人类存在与发展的现实的和终极的意义或价值的探索。哲学的真正本性就在于关注公共性，即关注公众、关注整个社会、整个国家乃至整个人类。

社会生活是一种公共性的生活。从社会生活的发展过程来看，人类的公共活动虽然始终在向着公正、合理的方向前进，但并非一帆风顺，其间经历了许多曲折。总的来说，人类活动的公共性在不断由虚幻走向真实。20世纪以来，随着国家、政府开展公共活动范围的扩大和管理公共活动职能的增强，政府开始陷入机构臃肿、腐败、涣散和效率低下的困境，假公济私、以公谋私的现象越来越突出。国家、政府的一些部门、集团或个人假借公共活动侵占广大民众权利，使公共性受到了自利性的侵蚀。在这种情况下，公共性的真实性越来越受到公众的质疑，出现了公共性危机。公共性的问题或危机是由公共活动本身所带来的，这也决定了公共性的问题或危机只能通过公共活动自身的改革或转型来解决。

新世纪伊始，公共活动的开展和管理呼唤新思维和新变革。尤其是随着环境危机、隐形经济危机、资源危机、核危机、恐怖活动和艾滋病等全球性问题的日益严重以及全球化进程的加快，人们对公共性的问题或危机表现出了前所未有的关注。无论是世界的经济秩序还是政治秩序，还远未达到起码的公平、公正的境地，仍然处于一种不合理的状态中。马克思主义哲学作为以往哲学的变革和超越，不仅对以往不合理的人类生活状况进行了无情的批判，而且明确指出：以往的"哲学家们只是用不同的方式**解释**世界，问题在于**改变**世界"[1]，人类的终极价值应是"每一个个人的全面而自由的发展"[2]。这就要求当代马克思主义哲学关注和研究人类的公共活动，重建现代社会的公共性理念，使人类的公共活动既有效率又不失去其应有的公正性和合理性。

二 社会生活秩序的生产和供给

人类自身的条件决定了人类生活只能是一种社会生活。社会所具有的基本功能就是给人们提供一个能够分工和协作的有序的场所。有序性及其所呈现的秩序使个人活动得以可能，从而也是社会生活得以可能的必要条件和根据。社会秩序对于社会中的个人来说，具有普遍必然性。正是人的社会性决定了秩序对人的必要性，秩序同物质生活资料和精神文化一样，也是人类的基本生存需要或利益要求。

自在的自然不能直接满足人类生命个体的需要，有限的个体无力实现自己多方面的需要，这就决定了人们必须通过共同的生产实践来改变

---

[1] 《马克思恩格斯选集》第1卷，人民出版社2012年版，第136页。
[2] 《马克思恩格斯全集》第44卷，人民出版社2001年版，第683页。

自然的自在形式以获得自身需要的满足。个体在这种共同的生产实践中形成了社会性群体或共同体，形成了共同的习俗和行为规范。人类个人在群体或共同体共同的生产实践中被有序的活动规范化，从而具有了社会关系的规定，社会关系通过对个体的规定使其具有了社会性。共同的习俗和行为规范既是为我的又是为他的。人们正是在共同的习俗和行为规范的引导下，使自身的社会生活成为一种有秩序的生活。社会秩序就是人类最基本的可共享的利益，因而公共活动的主要方面就是生产和供给社会秩序。

社会秩序有自发和自觉之分。在人类社会之初，社会秩序是内生的，即自发地演化而成的。然而，随着私有制的产生，人们追求最大化的排他利益的活动导致了外生的社会秩序，即由政治活动来专门生产和供给社会秩序。政治活动是一种典型的公共活动。正是自发和自觉的社会秩序的共同作用，才维系了人类活动的持续发展。除了政治活动专门生产和供给社会秩序外，人类的经济活动和精神文化活动也可以附带地产生和供给某种社会秩序。[1] 也就是说，有时经济活动和精神文化活动要协助政治活动的秩序生产。为此，政治组织就需向经济组织和文化组织渗透，或以政治来统率经济活动和精神文化活动。精神文化活动主要以一种意识形态化的方式来参与生产和供给社会秩序。意识形态的基本任务是整合人们的思想观念及其行为方式，对合理的人类活动进行辩护，对不合理的人类活动进行批判。但如果经济活动和精神文化活动既没有利用公共权力和公共资源，也无意追求某种可共享的利益，那么，即使这类活动可以附带生产和供给秩序，也不能说它们是一种公共活动。

在人类社会的初始阶段，部落或共同体主要以血缘和地缘关系为纽带，作为社会秩序基础的习俗和共同规范的实行，主要依靠部落首长或领袖人物的个人的威信和宗教信念。部落或共同体内的一切事务基本上由大家共同决定。人们面临的主要问题是物质产品的稀缺，而不是社会秩序，物质产品成为当时人们最主要的利益要求。随着社会生产力的不

---

[1] 参见王南湜《社会哲学——现代实践哲学视野中的社会生活》，云南人民出版社2001年版，第168页。

断提高，物质产品不仅可以满足人们的基本需要，还有部分的剩余，从而导致了私有制的产生和两大阶级，即奴隶主阶级和奴隶阶级的对抗，自发秩序已不能满足社会对秩序的需求。为了不使社会在阶级对抗中走向灭亡，维系社会的稳定运行，在社会之上形成了一种公共权力，这种公共权力的组织形式就是国家。

三 国家、政府职能的公共性质

国家的主要职能就是生产和供给社会秩序，由国家生产和供给的社会秩序成为一种自觉的社会秩序。自觉社会秩序的生产和供给并非也不可能完全取代自发秩序，二者如能协调得好，往往相得益彰。当社会进入文明状态之后，人们所面对的主要问题已由物质产品的稀缺转向了社会秩序的稀缺。相对来说，社会秩序的需求已成为当时社会人们主要的利益要求。随着社会秩序生产和供给途径的增多，物质生产的发展也就具备了更大的发展空间，组织和实施社会公共工程的建设也就逐渐成为国家职能之一。

有了国家，就必须有执行国家意志的政府及各种强制机构。政府及各种强制机构于是就以一种生产、供给社会秩序和组织公共工程建设的名义开始了自己的运作。政府及其机构的活动当然也就成为一种谋取所谓的可共享利益的公共活动。然而，由于政府及各种强制机构被统治阶级所掌握，整个传统社会是一种等级社会，因而这样的公共活动主要是维系一种等级秩序，其主要的受益者当然是统治阶级。

例如，即使在实行民主共和制的雅典城邦国家中，广大公民的行动也受到严厉的监视，个人的独立行为并未得到应有的重视，我们今天视为弥足珍贵的个人选择自己宗教信仰的自由，在那时简直是犯罪与亵渎。[①] 在封建专制社会，尤其是在中世纪的欧洲，人们的世俗生活受到鄙视甚至否定，人们的自由受到极大的限制。可见，在传统的非市场经

---

① 参见［法］贡斯当《古代人的自由与现代人的自由》，阎克文、刘满贵译，商务印书馆1999年版，第26—27页。

济社会中，广大民众的私人生活几乎完全被公共活动所淹没。这也就决定了国家的经济活动和精神文化活动都要以政治活动为中心。

古代哲学尽管是对现实生活世界的一种极其抽象的表达，但作为意识形态的一部分，仍然发挥了强化社会秩序的重要作用。古希腊哲学追求一种超乎人力的"本体"，一种绝对的普遍必然性，以便为不具有可靠性和必然性的人类现实生活世界奠定一个可靠的必然的基础。这不仅同当时必须顺应自然的物质生产状况相适应，而且从客观上为社会所需要的群体主义和国家主义起到了辩护的作用，对个体、个性发挥了控制或压抑的作用。例如，在赫拉克利特看来，人类的感官是"坏的见证"，人类所处的感性世界只是一个既存在又不存在的对每个人都不同的流变的世界；在流变的世界背后，还有一个是其所是的普遍必然的逻各斯世界。无论是柏拉图的国家学说，还是其知识论，都采取了一种等级结构。后来的作为"神学的婢女"的中世纪哲学，更是通过上帝的设定和上帝创世说来确立人类世界的实在性和从属关系。

显然，在传统的非市场经济社会中，公共活动并没有完全体现出其公共性的要求，而是被特定利益集团的自利性所侵蚀。换言之，在这种状况下，公共活动所创造的可共享利益，实际上并未真正被广大民众所共享。在历史的进步中，这样的一种社会等级秩序必然要被较为公平的社会秩序所代替，从而也就决定了古代哲学由于它所关注的公共活动的变化和自身蕴含的逻辑矛盾而必然为近代哲学所扬弃。

四　市场经济社会的公共性前提

随着社会分工的发展，商品经济在自然经济中逐渐发展起来，最后从根本上瓦解了自然经济。商品经济在生产者之间建立了一种以"物"为中介的社会联系，这种联系只依据商品的价值来确认商品所有者的价值，天然地无视社会宗法联系和等级地位赋予人的任何特权和社会规定。同时它肯定商品所有者的独立地位和特殊利益，并按照等价交换的原则在不同商品所有者之间建立平等的社会联系。

社会进入市场经济时代，人和人之间的关系主要成为一种利益关系。每个人在原则上都是平等的，没有人能强迫他人从属于自己。人们之间交往活动的范围逐渐扩大到了全世界。在以私有制为前提的市场经济条件下，每个个体成为追求自身特殊利益的经济主体。经济主体作为追求特殊利益的自主主体，其经济行为的选择不受强制性因素的影响。不过，经济主体所追求的特殊利益必须在商品交换中实现。如果他的活动及其产品不能成为商品，不能满足他人的需要，他就不能实现自己的利益，不能达到自己的全部目的。在这个意义上，他人成为主体达到自己目的的手段。

这样，在市场经济条件下，一方面，个人的主体地位获得了前所未有的提高，每个人都变成了追求自身利益的自由人；另一方面，基于分工的市场交换所造成的人们之间以物为中介的依赖关系的普遍化，又构成了一种新的社会秩序的生产方式，即市场机制可以自发地对资源起到有效的配置作用。[①] 尽管市场经济条件下经济活动所带来的秩序是附加的，不是市场主体自觉而为的，也不是利用公共资源造就和维持的，但在客观上却极大地缓解了以政府为主体生产和供给社会秩序的压力。因此，到了资本主义发展初期，在社会和经济事务方面，西方国家普遍奉行消极主义和放任主义政策，政府职能十分有限。其任务主要是保护个人财产，维系社会秩序，保卫国家免受外来侵犯。不过，随着单纯市场机制渐渐失效，近代社会的发展过程又是一个公共活动逐渐增长的过程：公共活动的任务日益繁重，政府职能日趋复杂。

与此相对应，以笛卡尔、康德为代表的理性主义哲学把主体性看成是一种"自我"或"先验自我"的意识能动性，把主体性作为哲学的第一原则，从"自我"或"先验自我"出发来追求一种普遍必然性。笛卡尔指出，"自我"的根本属性就是思维，它先天地具有判断和辨别认识是否清楚明白的理性。在康德看来，尽管笛卡尔指出他的"自我"是实体，是一个和"对象意识"相分离的"自我意识"，但只是一个有限的实体，并不具有无限的完满性。因此，对我是清楚明白的东西不一

[①] 参见王南湜《社会哲学——现代实践哲学视野中的社会生活》，云南人民出版社2001年版，第317页。

定对他人也是清楚明白的，也就是说，有限自我的自明性不能保证其普遍必然性。为此，康德用"先验的自我"修正了笛卡尔的有限的经验"自我"。同经验的"自我"相比，"先验的自我"是普遍性的"纯我"，是一个具有纯直观形式和纯粹知性范畴的理性统一体。在逻辑上，它先于任何具体的思维，是存在于一切具体的感知、经验之中的纯形式。它不是个体的内部感觉，而是人类先天的知识形式。它是人类的自我，是人的理性本身。它不来源于经验，但并不在经验之外，是经验的综合统一的内在力量。它始终和对象意识是相互依赖的，对象意识的确立过程也就是自我的实现过程。尤其是康德所说的"人为自然立法"，更是对人的主体性的极端表达。

近代以来的"自我"或"先验自我"的意识能动性，是对大工业生产方式中人对自然积极的支配和与这种生产方式相伴随的市场经济对人的活动的自主性要求的反映。而人们对普遍必然性的追求，则是对维系统一的社会秩序的关注和辩护。也就是说，虽然市场机制对社会资源可以起到有效的配置作用，但有效竞争的市场体系的营造、相应的市场竞争主体的培育、市场竞争规则的建立和完善等，都要靠公共活动来完成。市场经济是一种秩序经济，它的发展离不开生产和供给秩序的公共活动。然而，在自由资本主义时期，市场取向的公共活动忽视了市场经济所造成的人的活动的单一化和片面化，乃至人的异化。因此，自由资本主义时期公共活动创立的可共享利益，仍然未真正被广大民众所共享。这一内在矛盾所引起的人的利益和观念的转变，决定了作为相应的理论反映的近代哲学必然要被现代哲学所扬弃。

五　当代社会对于公共性的需求

19世纪末20世纪初，西方主要资本主义国家相继实现了工业化、城市化的发展过程，资本主义自由竞争阶段向垄断阶段过渡。这一时期，不仅社会生产力的迅速发展和经济结构的巨大变化使社会管理经济的任务十分繁重，社会对基础设施及公共工程的建设与管理，教育、国防、医疗卫生、社会保障、生态和环境保护等公共性方面的需求越来越多,而且社会关系的日益复杂也带来了一系列的社会问题。为了满足社会日益增长的公共性需求,缓和、解决各种社会矛盾,政府开始转变过去那种消极、被动的状态,进而积极、主动地干预社会事务,政府成为一种所谓的"全能政府",从而使公共活动及其领域变得越来越重要。原有的秩序生产和维护的方式,已经越来越不能适应时代的要求,迫切需要哲学社会科学更多地关注公共活动领域,探究解决公共性问题的有效方式和途径,以便政府更好地履行其公共性职能。

与上述过程相适应,现代西方哲学逐渐用交往性思维方式取代了二元分立的主体性思维方式。无论是海德格尔"此在"说,伽达默尔解释学、分析哲学的意义标准和生活形式观点的提出,还是哈贝马斯、阿佩尔的交往行为理论的建立,都蕴含了从主体间性维度研究哲学问题的思想,体现了某种超越近代主体性哲学和消解其"自我"或"先验自我"的努力。在现代西方哲学中,正在崛起的主体间性转向是全方位和多层次的。无论是在欧洲大陆哲学中,还是在英美哲学中,无论是在人文主义哲学中,还是在科学主义哲学中,我们都能发现这种理论要求和学术倾向。正是在"主体间维度"上,当代哲学才出现了"汇聚"的趋势和"合流"的态势。显然,主体间性问题的兴起或转向,是对建设和完善公共活动领域、共享人类公共活动成果的呼声的哲学回应和理性关注。

如前所述,20世纪以来,随着国家、政府开展公共活动范围不断扩大和管理公共活动职能不断增强,国家、政府开始陷入了假公济私、以公谋私的公共性危机。为此,从20世纪80年代开始,全球兴起了一场政府改革运动,即所谓"重塑政府""再造公共部门"和"新公共行政"等。这场改革运动表现为:(1)重新调整政府与社会和市场的关系,优化政府职能,以求使政府"管的少一些,但要管的好一些",即管理主体从仅由政府承担发展到以政府为核心,包括非政府组织在内的多元化主体;(2)尽可能实现社会自我管理,即政府把一部分对社会公共事务管理的任务交给社会非政府组织,并引入竞争机制,实施政府部分业务合同出租制;(3)改革政府部门内部管理体制,实行分权化管理，实施顾客导向，强调服务本位，建立扁平状的政府组织结构体系，以提高政府部门的工作效率和为社会服务的质量，从而使政府彻底走出财政危机、管理危机和信任危机的困境。这些措施在实践中的运用已经取得了很大的成功。最为根本的是，这场全球性政府改革运动反映了一个历史趋势，那就是公共活动的社会化，最终走向服务化，公民参与制度化、经常化。公共活动变成一种公共的服务，使提供公共服务成为公共活动本质之所在，广大民众可以较为公平地、真实地分享公共活动所带来的公共利益。

社会的公共领域和公共活动的当代转向，为马克思主义哲学研究提出了新的时代课题。哲学与不断进步的人类公共活动的内在关系，从根本上决定了任何与时俱进的哲学都必然是一个开放的、发展的体系。哲学研究的思维方式和表达方式将会随着公共活动领域的变化而变化，这也为哲学的研究范式转换奠定了基本的实践前提和理论前提。然而，现有的哲学或者越来越专业化，或者越来越个人化，眼界和胸怀往往不是越来越宽阔，而是越来越狭窄。这样的哲学由于远离了公众和公共活动领域，淡化了公众色彩，因而在社会生活中发挥的作用有减弱的趋势。类似的问题在其他一些学术领域里也不同程度地存在着。

我们的哲学要在新世纪得到新的发展，就必须重新高度重视公众密切关注的公共活动领域。应当鼓励各个专业领域的学者进行跨专业的交流，共同关注和协力解决社会的公共性问题、公共性危机，重建当代社会的公共性。这类问题关系到每个人，关系到人与人、人与社会、人与自然之间的关系，因而关系到每个人的生存和发展。密切关注和深入解决社会的公共性问题，充分发挥公共活动的社会功能，有助于从根本上引导人类社会走向公平、公正、合理的状态，实现人的全面而自由的发展。

第二章

公共性问题的由来和发展[*]

公与私的区别一直伴随着人类活动。只是在人类进入文明社会之后,公与私的对立才逐渐显现出来,尤其进入工业社会以来,逐渐成为人们关注的一个重要问题。一般来说,个人行动的目的首先是追求私人利益,满足私人需求,但个人的行动往往是在和他人的互动关系中实现的。这样就形成了人与人之间的公共事务,产生了彼此之间的公共问题,人们就需要对彼此共同的公共事务进行认知,解决相关的公共性问题。只要公共性事务存在,公共性问题就客观存在,人们正是通过对公共事务的参与和处理来解决公共性问题的。

在人类社会的不同发展阶段,公和私的范围不断发生变化,人们对公共利益和私人利益、公共物品和私人物品、公共价值和私人价值的需要和追求也不断发生变化。因此,公私之辨、义利之辨一直是思想史上的一个重要论题。在经济全球化、政治多极化和价值多元化的当代社会,人们的公共活动领域也发生了新的变化,诸如公平贸易、基本人权、环境污染、生态失衡、消除贫困、可持续发展、公共安全、恐怖活动等公共性问题,已成为全社会关注的焦点。公共性已成为全球化时代的属性和要求。

---

[*] 本章与王维国合作,原载《兰州大学学报》(社会科学版)2004年第6期。

在我国，经济体制改革和社会结构的转型，使公共活动领域的结构发生了巨大的变化。密切关注和深入研究社会的公共性问题，也就显得十分重要而迫切。

一 公共性问题的产生

近代以来的人类社会是一个由农业社会向工业社会发展的过程，也是一个公共活动领域和私人活动领域从合一到分离的过程。在农业社会，社会的治理模式属于统治型，即社会治理的本质是为了维护阶级统治。那时，人们的活动公私界限模糊，也不存在真正的公共部门和私人部门。进入工业社会以后，社会的治理模式由统治型转向管理型，社会公共事务日益增多，国家、政府管理社会公共事务的职能日益增大。这时，人类生活分化为公共活动领域和私人活动领域。凡是借助公共权力或公共资源谋取可共享利益的活动都属于广义的公共活动，包括制度的确立和实施、改革和完善，政策的制定与实行，基础设施及公共工程的建设与管理，义务教育、治安、国防、外交、医疗卫生、社会保障与福利、生态和环境保护以及天气预报等活动。

虽然公共活动随着时代的变迁会有不同的内容和方式，但其基本目标一直为公共性，即实现和维护民众的基本权利。开放性是公共性的基本标志。凡是谋取排他性利益的活动就是私人活动，主要是在家庭和经济或市场领域中展开。私人活动的基本特征为自利性。作为专门行政机关的政府逐渐成为名副其实的公共部门，当然也就成为公共活动的主体。政府作为公共部门必然要把公正、公开作为其根本的价值原则，必然要把所有公共职位向全体民众开放。这样，人们也就逐渐把公共性作为判断和审视政府及其他公共部门或公益性组织的标准和要求，公共性问题也就逐渐成为人们思考和谈论的对象。也就是说，到了近代工业社会，在政府公共部门化和公益性组织产生的进程中，才出现了真正的公共性问题。

二 公共性问题的凸显与困境

在农业社会中，尽管社会治理的本质是为了维护阶级统治，但由于"公私一体"，因而人们还是渴望一种大公无私的"大同"社会，"公而忘私"还是人们最高的价值追求和道德理想。进入工业社会以后，随着私人活动、私人部门的逐渐扩大，个人价值成为社会主流的价值观念。人们更多地关注私人利益的实现，导致人们对公共活动领域和公共利益的轻视和忽视，不仅出现了只享受公共利益而不"让渡"部分个人利益的搭便车者，而且出现了以损害他人利益来获取私人利益的自私自利者。有些政府或政府部门被少数团体、阶层或阶级所控制，丧失了追求公共性的品格。这就要求政府及其他公共部门加大对公共活动领域的管理和对公共利益的维护，注重对私人利益的调节，以期创建健康的社会公共生活；又要求社会对政府权力加以监管和制约，即政府必须建立与民众有效沟通的机制，将政府行为公开化、透明化。

人类社会工业化的过程，也就是政府在统治职能和管理职能的此消彼长中走向管理化的社会治理过程。从公共活动发展的过程来看，虽然始终在向着公正、合理的方向前进，但并非一帆风顺。政府及其他公共部门的公共性目标，在管理型的社会治理中，一直未能获得充分实现。尤其是到了19世纪末、20世纪初，西方主要资本主义国家相继实现城市化、工业化，资本主义从自由竞争阶段向垄断阶段过渡。这一时期，不仅社会生产力的迅速发展和经济结构的巨大变化使政府管理经济社会的任务十分繁重，而且社会关系的日益复杂也带来一系列社会问题。为了缓和与解决各种矛盾，政府开始转变过去那种消极被动状态，进而积极主动干预社会事务，从而使行政管理活动变得越来越重要。尤其是随着市场机制的失灵，资本主义行政管理面临着严峻的挑战。

在这种情况下，原有的行政管理方式已经不能适应时代要求，迫切需要有专门的科学的行政学来指导行政管理活动，以便政府更好地履行其职能和完成其目标。科学管理运动的兴起推动了科学行政学的形成和发展，即由科学管理运动而形成的管理科学为公共行政学的产生和发展提供了可资借鉴的概念和原理。一些行政学家开始重视通过科学管理来解决政府行政效率问题，从而推动了作为科学的行政学即公共行政学的产生和发展。作为管理活动，公共行政管理必须遵守效率原则，没有效率的公共管理无法有效配置公共资源以实现最大化的公共价值或利益。于是，"公平与效率"的对立统一就逐渐成为人们争论的热点问题，公共性问题也就成为政治哲学、行政哲学研究的前沿问题。

美国政治哲学家威尔逊在其著作《行政学研究》中，提出了"政治、行政"二分的思想，定下了早期公共行政研究的基调。在威尔逊之后，美国行政学家古德诺扬弃了政治学上的立法、司法和行政的三分法，对威尔逊提出的政治与行政二分思想作了进一步的阐释和发挥，确立了公共行政学的理论前提。他认为政治是民主的表现，亦是政策的决定；行政是民主的执行，亦是政策的执行。后来，美国行政学家怀特进一步强调，"政治不应该侵入行政，管理自身就是一种研究对象，公共行政自身能够成为一种超越价值的科学，行政学的目的就是做到经济和效率"[①]。从此，人们便把公共行政作为一个科学的事实的研究领域，并开始了对政府及其他公共部门公共性的探讨，以期最大限度地实现经济和效率。但是，由于政府在公共管理中的过分管理主义取向，忽略了政府的公共性实际上是人的公共性，而不是物的公共性，即忽略了民众对政府的公共性的推动与促进，因而无法有效促使公共性目标的实质性实现，甚至出现以民众少数的公共性取代民众多数的公共性。

随着政府由消极转向积极，政府不仅加大了干预经济或市场的力度，而且还直接出资兴办经营企事业，生产公共物品，以提升自身的公共性程度。于是，出现了以政府为主体的公共经济，经济学家也就公共经济的公共性展开了研究，用公共性标准来判断政府行为是否公正合理，以便能够更好地分析和规范政府的职能和作用。在经济学家们看来，公共经济作为一种资源的配置方式，其本质特性是公共性，政府是主要利用其独占的权力资源谋取公共利益而体现其公共性特征的。其

---

① ［美］尼古拉斯·亨利：《公共行政学》，项龙译，华夏出版社2002年版，第24页。

实，政府除了占有权力资源外，还掌握着可支配经济资源，常常利用所掌握的经济资源从事经济活动。人们把这种以政府及其附属组织为经济主体的经济称为公共经济。它是相对于私人经济而言的，私人经济就是指由私人企业和家庭所从事的经济。当公共经济以谋取公共利益为追求目标时，就可以体现出其应有的公共性特征。

公共经济同私人经济所遵循的价值原则和所追求的目标有很大的差异。私人经济以个人或集团的经济收益最大化为价值原则和目标。而公共经济既要考虑经济效益，又要追求社会效益，必须以全社会的公平、公正为原则和目标。因此，人们把公共经济的公共性特征描述为：首先，公共经济主体责任的公共性，即政府公共部门是公共利益的代表；其次，公共经济服务对象的公共性，即公共经济服务对象是社会公众；最后，公共经济公共性的本质体现在公共经济管理过程的公共性，即社会公众要基于社会公共利益的考量而对公共经济活动实施充分的监督。

公共经济反映出政府不仅有管理社会公共事务的职能，而且还有直接从事经济活动以增强其公共性进而维系社会稳定运行的职能。但在现实社会中，政府及其他公共部门中的官员及工作人员有时为了自身的利益滥用公共资源，导致公共经济公共性的丧失和政府管理失灵。政府或其授权组织作为社会治理中的权力行使者，如果不能对之进行有效的约束，其权力就会不断自我扩张，侵占非公共领域，进而侵蚀公民的基本权利，导致人们对政府及其他公共部门的信任危机。

随着国家、政府及其他部门开展公共活动范围的扩大和管理公共活动职能的增强，政府及其他部门开始出现机构臃肿、腐败、涣散和效率低下的问题。如果问题长期得不到解决，假公济私、以公谋私的现象越来越突出，为民众所提供的公共物品或服务品质下降，民众对政府权力制约的能力下降，公共活动及其公共性的真实性越来越受到公众的质疑，就会陷入公共性困境。

问题的症结在于国家、政府的一些部门、集团或个人假借公共活动侵占民众权利，以物的公共性取代人的公共性，使公共性受到自利性的侵蚀。公共性的问题或困境是由公共活动本身所造成的，这也决定了公共性的问题或困境只能通过公共活动领域自身的改革、转型来解决。这就要求当代政治哲学、行政哲学关注和研究人类的公共活动，重建现代社会的公共性理念，使人类的公共活动既能克服市场失灵的缺陷又不至于出现政府失灵，既有效率又不失去其应有的公正性和合理性，进而促进人类全面而自由的发展。

三　公共性理念的历史检视和当代重建

由于民主政治是希腊政治实践的基本特征，因而无论是古希腊的政治哲学，还是政治实践，都体现了一定程度的公共性思想。这对我们理解和解决公共性问题具有重要的启发意义。在古希腊政治哲学中，德性和正义是其核心范畴，正义本身又是德性的一个重要方面。也就是说，伦理的观点是古希腊政治哲学首要的观点和基本的观点。恩格斯指出："国家的本质特征，是和人民大众分离的公共权力。"[①]早在古希腊，思想家们就主张公共权力要被全体公民共同分享，公共活动要由全体公民共同参与，公共事务要由全体公民共同决定和管理。显然，这样的政治观念和政治实践体现了一种国家、政府的公共性就在于国家权力及其公共职位的共同分享性，即对全体民众开放的思想。在古希腊政治哲学家们看来，公共权力之所以要被全体公民共同分享，公共活动之所以要由全体公民共同参与，公共事务之所以要由全体公民共同决定和管理，就是因为城邦、国家就是最高善的体现，公民只有通过共同分享公共权力、参与公共活动和公共事务，才能提升自身的德性，获得幸福。可见，在古希腊人那里，公共性是人类对自身提出的一种道德要求。

在古希腊政治哲学家们看来，国家具有培养公民共和美德的积极责任，公职人员应以身作则，率先垂范。公民没有公共精神、公共价值的支撑，一个城邦的长久存在就是不可能的。古希腊人把城邦公共生活看成是人类文明的标志。他们认为，只有通过积极参与城邦公共生活，人性潜能方可得以充分发挥。在我们看来，要求全体公民必须共同参与公

[①] 《马克思恩格斯选集》第4卷，人民出版社2012年版，第132页。

共活动和事务的管理，不仅受城邦、国家规模的限制，而且也不利于分工的合理发展和人力资源的充分利用。把公共性仅仅作为一种道德要求，显然不足以约束城邦、国家的管理者。事实上，不仅有些公民在公共事务的决定和管理中未尽其职，而且民主政体也常常被僭主政体替代，从而有悖于人们起初的良好愿望。随着古希腊罗马民主政体、共和政体的衰落和中世纪封建专制制度的建立，广大民众也就被排除在公共权力和公共活动之外，公共性基本上被私人性所遮蔽或公共性完全从属于私人性。

鉴于封建君主专制制度对广大民众权利的践踏和侵占，国家公共职位对于广大民众的拒斥，近代政治哲学家们力主限制国家、政府权力，以使广大民众的生命、财产和自由权利等基本权利得到实现。他们以"自然权利"和"契约"为基本范畴，以建立"法治"国家、政府为首要观点和基本观点，对封建君主专制制度进行了无情的批判，对广大民众的基本权利进行了强有力的辩护。他们还就如何分散和制衡国家权力、创建有限政府、扩大公民权利进行了种种制度设计和安排。这种通过限制国家、政府权力来保障公民基本权利的观念，体现了一种否定或消极的公共性理念，即国家、政府本身的不作为，就是对广大民众利益的一种普遍"维护"，事实上消极地预防公共利益被侵蚀。这种公共利益观只能导致强者更强，弱者更弱，穷者更穷，富者更富。这种公共利益并不是真正意义上的公共利益。

在近代政治哲学家们看来，公共利益的实质就是对私人利益的促进和保护。如果不考虑私人利益，就不能确立公共利益，政府的主要目标就是使统治者和被统治者之间保持一种适当的利益认同，而不是积极地和野心勃勃地培养国民的智慧与道德美德。[①] 权力制衡的实质和关键是利益的制衡。公共利益就是权力之间的分立与制衡。公共部门的无为既是公共利益的要求，也是其保证。关键是寻求完美的制度设计来遏制人们的恶性和腐化，确保行政人员的道德品性、公共职业精神不变质、不变坏。于是，公共利益就成为既得利益格局的重复演变。国家、政府之

---

① 参见李春成《公共利益的概念建构评析》，《复旦学报》2003年第1期。

所以不能侵占民众的基本权利和利益,又是由根据"自然法"签订的"契约"而决定的。显然,在近代政治哲学家们那里,国家、政府不能随意侵占广大民众的权利和利益,这是一种法律责任和义务,国家、政府的公共性根据在于法律的权威性和民众的授权与认可。

19世纪末20世纪初以来,一些主要资本主义国家已经完成了由自由资本主义向垄断资本主义的过渡。这一时期,随着市场机制的失灵,越来越频繁的周期性经济危机、激烈的竞争导致的对利润的极端追求,产生了阶级的激烈对抗和"人的异化"的加深。垄断虽然产生于市场经济,却破坏了市场经济的公平竞争,对市场经济的健全、国家安全和秩序带来了严重的威胁。这时的政府开始转变过去那种消极被动的状态,进而积极主动地干预社会经济事务,政府成为所谓的"全能政府"。既然政府成为了"全能政府",因而广大民众从出生到死亡的方方面面都需要政府的照顾。政府要积极地创造各种公共物品,以满足广大民众在义务教育、医疗卫生、养老保险、司法救助、充分就业、照顾弱势群体以及保护环境等方面的需求和利益要求。可见,这种通过扩张国家、政府权力来维护公民权利的观念,体现了一种肯定或积极的公共性理念,即国家、政府要通过自身的作为,积极为广大民众谋取公共利益。公共利益不仅包括物质利益,而且还应包括自由、平等和公平等基本政治利益。

从近代到20世纪,虽然公共性含义的性质发生了明显的变化,但对公共性的说明依然未能摆脱"契约"论的观点和立场,因而把公共性要求看作是一种法律责任和义务的理论范式也就不会有根本性的转型。如果说,把公共性看作一种道德要求是一种浪漫的理想主义情怀,对政府官员、行政人员的行为不具有持续的有效的约束力;那么,把公共性看成一种法律责任和义务,就可以说是一种消极的现实主义态度。这样一种态度也难以有效防止公共性的异化,解决当代社会的公共性困境。

鉴于以往两种理论范式的缺陷,我们认为,公共性不仅是一种道德要求和法律责任,更是一种公共职业精神和信念。国家本身不仅是阶级矛盾不可调和的产物,而且也是社会分工的产物和结果。阶级的出现是私有制的后果,而私有制本身又是分工所导致的产物。既然国家、政府是社会分工的产物,那么,作为国家、政府管理者的官僚阶层仅仅是一种比较特殊的职业,即公共职业。既然开放性是公共性的基本标志,因而公共活动就必须具有透明性、公开性。公共性的一个重要方面是公共职业精神和信念,这是一种公共精神信仰和追求,是内含着正义感、责任感和责任意识的精神动力。这种精神要求占据公共职位的人要主动接受民众的监督,向民众负责。这样才有利于克服道德至上主义的浪漫情怀和"虚饰美德",有利于克服近现代自由主义那种消极态度,使公共性真正奠定于一种现实主义基础之上。

四 公共性问题研究的基本原则

人类为什么需要哲学?一个重要原因是为了获得预期、消除恐惧,求得稳定而持续安全的生存状态。预期又是由普遍必然性所决定的。起初,人们并没有把自己当作主体来看待,只是混同于一般物,因此对普遍必然性的探讨就是对整个世界普遍必然性的探讨。例如,对于"命运""逻各斯"的追寻就是对于普遍必然性的探索。开始,人们觉得普遍必然性是由具体的某种因素决定的。后来,人们意识到"认识自我"的重要性,才真正把人从世界中区分出来。从此,人类开始了对世界、对人的必然性的探求的历史。

关于世界的必然性问题,一直是整个近代哲学的主题。人的必然性问题,直到马克思,才以其唯物史观给出了一个框架性解释。所谓的自发、自为,从本质上看是一回事。即使认为人类社会是自发的,也说明是有规律的;自然界完全是自发的,我们不照样承认它是有规律的吗?公共性问题实质上是人的问题,因而对它的说明就不能离开人的必然性的探讨。利益驱动人的活动,人的必然性也就是人的利益要求。人类的现实生活是不断追求自身利益要求实现的过程。因此,立足于人类的利益要求,把公共性同人类现实生活世界紧密联系起来,这种立场和方法也就是公共性问题研究的基本原则。

以个人权利或利益为取向的自由主义,不仅是现代西方的价值理想或精神信仰,而且是现代西方政治、经济和文化制度的思想渊源。然而,这种以个人权利或私人利益为取向的生活方式,使现代人逐渐丧失了对生活的意义感受和公共精神,人际间出现了越来越严重的疏离关系。倍受自由主义所推崇和青睐,并与之互为前提的自由市场经济制度早已开始失灵。尤其值得人们注意的是,人们长期将政治家、官员看作"道德人"的预设,也由于他们以公谋私、假公济私的自利行为,被一些当代西方学者认为是一种不切实际的假定。以个人权利或私人利益为取向的自由主义,不仅使从事私人活动的人成为完全的理性"经济人",而且也使从事公共活动的行政人蜕化为理性的"经济人",并丧失了为民众谋取公共利益的职业信仰和终极向往,从而在某种程度上扭曲了国家、政府公共事务活动的公共性本质,进而导致了政府失灵现象的滋生蔓延,陷入一种公共性困境。有鉴于此,20 个世纪以社群主义为代表的公共哲学在西方开始复兴,并且对自由主义构成了一种挑战,在解决当代社会的公共性困境方面取得了一些极具启发意义的探索性成果。这说明,马克思主义哲学与自由主义和社群主义之间可以展开有意义的对话,通过对话,可以互相借鉴、互相促进,当然也少不了互相辩驳。这也是公共性问题研究需要坚持的一个基本原则。

第三章

人文世界的公共性及其诠释[*]

任何一个概念的出现和运用，都与当时的社会现实紧密相关。有时，一个新的概念或范畴就可以说明该时代历史情境的某种变化。因为新的历史情境必然需要新的诠释框架和诠释方法，这个新的概念不过是这种历史与语境之间"互释"的一个逻辑起点和某种回应。正如库恩所说的，不同的"范式"必然对应着不同意义的历史。在这种普遍意义的理解基础上，再来具体审视"公共性"概念及其所吁求的社会现实，不仅要对公共性概念本身作出学理上的说明，更重要的是要通过对该概念的理解，尽力接近与之相对应的"现代性"符号下的当代社会。为此，我们必须首先对"公共性"概念进行学理上的阐释。

一 "公共性"概念的历史考察

虽然公共性概念所关涉的社会问题自古就存在，但公共性概念比较成熟地进入主流历史话语却并不是很久远的事情。直到近代以来，自由主义思想家们都主张个体自由，可是在现实中个体自由又往往与社会、国家等非个人组织相互冲突。正是在他们思考如何克服这种冲突的过程

---

[*] 本章与曹鹏飞合作，原载《齐鲁学刊》2005年第1期。

中,具有现代意义的"公共性"概念,才在思想家和社会治理者的视野中浮现出来。以哈贝马斯、汉娜·阿伦特和杜威等人为代表,他们都试图以公共性理论及其所获得的社会关注和信任为依托,求得对人类社会面临的一系列棘手问题的重大突破。因而,真正意义上的公共性概念的完整内涵,是在近现代社会特定的发展过程中逐步获得的。

要探讨"公共性"概念,首先让我们从语义学的角度作一些简要的考察。确切说来,公共性概念是建立在原初的"公"和"私"的相对分离上,只有具有规范意义的"公"和"私"的概念确立下来,才有可能发生对"公"的社会功能性的分析,也就是公共性理论的出现。所以,让我们先从很早就作为成对范畴出现在古今中外的典籍著作中的"公"与"私"谈起。

在古代汉语中,"公"字本身就是作为一个独立的概念被应用的,它与"私"字相对应使用时有"共同"之意。根据《辞海》的解释,"公"的中文含义为"公共""共同",是与"私"相对而言的。《礼记·礼运》所谓"大道之行也,天下为公",即为此意。在《汉语大辞典》中,"公共"意为"公有的,公用的;公众的;共同的"。而"私"则偏重于对归属的强调,例如在中国古代的土地制度中,就有"公田"与"私田"之说。因此,自古以来,"公共"的中文语义多强调多数人共同或公用。不过,在《汉书·吴王濞传》中,有"乃益骄恣,公即山铸钱"的记载。颜师古注曰:"公,谓显然为之也。"[①] 可见,在那时,"公"的概念已经有了当代"公共"概念中的"公开"或"公然"之意。

从西方古代历史文化去考察,不难发现"公共"一词派生自两种渊源:一是源起于古希腊词汇(pubes or maturity),强调个人能超出自身利益去理解并考虑他人的利益,同时意味着具备公共精神和意识是一个人成熟并可以参加公共事务的标志。二是源起于古希腊词汇(Koinon),英语词汇"共同"(common)就起源于该词,意为人与人之间在工作、交往中相互照顾和关心的一种状态。因为在西方传统文化中,

---

① 《辞海》,上海辞书出版社1990年版,第315页。

"公共（public）"与"私人（private）"是以相互对应的形式出现的。尤其在古希腊时期，城邦里每个公民所共有的公共领域与他们每个人所特有的私人领域之间泾渭分明。以此为依据，他们的生活领域也截然分割为两个部分。每个公民不仅有属于他自己的家庭私人生活，同时还可以参加另一种属于城邦共同体的公共生活，即政治生活。在古希腊社会里，"公共"指的是所有成年男子都可以参加的政治共同体，其主要职责是建立一些永久的标准和规则，目的是为了获取最大的善。因此，从古希腊的社会生活模式可知，"公共"一词在当时更多地意指人的社会层面的非个体性，指涉古希腊政治社会早期的民主观念及其实现方式。

汉娜·阿伦特在对上述古希腊人的公共生活和私人生活作出考察后，对公共性概念作了较为深刻而又全面的阐释。她认为，"公共性"一词至少应该是一个复数概念，即它具有几层既相互关联又相对不同的具体含义。"它首先意味着，在公共领域中展现的任何东西都可为人所见、所闻，具有可能最广泛的公共性。"① "公共性"首先意味着一种公开性，与极具个体性、私人性的单个经验不同，它是一种处于光亮之中为每个人都可见、可闻、可接近的敞开和解蔽，就是要每个个体在公众场域中可以体验到那种在私人场域不可能体验到的感受和对象，从而积极肯定人的"类"特征及其"能群"的本性。因此可以说，公共性的存在及其属人的品格具有确证人的"类"超越性的功能，是人对自身全面丰富的理解的一种结果。

此时我们再来揣摩马克思关于人的理解，就可以认识到公共性概念在这里所具有的深层人学意味。马克思说："人对自身的关系只有通过他对他人的关系，才成为对他来说是**对象性的、现实的**关系。"② 这就决定我们不可能单纯自足于个体性的私人生活，而必须要由私人生活走向公共生活，走向"类"生活。"或者说，正因为人是类存在物，他才是有意识的存在物，就是说，他自己的生活对他来说是对象。仅仅由于这一点，他的活动才是自由的活动。"③

---

① ［美］汉娜·阿伦特：《人的条件》，竺乾威等译，上海人民出版社1999年版，第38页。
② 《马克思恩格斯全集》第3卷，人民出版社2002年版，第276页。
③ 同上书，第273页。

自由对于任何物种的意义,不用在该物种之外去寻证。每一物种的生命的自我延续和存在本身,就是对自由价值的最内在的证明。人这样一种存在也不例外。但是,人不会只停留在私人场所和个体化经验所带给自己的那种对私人情感和私人体验的满足,因为"即使是最富足、最令人满意的家庭生活也只能加强一个人在其自身的位置上得出的看法"。"这一家庭'世界'根本无法代替从一个面对众多旁观者的物体的方方面面总和产生的现实",即"公共世界"。①

这种公众同时在场所获得的那种真实的"现实",决定了"公共性"概念所应具有的第二层意义,即"实在性",也就是人们在公共场域中从无数视点和方面获得的对"自我"在场的现实体验。在公共场域中,每个人因其所处的位置和角度不同,从而所看到、听到的都是不同的,是有差异的,这种差异性规定了公共性与纯个体的经验世界有所不同。在公共场域中,一个人所经验和感觉的对象同时也可以被其他人在同等条件下去经验和感觉,公众具有可指涉的共同对象,而且相互之间可以互相交流和印证,公共生活的意义就在于它的这种共同实在性。

最后,公共性概念表征着一种共同性。"共同的"既指与公共性之"他者"联系和分离的物体世界,更指一种关于这个世界的共同想象。汉娜·阿伦特说:"就对我们所有人都一样而言,就不同于我们在其中拥有的个人空间而言,'公共'一词表明了世界本身。""然而,这个作为人类活动的有限空间以及有机生命存在的一般环境的世界,并不等同于地球或自然。它更多地与人造物品以及人类双手的创造相连,与共同生活在这个人造世界中的人类的事务相连。共同生活在这个世界,这在本质上意味着一个物质世界处于共同拥有它的人群之中,就像一张桌子放在那些坐在它周围的人群之中一样。这一世界就像一件中间物品一样,在把人类联系起来的同时,又将其分隔开来。作为一个共有的世界,公共领域可以说把我们聚在一起,又防止我们彼此竞争。"② 这种公共性的

---

① [美]汉娜·阿伦特:《人的条件》,竺乾威等译,上海人民出版社1999年版,第44—45页。

② 同上书,第40页。

意蕴与其说是一种对世界原生形态的描述，不如说是对人类世界存在机制的一种反思和揭示。这种理解不是说我们要强行附加给世界一种公共性品格，而是人类生活世界本身即按照公共性机制在衍生和发展。

从以上关于公共性的理解中我们可以确认，在人类历史的绵延中确实存在一种不同于纯粹自然规定性的公共性向度，而且这种向度是以积极的方式在人类历史的自我生成中发挥着"原创"意义上的显性作用。

面对当代世界的种种困境，哈贝马斯考察了另外一种公共性起源。哈贝马斯认为，自古希腊以来，人类社会就有明确的公私划分，公代表国家，私代表家庭和市民社会。在古希腊罗马时期，虽然公私分明，公共领域特指公众发表意见或进行交往的场所，但那时的公共交往还不足以形成真正意义上的公共领域。而在中世纪，公私不分，公吞没私，不允许私的存在，公共性等同于"所有权"。直到近代社会（17、18世纪），由于资产阶级革命确立了私有财产的神圣不可侵犯，并把这种神圣性用严格的法律保护起来，与此相应，私人领域的合法性也就获得了社会法律制度的承认和保护。正是在这种私人领域确立的基础上诞生了公共领域，于是才有了真正意义上的公共性。在哈贝马斯的理论中，公共性是一种以社会之公与私二元对立为前提的功能性概念，它只能建立于资产阶级私人领域充分成熟的基础上，并且具有独特的社会批判功能。

哈贝马斯指出，西方历史上存在着三种不同类型的公共领域，而每一种公共领域又都有各自的社会背景和运行机制。最早的是古希腊的公共领域。这是公共领域的雏形，虽然那时公私分明，但公共领域尚未形成一种特殊的约束力。随后形成的是"代表型公共领域"，这是封建社会中以封建领主和教会为主宰的公私不分或"公吞于私"的公共领域，是一种与封建的落后社会政治体制密切相关的畸形公共性。而现代意义上的公共领域则是"市民公共领域"。在这个公共领域中，不仅公私分明，而且个人与个人、公众与国家权力之间可以进行平等对话，这种市民公共领域的出现，是以资产阶级个人私人领域的界限确立和获得法律上的保障为前提的。[1]

---

[1] 参见［德］哈贝马斯《公共领域的结构转型》，曹卫东、王晓珏、刘北城、宋伟杰译，学林出版社1999年版。

我们知道，哈贝马斯在同解释学的论战中，实际上已经积极吸收了狄尔泰、胡塞尔、海德格尔和伽达默尔等人的丰富思想，尤其是他们关于"生活世界"（Lebenswelt）的理论。从狄尔泰哲学开始，"生存"（Leben，或译作"生命""生活"）就已经成为哲学理论的一个核心范畴。这一范畴包含三层意思：首先，生存不是个别人的存在，原初指生命连结他人的共在性；其次，生存不是孤立的主体的生存，而是包括自我与世界的共同关系的整体性；最后，生命不是无形流动的东西，而是在历史过程中展开自身的各种生命层次的整体。① 这种关于"生存"的理解获得了广泛的认同和应用。"生命连结他人的共在性"，强调的是人与人之间的共时态存在中的公共性；"自我与世界的共同关系的整体性"，强调的是人与世界之间的公共性。这层意思与汉娜·阿伦特"'公共'一词表明了世界本身"的论断是同一种表述，而"在历史过程中展开自身的各种生命层次的整体"，则说明人的"类"的历时态存在中所具有的公共性。有了这种理论历史的逻辑分析，我们就会正确把握哈贝马斯的交往行为理论中关于人的理解，以及他为什么在晚年要关注社会"公共领域的结构转型"这一问题。公共性理论无非就是对这种理解的进一步深化。沿着这一脉络，我们才可以比较清楚地理解哈贝马斯的公共性理论，也才可以理解他作为西方马克思主义理论的重要继承者所选择的与马克思本人不同的理论路径。马克思是以社会生产力与生产关系为尺度解剖人类社会历史，而哈贝马斯则是以公共性（公共领域）的不同类型和变迁来解释历史，这无疑为我们进一步认识人类社会提供了又一新的视角。也只有在这种意义上，我们才能正确理解哈贝马斯的公共性理论，及其所具有的不同寻常的历史意义。

二 公共性的当代意蕴

近现代以来人们对社会正义、真理、公平与公正等价值理念的普遍

---

① 参见张汝伦《理论与实践》，上海人民出版社1995年版，第36页。

认同，充分反映出人类社会的某种缺失。尤其是自从近代启蒙运动以来，人们以空前高涨的热情和自觉开始去关心和尊重人，这是人类社会发展的自主性内在逻辑的必然结果。公共性理论的兴起及其发展，必然担当建设一个以人为本且有着良好秩序的社会的历史使命。公共性作为一种构建合理社会秩序和规则的根本理念，作为优化人、自然、世界三者关系的一种价值诉求和价值引导，都是值得我们认真思考的。

　　我们要考察公共性理论在当代社会的特殊意义，就不得不从人类社会活动的开端谈起。在人类生活的早期，主要是以氏族的形式来解决人与自然之间的不平衡关系，只有以氏族为主体的公共生活才可以抵御较人而言绝对强大的自然力对人的损害。这个时候人类社会的公共性主要体现为氏族群体与自然之间的公开抗争的共在性，这个阶段的公共性是以显性的方式作为一种积极意义上的人类自我型构的绵延机制而存在的。只有在社会分工和私有财产出现以后，人的社会组织形式才逐渐转变为以私人利益和私人空间为主体的家庭，人类不再以公共性的唯一力量去克服各种生存的阻力和危险，相反，以家庭为主体的私人领域倒是经常发挥着这种作用。此时的公共性演变为一种消极意义上的防止家庭过分扩张而有损人自身生存的约束机制，潜在于人类社会活动过程中。随着以家庭为基本单位的社会组织形式下生产力的提高，人类可支配的生产和生活资料逐渐增加，人类社会自我意识也开始真正觉醒，人这才自觉地按照自然和社会两种尺度厘定自身的生存。遵循自然法则，人的实践活动催生了文化意义上的人类社会的生成和更替；按照社会尺度，人类展开了自身的经济活动、政治活动与精神活动。而所有这些人类的基本社会活动最终都是在公共领域发生的，这才使得人类活动的公共性由自发走向自觉。

　　古希腊城邦政治就是这种自觉的一个明证。城邦制是人类在历史进化过程中所获得的最好果实之一，因为它首次把公民个人的权利以公共的原则确立起来。在柏拉图和亚里士多德的政治哲学中，"正义原则"被确立为社会政治文化的核心，把它看作人类社会的至高美德和最高的善，其他一切事物都不可与之抵触。这种公共领域的公共价值吁求，是对人作为一种社会存在的公共性品格的第一次启蒙和体认。城邦国家是在单个人承认公共领域与认同公共利益的前提下精心设计的结果，是个体不断规范私人空间并授权公共领域与公共利益合法性的过程。这种貌似妥协中的放弃，实质上是人类社会在进化逻辑中所取得的最重要的现实成就。

汉娜·阿伦特认为，从源头上来说，私人生活本身就包含了一种被剥夺的性质，掌握着经济大权的人掌握着其他一切权力，而家长制便是诞生在这样的基础上。在这种情况下，真正意义上的政治并没有出现，阿伦特称之为"前政治"和"非政治"，这种"政治"最大的特点是动用暴力和强制力实行统治。而城邦生活是从家庭生活结束之处开始的。政治活动和经济活动各有完全不同的起点。"政治领域"又可以称之为"公共领域"，政治的核心在于它的公共性。这种公共性建立了在"为他人所看见和听见"基础上的"现实性"，公共性意味着所有人都能够投身、安置于其中。也正因为如此，才有了人们相互之间的关系，有了相互沟通和交流的空间。

在这个公共空间中，人与人之间能够互相吸引，同时又能够互相区分，这就是原生意义上的人类社会发生学的内在逻辑。公共性的要义在于，它对遵循自然法则的纯家庭私人生活方式的超越，第一次凸显出人的"类"特征和不同于自然的属人特征。马克思在《1844年经济学哲学手稿》中就明确谈到这一点。他说："因此，正是在改造对象世界中，人才真正地证明自己是类存在物。这种生产是人的能动的类的生活。通过这种生产，自然界才表现为他的作品和他的现实。"[①] 人的这种能动的类的生活对自然界逻辑上的主动性，就是人的类的固有的公共性的最本质的体现。

公共性在古希腊政治社会中的这种型构作用及其价值理念功能，从此就成为人类历史演绎中的一种永恒情结。这种公共性理想以及其自洽的公共精神，从此就成为建立人间"理想国"和美好"乌托邦社会"的信念之源和恒定动力。这种城邦政治所具有的民主美德和正义精神，逐渐被整合进"逻各斯主义"的万有当中，最终通过诉诸上帝的神威

[①] 《马克思恩格斯全集》第3卷，人民出版社2002年版，第274页。

来成全人间这种公共性的不安分的要求。于是，中世纪以上帝为主宰的公共性，完全担当了播撒人间福祉的历史重任。但最终结果却是，因为上帝的公共领域完全剥夺了人的一切，甚至连人的身体都不属于自己，人没有了一切，那种要人通过遭受各种痛苦和惩罚去救赎自己的先验原罪说彻底把人抛弃。

随着文艺复兴时期人本主义思想的兴起，私有财产的神圣性逐步得到法律的确认，与此相对应的私人领域的合法性也就相应获得了社会的承认。这种私人领域基础上诞生的公共领域，终于使真正意义上的公共性成为现实。哈贝马斯所说的"市民公共领域"，指的就是这种公共性，其诞生的前提就是国家、个人和社会之间能平等进行对话。这种公共性是古希腊公共性理念的实体化，此时它已成为一种切实可行的社会型构原则，已从抽象的形而上学理念回归到具体的社会现实，切实地起着整合和优化社会的特殊功能。

以格老秀斯、洛克、霍布斯等人为代表的古典自由主义者，就是这种公共性的阐发者和倡导者。他们提出人的"自然权利说"和人类社会的"契约论"等政治思想，比较系统地论证了个人权利与国家权利之间的界限，以及人类社会存在的内在逻辑机制，把国家对个人的天然责任和义务以公共性理论明确地合法化。公共性在这里变成了现实的社会政治力量，成为维持国家和个人之间相对公平和正义的一种机制。这种局面一直得到古典自由主义者们的拥护和巩固，他们一直都在从不同的视角和领域为这种合法的公共性寻找理论支持。

直到黑格尔和马克思，他们逐渐将视野转向法哲学和市民社会理论，把市民社会看作私人领域，认为它是自利性的资产阶级个人为了经济和社会的利益而组织起来的、不受国家控制的自主领域。它以市场为中心，通常不扮演政治的功能，国家应该维护市民社会的自主性和不受干预。在此基础上，哈贝马斯进一步指出，在这种市民社会与国家政治之间存在着一个批判性的舆论空间，即公共领域，这是由资产阶级的私人集合而成的公众的领域。这个公共领域不同于以私人利益为中心的市民社会，恰恰相反，在公共领域所有活动都是以各自所理解的公共利益的存在假设为出发点的。

无论罗尔斯的温和自由主义、诺齐克的极端自由主义，还是社群主义，都是对传统自由主义所要解决的社会问题的一种积极回应。因为公共性价值是任何社会在任何情况下的不变诉求，如何求得个人、国家和社会之间公共性的平衡，如何以公共性为尺度去建构一种理想社会形态，这在人类历史的演绎中永远是亟待解决的问题。不论自由主义还是社群主义，都不可能单独开出一劳永逸的良方，它们的意义就在于对问题的不断反思和尝试解决。现在的新公共管理主义、普世伦理学以及公共哲学的兴起，无不是对当代公共性问题的回应和建构。

　　后现代主义所主张的"解构""差异性"和"边缘化"等，无非是对传统的短视的公共性理论的批判，是对那种过分关注人类社会子系统内部的公共秩序而忽视世界整体及宇宙系统等广域空间的公共性的"人类中心主义"倾向的极端矫正。正如有的学者指出的，后现代主义哲学的根本特征，在于它对"公共性"的消解。然而在哲学中，"公共性"是不可能完全消解掉的。哲学是植根于"公有现实"的一种理论形态。"公有现实"是哲学的起点与归宿，这一点决定了哲学具有追求"公共性"的本性。

　　但由于传统哲学对"公共性"的追求表现为一种极端的样式，导致了后现代主义哲学从哲学的元价值观、本体论和认识论，从人的主体性，从哲学的生存论等各个层面对"公共性"追求进行了全面彻底的拆解和批判。公共性的丧失是后现代主义哲学的重大理论后果，它昭示人们超越后现代哲学的关键，是在合理的地基上重塑哲学的"公共性"维度。[①] 后现代主义哲学同样具有与"公有现实"相对应的"公共性"的本性。只不过它要求我们走出狭隘的"公有现实"范畴，不但要注重追寻人间的和谐、美德和正义之善，而且要注意建立人、社会、自然之间更广阔的公共性秩序。因为只有这样，人间的幸福才能够得到切实的保障。而且也只有在人类社会和大自然之间重获的公共性，才是真正有永恒意义的，对人来说也才是积极的。这就是公共性的当代意蕴。

---

① 贺来：《走向公共性的丧失——论后现代主义哲学的根本理论旨趣》，《吉林大学社会科学学报》1995 年第 6 期。

三 当代公共性发展面临的问题

尽管当代社会的公共性日渐走向成熟，但历史条件的变迁也为公共性的发展带来了一些新的问题，使它面临着这个时代特有的一些障碍。

第一，随着网络传媒时代和全球化时代的到来，以国家为主体域的传统公共性，面临着可通约性与不可通约性的矛盾。反映在文化观上，就是绝对主义和相对主义的悖论。文化相对主义因为轻易忽视了各种亚文化的独立性及其相互的界限，从而导致对文化自身的实体性消解；而文化绝对主义却因为过分强调各种文化形态之间的差异性和隔阂，则把文化引向相反的方向。究竟有没有我们都可接受的普世伦理，全球普世伦理是不是一种虚拟的真实，是不是一种虚假的承诺或预设，一种我们所悬设的理想价值，这些都是值得我们反思的。因为如果说公共性是不可通约的，那么，我们当代人所执着不弃的公共性又会把我们引向何方？这种矛盾也可以看成是公共性的共时性与历时性的矛盾。

第二，当代社会公共性也面临确定性与不确定性的新矛盾。公共性价值是不是一种普遍主义价值？如果是这样，那么如何应对文化多元主义。如果存在着一个全球范围内的普遍的价值标准，并据此提出一种超越国界的"全球市民社会"，以此来寻求一种新的"全球社会秩序"，那么，如何通过全球经济、政治、文化的交流与互通来超越对立和走向对话？在这个过程中，"正义""公平""平等"等传统公共性价值资源又如何避免被损害呢？因为"全球社会秩序"很容易走向变相的"新干涉主义"。

第三，随着后现代主义对人的主体性的解构，以及对同一性和公共性的颠覆，过分强调差异性最终会面临泛公共性的危险。传统哲学认为主体性是人"公共的本质属性"，主体性一直是哲学话语元逻辑的出发点。如果过分主张无中心和无主体，强调人与人之间的差异是不可通约的，那么，公共性就只能成为一种抽象和虚构。人类将永远结束寻求关于人之为人的公共本性的任何企图，那么，自然以及差异本身对人来说的意义也就不复存在。所以，后现代主义把差异性与公共性截然对立的做法，确实隐藏着彻底颠覆公共性的可怕危险。我们强调公共性，但绝不抹杀公共世界中的个体差异性。恰恰相反，我们是以个体的差异性来获得真实意义的公共性。建立在差异性基础上的公共性，才是成熟自洽的公共性。那种把公共性泛化的做法只能是一种历史冲动，任其发展下去同样是危险的。

第四章

公共利益：马克思唯物史观的解读*

"公共利益"是马克思的公共性思想中最为重要的概念之一。有时候，马克思也用"共同利益""普遍利益"概念来指称公共利益。自从人类社会分化出私人领域与公共领域以来，公共利益与私人利益之间的关系就成为人类社会的一个基本关系。公共利益需要一定的人类共同体来代表和实现。代表公共利益的共同体将经历长期的历史发展过程，由"虚幻的共同体"向"自由人的联合体"发展，是一个具有必然性的历史趋势。马克思关于公共利益的产生、公共利益的实现、资本主义社会公共利益的产生和实现以及公共利益的历史发展等的丰富思想，是对于公共利益的唯物史观解读，为我们从理论上理解和在实践中处理公共利益问题提供了深刻的启示。

一 公共利益的产生

与费尔巴哈语境中的"抽象的人"不同，马克思总是从"现实的人"出发去研究人类社会及其发展。"现实的人"既是有各种私人利益要求的"特殊的个体"，也是生活在一定社会关系下的"社会的人"。

---

* 本章与谭清华合作，原载《哲学研究》2008年第5期。

"各个人的出发点总是他们自己,不过当然是处于既有的历史条件和关系范围之内的自己。"① 从根源上说,正是私人利益推动着个人进行社会实践活动和社会交往联系。个人需要生活以及为了满足吃、喝、住、穿等生活需要而进行的物质生产,马克思称之为"历史的第一个前提"。追求和实现私人利益是人们的基本需要之一。

马克思并不否定私人利益的现实合理性,他肯定了个人在追求和实现私人利益的过程中推动了社会历史的发展。完全否定私人利益在社会历史发展中的作用,是非历史的观点,并不符合马克思的唯物史观。但是,如果认为每个个体只要追逐和实现私人利益就会自然实现公共利益、社会利益,这种混淆私人利益与公共利益、用个人利益取代公共利益以致取消个人利益与公共利益的关系的观点,也从根本上违背了马克思唯物史观的思想。

马克思在《政治经济学批判(1857—1858年手稿)》中,针对一些经济学家持有的类似思想进行了批评。因为,如果认为"当每个人追求自己私人利益的时候,也就达到私人利益的总体即普遍利益",那么,从这种抽象的说法反而可以得出相反的结论,即"每个人都互相妨碍别人利益的实现,这种一切人反对一切人的战争所造成的结果,不是普遍的肯定,而是普遍的否定"。因此,马克思说,关键在于:"私人利益本身已经是社会所决定的利益,而且只有在社会所设定的条件下并使用社会所提供的手段,才能达到;也就是说,私人利益是与这些条件和手段的再生产相联系的。这是私人利益;但它的内容以及实现的形式和手段则是由不以任何人为转移的社会条件决定的。"②

私人利益作为现实的具体的利益体现了个人的需要。每个人都是"特殊的个体",因而每个人都有特殊的私人利益。但是,私人利益的产生以及私人利益的实现,却不是个人仅仅通过自己的实践活动所能决定的。私人利益的产生取决于个人所处的社会历史条件,个人只有在具体的社会历史条件下才能产生相应的个人利益诉求。私人利益并不是凭空产生的,而是不可避免地受到社会历史条件的制约。更为重要的是,

---

① 《马克思恩格斯选集》第1卷,人民出版社2012年版,第199页。
② 《马克思恩格斯全集》第30卷,人民出版社1995年版,第106页。

私人利益的实现必须在一定的社会历史条件下,并且只有借助于一定的社会所提供的手段才能实现。

私人利益的实现需要借助社会提供的手段和条件,而社会"是人们交互活动的产物",是"个体的活动所借以实现的必然形式"。① 私人利益的实现需要借助社会,也就意味着需要依赖他人,需要在与他人的社会联系中来实现。"每个人为另一个人服务,目的是为自己服务;每一个人都把另一个人当作自己的手段互相利用。""(1)每个人只有作为另一个人的手段才能达到自己的目的;(2)每个人只有作为自我目的(自为的存在)才能成为另一个人的手段(为他的存在);(3)每个人是手段同时又是目的,而且只有成为手段才能达到自己的目的,只有把自己当作自我目的才能成为手段,也就是说,每个人只有把自己当作自为的存在才把自己变成为他的存在,而他人只有把自己当作自为的存在才把自己变成为前一个人的存在,——这种相互关联是一个必然的事实,它作为交换的自然条件是交换的前提。"②

因此,一个人的私人利益的实现需要借助于他人私人利益的实现,并且也只有在实现了他人的私人利益时才能实现自己的私人利益。这样,在不同的私人利益之间就产生了共同利益、一般利益。"共同利益恰恰只存在于双方、多方以及各方的独立之中,共同利益就是自私利益的交换。一般利益就是各种自私利益的一般性。"③ 私人利益为了实现自身,就必须首先满足其他私人利益的实现,各个私人利益在相互实现中创造了一个公共利益、普遍利益。从这个角度说,公共利益的产生是私人利益相互实现的结果,人们的社会性存在为公共利益的产生创造了现实可能性。

公共利益根源于人们的社会实践活动和交往,产生于人们私人利益的相互实现过程中。公共利益是对私人利益局限性的超越,是私人利益的一般化。从公共利益的产生来说,公共利益并不是独立的利益诉求,公共利益就存在于私人利益相互实现的共同领域中,既是对所有私人利

---

① 《马克思恩格斯选集》第4卷,人民出版社2012年版,第408、409页。
② 《马克思恩格斯全集》第30卷,人民出版社1995年版,第198页。
③ 同上书,第199页。

益的限制，也是对所有私人利益实现的保障。公共利益存在于各个私人利益中，但又超越了各个私人利益。各个私人利益只有在实现公共利益的同时，才能使自身得以实现。公共利益是现实存在的利益要求，既具有普遍性，又具有现实性。

但是，私人利益在相互实现中并不会自发地产生和维护公共利益，私人利益只是对不同个体需要的反映，具有特殊性和偶然性。不同个体的私人利益能否实现以及实现的程度，具有很大的不确定性。不同的私人利益在产生和实现中往往会发生矛盾、冲突和斗争。为了不使私人利益之间的冲突、斗争把整个社会都毁灭，为了维护社会的稳定，公共利益需要一定的社会共同体来实现。私人利益的相互实现为公共利益的产生提供了可能，而社会共同体则为公共利益的实现提供了现实途径。实际上，公共利益一产生就依附于一定的社会共同体中，一定的社会共同体形式代表和实现了一定的社会公共利益。

二 公共利益的实现

人类社会从一开始就是以共同体的形式组织起来的。人类的共同体生活从动物的群居生活进化发展而来，要远远高于动物的群居生活。在马克思的著作中，"人类共同体"是一个随处可见的重要范畴。马克思在不同时期分别使用了"自然形成的共同体""等级共同体""市民社会共同体""国家共同体""抽象共同体""虚幻共同体""真正共同体"等概念。

人类共同体是人类社会组织形式。早期人类共同体就是社会本身，那时的人类共同体与人类社会在概念的外延上是重合的。但是，随着人类实践活动的扩大和发展，人类社会领域出现了分化，在社会生活中产生了不同的共同体，各类共同体成为人类社会中结构和功能不同的组成部分。

一个明显的事实是，人类共同体的出现要远远早于公共领域与私人领域、公共利益与私人利益的划分。人类社会最初就是以共同体形式组织起来的，整个共同体或者说整个社会就是一个统一的领域，没有私人领域与公共领域之分，也就没有私人利益与公共利益的矛盾。只有在从社会共同体中分离出私人领域以及私人利益后，才会产生与之相对而言的公共领域和公共利益。而公共利益一出现就是依附于这个共同体的，由共同体代表着公共利益的实现。因此，无论是霍布斯还是卢梭，他们从原子式的个人出发去假设原初社会人与人之间互相争斗的生存状况，然后从这一生存状况演绎出共同体的产生，其假设并不符合人类早期发展的历史状况。

人类共同体是随着人类社会的不断发展而发展的。由最初自然形成的共同体，如部落、氏族、家庭等人类共同体，逐渐发展到社会形成的共同体，如基于职业形成的职业共同体，基于阶级形成的阶级共同体等。马克思揭示了人类共同体发展的历史逻辑，即从自然形成的共同体到社会形成的共同体，最后到人的自由联合体这样一个历史发展过程。而与此相对应的个人与共同体之间的关系，也将经历人与共同体的自然依赖关系、物的依赖关系和自由全面发展关系三个形态。马克思认为，社会分工对于共同体的组织形态以及个人与共同体之间的关系具有直接影响。

分工从人类社会一产生就存在，首先是基于性别等自然差别的分工，然后伴随社会关系的发展而出现越来越复杂的基于社会关系的分工。正是分工把个人纳入不同的社会共同体中，形成了不同共同体内部的公共利益和私人利益，以及共同体之间公共利益与私人利益的划分。"随着分工的发展也产生了单个人的利益或单个家庭的利益与所有互相交往的个人的共同利益之间的矛盾；而且这种共同利益不是仅仅作为一种'普遍的东西'存在于观念之中，而首先是作为彼此有了分工的个人之间的相互依存关系存在于现实之中。"[1] 因此，分工不但形成了个人利益和家庭共同体的利益，使得人类共同利益存在具有必然性和现实性，而且还产生了个人利益与共同利益、私人利益与公共利益的矛盾。

---

[1] 《马克思恩格斯选集》第1卷，人民出版社2012年版，第163页。

首先是基于自然差别的分工，尔后是基于社会关系的分工，是形成私人利益与公共利益划分及矛盾的根本原因。马克思认为，消灭分工是解决私人利益与公共利益、个人利益与普遍利益，以及不同共同体利益之间矛盾的前提和基本条件。马克思所说的应该消灭的分工，不是指人们在具体活动中由协作所要求的分工，而是指社会分工，确切些说是社会分化甚至社会分裂，是一旦形成就不能改变的要求人们奴隶般地服从的固定的分工。这样的分工不是实现人的自由和全面发展的形式，而是对人的自由和全面发展的限制乃至剥夺。因此，只要分工不是出于人们的自愿，还带有强制的色彩，一切企图解决私人利益与公共利益以及不同共同体利益之间矛盾的尝试，都具有强制性和虚幻性。国家共同体的出现就是人类社会试图解决这种矛盾的产物。

国家共同体是社会发展到一定程度，出现家庭共同体、阶级共同体之后才出现的共同体形式，是一种社会组织形式。"**政治国家**是一种**组织形式**"①。国家共同体就是为了解决私人利益与公共利益、个人利益与普遍利益，以及不同共同体利益之间的矛盾而产生的，是这种矛盾发展的必然结果。"国家是建筑在**社会生活**和**私人生活**之间的矛盾上，建筑在**普遍利益**和**私人利益**之间的矛盾上的。"② 从这个角度来说，国家共同体是私人利益与公共利益、个人利益与普遍利益，以及不同共同体利益之间矛盾发展的必然结果。当分工还不能自由选择、还带有强制性时，只有国家共同体才能通过采取暴力统治的方式，去暂时缓解和调节这些利益之间的矛盾。这也是国家共同体较之于一般共同体更为高级的原因所在。

而从分工的发展来说，分工使得人类社会出现了阶级，形成了不同的阶级共同体。马克思通过对近代资本主义社会阶级问题的分析，形成了科学的阶级理论。马克思特别强调了阶级共同体在人类社会发展中的作用和地位。阶级共同体的出现和发展，使得阶级之间利益冲突变得不可调和。不同阶级共同体之间的利益矛盾，成为人类社会发展的主要矛盾。国家共同体调节的个人利益与普遍利益，以及不同共同体利益之间

---

① 《马克思恩格斯全集》第3卷，人民出版社1995年版，第41页。
② 同上书，第386页。

的矛盾，集中反映在不同阶级共同体利益斗争上。因此，国家共同体也是解决阶级共同体之间利益矛盾的结果，是阶级斗争发展的必然要求。在这个意义上，马克思将国家定义为阶级统治的工具。

恩格斯在依据马克思晚年人类学笔记思想写的《家庭、私有制和国家的起源》中，对此作了高度概括。这个概括是符合马克思的思想的。恩格斯说："国家是社会在一定发展阶段上的产物；国家是承认：这个社会陷入了不可解决的自我矛盾，分裂为不可调和的对立面而又无力摆脱这些对立面。而为了使这些对立面，这些经济利益互相冲突的阶级，不致在无谓的斗争中把自己和社会消灭，就需要有一种表面上凌驾于社会之上的力量，这种力量应当缓和冲突，把冲突保持在'秩序'的范围以内；这种从社会中产生但又自居于社会之上并且日益同社会相异化的力量，就是国家。"[①]

国家共同体之所以能够高于其他共同体，解决私人利益与公共利益以及不同阶级共同体之间的利益矛盾，就是因为国家共同体产生了公共权力，国家共同体将自己装扮成公共利益、普遍利益的代表。

三 资本主义社会公共利益的产生和实现

马克思认为，国家共同体一方面是以普遍利益、公共利益的形式来解决个人利益与共同利益，以及不同共同体利益之间的矛盾，体现了国家共同体作为解决社会冲突、维护社会稳定的角色。从这个意义上说，国家共同体所代表和实现的公共利益是现实的，体现了社会所有个人及共同体生存和发展的需要，符合人类的共同利益。但是，另一方面，国家共同体是从社会发展出来的，从诞生开始就不是独立于社会各共同体的，就没有摆脱私人利益与各共同体利益，特别是阶级共同体利益的纠葛。因此，国家共同体实质是占统治地位的阶级共同体用来维护和实现本阶级共同体利益的工具。

---

① 《马克思恩格斯选集》第4卷，人民出版社2012年版，第186页。

国家共同体所代表和实现的公共利益，实质上是居于统治地位的阶级共同体的公共利益。这种公共利益对于其他共同体，特别是对于被统治的阶级共同体来说是虚幻的、不真实的。"正是由于特殊利益和共同利益之间的这种矛盾，共同利益才采取**国家**这种与实际的单个利益和全体利益相脱离的独立形式，同时采取虚幻的共同体的形式，而这始终是在每一个家庭集团或部落集团中现有的骨肉联系、语言联系、较大规模的分工联系以及其他利益的联系的现实基础上，特别是在……已经由分工决定的阶级的基础上产生的，这些阶级是通过每一个这样的人群分离开来的，其中一个阶级统治着其他一切阶级。"①

资本主义国家是资本主义社会公共利益的代表，实现着资本主义社会的公共利益。资本主义国家的实质是资产阶级对其他阶级的统治，资本主义国家所代表和实现的公共利益实质是资产阶级这个阶级共同体的公共利益。资产阶级正是借助资本主义国家来追逐和实现本阶级的利益。由资产阶级来代表的资本主义社会的公共利益，在具有其阶级性的同时也具有历史的局限性。

马克思从莱茵报时期开始，就注意到了资本主义社会公共利益的局限性。他在《关于林木盗窃法的辩论》一文中明确质疑林木所有者，他们一方面以受害人身份要求获取对私人利益的赔偿；另一方面又利用自己的立法者身份，打着"公众惩罚"的名义，企图将自己的私人利益公共化以获取更大的利益。"林木所有者只能收回被别人拿去的东西。如果把国家交还给他——既然他除了私人权利外，还获得处置违法者的国家权利，那就确实把国家交还给他了，——那么，国家也必定是他的失窃物了，因此，国家就必定是他的私有财产了。""公众惩罚是用国家理性去消除罪行，因此，它是国家的权利，但是，它既然是国家的权利，国家就不能把它转让给私人。"② 这时马克思的思想尽管还深受黑格尔影响，把国家看成是摆脱了私人财产利益的支配，是"按自己本身的方式来行动"的"理性的定在"，但是，马克思仍然敏锐地觉察到了

---

① 《马克思恩格斯选集》第 1 卷，人民出版社 2012 年版，第 164 页。
② 《马克思恩格斯全集》第 1 卷，人民出版社 1995 年版，第 277 页。

资本主义社会公共利益是有局限性的，只是代表了一部分人的私人利益。

马克思认为，资本主义社会本身即市民社会的不完整性，决定了资本主义社会公共利益的虚幻性。在封建社会，市民生活的要素，例如，财产、家庭、劳动方式，已经以领主权、等级和同业公会的形式上升为国家生活的要素。它们以这种形式规定了单一的个体对国家整体的关系，就是说规定了他的政治关系，即他同社会其他组成部分相分离和相排斥的关系。18 世纪的市民社会没有把财产或劳动上升为社会要素，相反，却完成了它们同国家整体的分离，把它们建成为社会中的特殊社会。因此，政治解放其实就是这个特殊社会的革命。这个特殊社会通过政治革命，将其对国家整体的特殊关系变成自己对人民生活的普遍关系，使其特定的市民活动和地位变成普遍的活动和地位。

政治革命把国家事务提升为人民事务，把政治国家组成为普遍事务，即组成为现实的国家。"于是，政治革命**消灭了市民社会的政治性质**。它把市民社会分割为简单的组成部分：一方面是**个体**，另一方面是构成这些个体的生活内容和市民地位的**物质要素**和**精神要素**。它把似乎是被分散、分解、溶化在封建社会各个死巷里的政治精神激发出来，把政治精神从这种分散状态中汇集起来，把它从与市民生活相混合的状态中解放出来，并把它构成为共同体、人民的**普遍**事务的领域，在观念上不依赖于市民社会的上述**特殊**要素。**特定**的生活活动和特定的生活地位降低到只具有个体意义。它们已经不再构成个体对国家整体的普遍关系。公共事务本身反而成了每个个体的普遍事务，政治职能成了他的普遍职能。"① 政治革命解放了市民社会，个人从国家整体中解放出来，成为"利己的人"。市民获得了政治参与权，从而使得每个人都有权参与公共事务、公共权力，发展出适合其要求的公共领域。

这样，市民社会在获得解放的同时，也把市民社会的原则上升为普遍的原则，把"特殊社会"的要求上升为社会的普遍要求。资产阶级

---

① 《马克思恩格斯全集》第 3 卷，人民出版社 2002 年版，第 187 页。

公共领域根源于市民社会，是以市民社会为基础的。市民社会的局限必然带来资产阶级公共领域和资本主义公共利益的局限。马克思批判了鲍威尔混淆政治解放与人类解放之间的关系，指出政治解放与人类解放的区别，实质就是指出了市民社会以及建立其上的资产阶级公共领域和资本主义公共利益的阶级局限性。

市民社会的政治解放只是资产阶级从封建生产关系中的解放，是建立在私有财产基础上的解放。等级、身份等封建因素消除了，但是私有制却使得市民社会成员归属于不同的阶级。资产阶级取得了公共权力，而曾经与之一起反对封建势力的无产者成了被统治的对象，成了公共权力压制的对象。资产阶级把公共利益的局部利益，即资产阶级的阶级利益上升为人类的公共利益、普遍利益，把资产阶级的活动上升为公共活动，把资产阶级追求的平等和自由原则上升为社会的普遍原则。但是，市民社会人的平等，"就其非政治意义来说"，就是"每个人都同样被看成那种独立自在的单子"[①]；而市民社会人的自由，也不过是"构成他的生活内容的那些精神要素和物质要素的**不可阻挡的**运动"[②]。现实的人成了利己的个体和抽象的公民。在这个意义上，资本主义社会的公共利益是虚幻的普遍利益，资产阶级公共领域也只是形式上平等的虚伪的公共领域。

四 公共利益的历史发展

分工使得人们在相互实现私人利益的过程中产生了公共利益。然而也正是由于分工，导致了社会人群的分裂。特别是私有制的出现和发展，在人群中造成了不同的阶级共同体，以致一个阶级统治其他阶级。公共利益被占统治地位的阶级借助于国家这个共同体形式来代表和实现。因此，国家成了虚幻的共同体，国家所代表和实现的公共利益，也成了虚幻的公共利益。

---

① 《马克思恩格斯全集》第3卷，人民出版社2002年版，第184页。
② 同上书，第188页。

在马克思看来，国家共同体并不是永恒的，特别是近代资本主义社会不但极大地发展了生产力，使得人们有了更多的自由，能够进行一定程度的自主活动，发展各种能力，在一定程度上摆脱了原有分工的束缚，而且还产生了无产阶级这个国家共同体的掘墓人，使这种国家共同体最终将为自由人的联合体所取代。

　　而人的自由程度、人的自主活动发展程度，与公共领域的发展以及人的公共性需要的发展紧密联系在一起，它们在社会历史发展中是一致的。人的自由实现到什么程度，人的公共领域就能够在什么程度上摆脱国家共同体的束缚，就能够在什么程度上体现人的公共性需要。"自由就在于把国家由一个高踞社会之上的机关变成完全服从这个社会的机关；而且就在今天，各种国家形式比较自由或比较不自由，也取决于这些国家形式把'国家的自由'限制到什么程度。"① 人的自主活动发展到什么程度，人们参与到公共领域的广度和深度就会达到什么程度，公共利益就会在什么程度上摆脱国家共同体的束缚，而实现和表达人们的普遍利益需要。

　　恩格斯在体现了马克思思想的《反杜林论》第二编"政治经济学"中指出："只要实际从事劳动的居民必须占用很多时间来从事自己的必要劳动，因而没有多余的时间来从事社会的公共事务——劳动管理、国家事务、法律事务、艺术、科学等等，总是必然有一个脱离实际劳动的特殊阶级来从事这些事务；而且这个阶级为了它自己的利益，从来不会错过机会来把越来越沉重的劳动负担加到劳动群众的肩上。"② 实际上，人的公共性的实现、公共领域的发展，与人摆脱异化劳动、重新使劳动成为人的自主活动走的是同一历史发展道路。在这一历史发展过程中，公共利益也将由虚假的公共利益发展到摆脱虚假性、成为真正反映人们需要的普遍利益，人类共同体也将从自然形成的共同体发展到社会形成的共同体，最后到人的自由联合体。

　　只有在自由人的联合体中，劳动才摆脱了物质生活生产形式的束缚，成为自主活动，实现了自主活动与物质生活的一致；个人摆脱了分

---

① 《马克思恩格斯选集》第 3 卷，人民出版社 2012 年版，第 372 页。
② 同上书，第 562 页。

工的局限，消除一切自发性，成为"各个人向完全的个人的发展"；交往摆脱了地域、狭窄社会关系，特别是自身发展的限制，成为基于个人本身需要的交往。① 人的公共领域得以全面拓展，人成为共同体的人，成为真正具有公共性的人。人的公共性得到全面的发展和体现，公共领域将成为人的自由自觉活动的领域，公共利益将摆脱虚幻性，成为真正反映人们需要的公共利益。

马克思从唯物史观的角度揭示了公共利益发展的历史逻辑，指明了公共利益只有在自由人的联合体中才能得到真正实现。我国当前以及今后很长的一个历史时期，都将处于社会主义发展的初级阶段，即生产力和生产关系都不发达的阶段。在这个阶段里，我们必须坚持无产阶级专政，即坚持无产阶级及其政党在社会主义国家中的领导地位。社会主义社会的公共利益需要由无产阶级政党领导的国家政权来代表和实现，社会主义国家代表和实现的公共利益实质就是无产阶级和最广大人民群众的共同利益。

当前，由于社会整体发展水平较低，社会生产关系和管理方式正在进行调整等原因，我们国家在代表和实现无产阶级和最广大人民群众的公共利益方面还存在明显的不足，诸如部分官员滥权腐败、贫富差距两极分化、社会公共产品供给不足等问题还比较突出。解决和处理好这些问题，既是维护社会稳定、坚持社会可持续发展的必然要求，更是无产阶级及其政党领导下的社会主义国家，代表和实现最广大人民群众公共利益的内在需要。

所以，在新的历史条件下，中国共产党提出了"三个代表"重要思想，进而提出了科学发展观，要求坚持以人为本，全面协调可持续发展。这些都从根本上表明，无产阶级政党和社会主义国家是社会公共利益的真正代表。用"三个代表"重要思想和科学发展观来指导社会主义现代化事业和和谐社会的建设，是无产阶级政党和社会主义国家代表和实现最广大人民群众公共利益的实践需要。社会主义国家的公共性本

---

① 《马克思恩格斯选集》第3卷，人民出版社2012年版，第210页。

质要求它在进一步发展中，不断转换自身的社会职能，由管理型政府向服务型政府转变，为社会提供更多、更好的公共产品和公共服务，不断满足广大人民群众的公共需要。社会主义社会的公共利益将伴随社会主义现代化建设的不断推进而逐步得以真正实现。

第五章

哲学从主体性到公共性的走向*

自 1978 年中国走上改革开放道路以来，在马克思主义哲学中国化的历史进程中，中国哲学界关注的重心发生了重大的变化。在科学和哲学的发展史中，重大的思想、理论、观念的变革，常常集中体现为具有时代特征的重要概念、范畴的历史性变化。这就是库恩所说的作为科学革命标志的范式转换。中国当代巨大的社会变革是全面而又深刻的，反映在哲学思想、理论、观念上，就是许多系列的哲学概念、范畴的演化，并且明显地呈现出理论范式变迁的特征。对于这种具有范式转换意义的发展，我们可从五方面来讨论：即理论与实践；存在与规律；主体与活动；生产与发展；文明与交往。中国马克思主义哲学多年来所关注的重要问题，大体可以归结为这五方面。回顾历史，展望未来，隐约可见其间发展的走向，从根本上可以说是从主体性到公共性的范式转换。

一 理论与实践

哲学作为理论、观念来自于实践、现实。马克思说："任何真正的哲学都是自己时代的精神上的精华。"[①] 哲学是思想中的时代，是对于

---

* 本章原载《中国社会科学》2008 年第 4 期。
① 《马克思恩格斯全集》第 1 卷，人民出版社 1995 年版，第 220 页。

实践与理论、观念与现实关系的根本性把握。对于哲学来说，最为基本的要求就是处理好理论与实践的关系。马克思主义哲学不仅要能够正确地解释世界，更要能够正确地改变世界。在这里，哲学解释世界的功能与改变世界的功能是相互依存的。只有在正确解释的指引下，才能对世界做出正确的改变；也只有在对世界的正确改变中，才能确证对于世界的解释的正确性。

（一）真理标准：本本真理论——权威真理论——实践真理论

理论与实践方面的一个突出的问题，是检验真理的标准问题。自从马克思主义理论传入中国，如何看待马克思主义及其真理性，历来有不同的观点。毛泽东1930年写过《反对本本主义》，反对当时党内的"左"倾机会主义者用教条主义的方式来看待马克思主义，把马克思主义真理看作本本上的东西，认为本本即真理，一切以本本为标准。这种本本真理论曾严重影响过我们的思想和行动。毛泽东明确指出："马克思主义的'本本'是要学习的，但是必须同我国的实际情况相结合。我们需要'本本'，但是一定要纠正脱离实际情况的本本主义。"①

后来在中国革命及国际共产主义运动中，又出现了权威真理论，认为革命领袖是行动的权威，也是理论的权威，把权威当作检验真理的标准。权威真理论与本本主义常常是结合在一起的。毛泽东当年在批评本本主义的同时，也批评了权威真理论："我们说马克思主义是对的，决不是因为马克思这个人是什么'先哲'，而是因为他的理论，在我们的实践中，证明了是对的。我们的斗争需要马克思主义。"② 这种权威真理论在历史上或隐或显地长期存在，是革命队伍中"左"派幼稚病的典型症候。在现实生活中，认为权威即真理，权大理就大，这种观念或态度是较为常见的。被视为真理的权威，不仅有政治的权威、行政的权威、管理的权威，还有宗教的权威、学术的权威、金钱的权威等，使真理的标准变得更加扑朔迷离。

20世纪70年代末关于实践是检验真理唯一标准的大讨论，确立了

---

① 《毛泽东选集》第1卷，人民出版社1991年版，第111—112页。
② 同上书，第111页。

实践真理论,即以实践作为检验认识之真理性的尺度。正如马克思在《关于费尔巴哈的提纲》中所言:"人的思维是否具有客观的……真理性,这不是一个理论的问题,而是一个**实践的**问题。人应该在实践中证明自己思维真理性,即自己思维的现实性和力量,自己思维的此岸性。"① 从本本真理论到权威真理论再到实践真理论,这是我们关于真理的范式的转换,是一种根本性的观念转变。这场关于真理标准问题的讨论,从哲学认识论的高度,说明了一个国家、民族对于理论所应采取的正确态度。

这次大讨论的重大意义,不仅仅在于我们所面对的某个具体问题的解决,而且还在于有可能从根本上走出我们国家和民族在历史上面对理论一再陷入的误区。邓小平在当时就明确指出:"目前进行的关于实践是检验真理的唯一标准问题的讨论,实际上也是要不要解放思想的争论。……一个党,一个国家,一个民族,如果一切从本本出发,思想僵化,迷信盛行,那它就不能前进,它的生机就停止了,就要亡党亡国。这是毛泽东同志在整风运动中反复讲过的。只有解放思想,坚持实事求是,一切从实际出发,理论联系实际,我们的社会主义现代化建设才能顺利进行,我们党的马列主义、毛泽东思想的理论也才能顺利发展。"②

(二)理论实现:理论认识——实践观念——实践行动

在总结、概括实践经验的基础上,从感性认识上升到理性认识,理性认识系统化成为理论,理论经过实践反复检验而具有真理的意义。只有这样的理论,才可以称之为真正的理论,即具有真理性的理论。"马克思主义者认为,只有人们的社会实践,才是人们对于外界认识的真理性的标准。""真理的标准只能是社会的实践。"③ 在实践中检验理论和发展理论的过程,是整个认识过程的继续。许多理论的真理性是不完全的,可以经过实践的检验而纠正其不完全性;许多理论是错误的,可以经过实践的检验而纠正其错误。

---

① 《马克思恩格斯选集》第1卷,人民出版社2012年版,第134页。
② 《邓小平文选》第2卷,人民出版社1994年版,第143页。
③ 《毛泽东选集》第1卷,人民出版社1991年版,第284页。

从实践产生的理论认识，反过来是要指导实践的，这就是理性认识回到改造世界的实践活动过程中。那么，理论认识怎样在实践中得以实现？我们首先强调的是理论认识的实践意义。进而人们意识到，从理论到实践有一个中间环节或中介，可以称作实践观念。"所谓实践观念，是一种在理性认识的基础上，为直接指导和支配人们自己的实践活动而产生的具体观念。或者说，实践观念是在未来实践活动之前，主要体现实践主体对外界客观事物和自己实践行为'要什么''要怎样''要如何'，即头脑规划未来实践活动的对象、条件、方法、步骤、途径、过程和实践结果的一种观念。"[1] 实践观念包含实践的需要、目的、方式等，解决的是理论如何实践的认识问题，这是从理论向实践的过渡。实践观念见之于客观是实践行动的开始。

关于实践观念或实践理念，在当年关于真理标准问题讨论后，曾有过热烈的讨论。学界肯定了实践观念作为理论与实践的中介环节的地位和作用。[2] 之后学界对于实践行动问题，如实践运动的规律[3]、行动的规律和方法等的研究，都是对于理论实现问题更为深入和具体的探讨。

（三）体系特征：客观唯物主义——实践唯物主义——历史唯物主义

对于马克思主义哲学体系的特征或实质，学界至今还没有完全一致的认识，但这种理解的着重点的演化已呈现出一个大致的轮廓：由客观唯物主义到实践唯物主义再到历史唯物主义。从总体上说，这是符合马克思和恩格斯在他们的哲学思想发展中对自己的哲学体系的特征或实质的理解和称谓的。

以往我们对马克思主义哲学的理解，有一种客观唯物主义的倾向，强调物质世界的客观性，强调客观规律，强调外部世界对于人及其精神世界的决定作用，这是正确的。马克思和恩格斯在创立自己哲学之初，也强调这种哲学是一种"新唯物主义"。与黑格尔主观唯心主义相对立

---

[1] 王永昌：《实践观念论》，中国社会科学出版社2014年版，第13页。
[2] 参见王永昌《理论认识回到实践活动的中间环节初探》，《哲学研究》1983年第2期。
[3] 参见郭湛《论实践的效能、效果和反馈》，《哲学研究》1983年第7期。

的唯物主义，当然会有客观唯物主义的特征。但是，如果仅仅从外部世界的意义上去理解这种哲学的客观性特征，就不能与旧唯物主义划清界限。旧唯物主义的缺点是忽视人和人的能动活动，忽视人的创造性作用。单纯的客观唯物主义容易导致机械唯物主义，回到旧唯物主义的老路上去。

在中国学术界，经过真理标准问题的深入讨论，人们越来越意识到，马克思和恩格斯的新唯物主义作为哲学史上的革命变革，首先是使科学的实践概念成为哲学的核心范畴。马克思主义哲学是实践唯物论，也是实践辩证法，需要从其革命的、批判的本性来理解。马克思、恩格斯说："对实践的唯物主义者即共产主义者来说，全部问题都在于使现存世界革命化，实际地反对并改变现存的事物。"①

学界一些学者坚持马克思主义哲学是辩证（历史）唯物主义的理解，其中有些学者更强调历史唯物主义是马克思主义哲学的本质特征。这里所说的历史是人类活动的客观过程，也是人类探索和改变世界的实践活动。历史活动的主体是从事社会实践的现实的人。强调人在历史进步中的核心地位，"以人为本"，一切为了人，一切以人为中心，把人作为根本和目的，符合马克思主义及其哲学的精神实质。

（四）理论重心：本体论——认识论——价值论——社会发展论

马克思主义哲学理论之重心何在？对这个问题的理解也经历了一个历史过程。先是比较强调物质本体、外部世界、客观世界，这是重要的理论前提。但如果把马克思主义哲学归结为本体论，显然是远远不够的。在本体论的基础上，人们特别关注认识论问题。真理标准问题就是一个认识论问题，随着真理标准问题讨论的展开，20 世纪 80 年代成为一个以认识论为中心的时代。

后来认识论的发展相对沉寂了下来。其原因一方面与认识论研究的认知科学基础薄弱有关，另一方面与价值论的兴起有关。认识论主要解决主体的认识是否符合客观的客体的实际，是以客体性为指归的。而价

---

① 《马克思恩格斯文集》第 1 卷，人民出版社 2009 年版，第 527 页。

值论研究的是客体对于主体的意义,实际上是以主体为尺度去把握客体。从认识论到价值论的转向,也可以看作是一种范式的转换。

近些年来,又出现了一个新的动向,就是哲学的社会发展论研究。这种社会发展论以中国当代社会发展作为哲学反思的主要对象,同时把中国的发展与世界的发展联系起来加以考察。与此同时,还有生存论研究,人的生存又同人的发展联系在一起,所以真正的生存论是人的生存发展论,属于社会发展论。作为哲学的社会发展论是一种社会哲学,在理论层次上处于历史唯物论与社会发展理论之间,展现出较广阔的研究空间和更直接的实践价值。

二 存在与规律

哲学作为一种思维方式,面对的是存在,是批判与反思存在以及思维与存在关系的思维。对于存在的哲学把握,必然要从外部现象进而达于内在本质,触及存在本身运动和发展的规律。存在论的问题即本体论的问题,存在与规律及其关系,是哲学的一个基础性、前提性的主题。人们对于哲学的关注,源于对于人们的生存和发展的现实条件的关注,不能不把存在及其规律的问题放在首位加以思考。

(一) 实体存在:客体——主体——主客体统一

人们关注的首先是实体存在。实体性的存在,第一是客体。当然,客体是相对于主体而言的。主体面对的对象性存在物就是客体。对客体的认识和把握是唯物主义的基本要求。作为客体的对象世界,是人类生存和发展的物质前提。客观世界的先在性,对于唯物主义者来说是不言而喻的。物质客体首先是一种实体性存在,是可以被人以某种方式感知和改变的现实存在物。

与客体相对应的是主体,主体与客体是相互规定的。客体是相对于主体而言的客体,主体是相对于客体而言的主体。在具体的、历史的即现实的条件下,相对于特定客体的是特定的主体,即特定的认识和实践的主体。这种主体具有多方面的属性，但首要的是一种实体性存在。如果是个体的人，那么他就是具体的、历史的或现实的个人。相对于客体，在与客体的关系中，借助某种中介手段，人成为主体。如何在与客体的关系中成为主体，这是社会和人的发展中的根本问题。世界和中国的现代化进程，首先是使社会的人在同自然的关系中成为主体的过程。

人与世界作为主体与客体构成矛盾关系，在曲折的相互作用中实现主体与客体的统一。总的说来，从关注外部世界的客体，到反过来关注作为主体的人本身，是哲学理论重心的转换。在主客体关系中，无论是只关心客体，还是只关心主体，显然都是片面的。经历过并感受到各种片面性的弊端之后，回到辩证理性的立场，强调主客体的统一，乃是理解主客体关系问题的基本发展趋向。

（二）存在观念：自然存在——社会存在——人的存在

继而人们深入关注的是存在的观念问题。所谓存在究竟指什么样的存在？我们首先关注的是外部世界的自然存在。一般意义上的唯物主义，包括旧唯物主义，也都重视自然界的先在地位，首先强调自然的客观实在性。这是唯物主义的基本观点和基本出发点。

进一步受到关注的是社会存在，即把社会作为一种存在来把握。马克思唯物史观的贡献不在于对自然存在的说明，而在于对社会存在的揭示，在于对社会存在与自然存在、与社会意识的关系的阐发。社会存在范畴从整体上强调社会和自然的区别，强调社会的结构、功能及其发展。但社会不是纯然物质的实体，社会是由人构成的，人是社会中的能动的主体。

社会是一个人文科学概念，真正对社会实质的科学理解，应该落实到对人的理解上。强调人之历史的亦即现实的存在，以现实的人的社会存在为前提，这是当代哲学的一个特点，也是当代马克思主义哲学的基点。人的存在是具体的、历史的或现实的存在，不能把它抽象化或彼岸化。如何使人真正成为人，成为社会存在的主体，始终是社会发展中的核心问题。

（三）关系存在：自然关系——社会（人际）关系——人（社会）与自然关系

建立在实体存在基础上的是关系存在。实体不是孤立的存在，而是关系中的存在，或者说实体存在也是关系存在。在哲学对存在的反思中，在认识实体的基础上，关于关系的认识具有更为重要的意义。所谓关系存在，首先是自然关系的存在。人类从自然中走出来，是自然界生物进化的产物，生活在自然环境之中。在自然界的生态链条上，人类社会是与整体生态链条息息相关的一个环节。自然生态是人类社会赖以存在的物质前提。在我们关注关系存在时，首要的是自然关系，特别是生态关系。我们不能因为自己是社会的人，而忘记自身的自然属性和自然关系。生态是自然生命存在之本，当然也是人类生命存在之本。人类之所以高于其他一切生物，就在于人类"能够认识和正确运用自然规律"[①]。

在自然关系存在基础之上，进而才有人际关系或社会关系的存在。有生命的个人的存在，这是全部人类历史的第一个前提。"人们生产自己的生活资料，同时间接地生产着自己的物质生活本身。人们用以生产自己生活资料的方式，首先取决于他们已有的和需要再生产的社会资料本身的特性。""个人怎样表现自己的生命，他们自己就是怎样。因此，他们是什么样的，这同他们的生产是一致的——既和他们生产**什么**一致，又和他们**怎样**生产一致。因而，个人是什么样的，这取决于他们进行生产的物质条件。""而生产本身又是以个人彼此之间的**交往**……为前提的。这种交往的形式又是由生产决定的。"[②] 社会的生产关系从根本上规定了社会的交往关系。

"以一定的方式进行生产活动的一定的个人，发生一定的社会关系和政治关系。……社会结构和国家总是从一定的个人的生活过程中产生的。"[③] 这种"现实中的个人"是历史活动和人际交往的主体。唯物史观主要研究人际关系或社会关系，而人、社会、自然相互关联与包含，构成存在的总体。当代中国和世界的人（社会）与自然的关系的重要

---

① 《马克思恩格斯选集》第 3 卷，人民出版社 2012 年版，第 998 页。
② 《马克思恩格斯选集》第 1 卷，人民出版社 2012 年版，第 147 页。
③ 同上书，第 151 页。

性日益凸显。所谓环境问题、生态问题,实质上都是人、社会和自然的关系问题。能否妥善处理人(社会)与自然的关系,不仅关乎人类的持续发展,甚至关乎人类的生存本身。

(四)规律性:客观规律——活动目的——合规律与合目的统一

人们首先意识到并且强调规律是客观的,在以自然界为对象时尤其如此。规律是不以人的意志为转移的客观必然性。但在考察社会和人的活动时,我们发现:社会活动、人的活动同纯粹自然事物的运动、变化是不同的。自然本身没有什么意识和目的可言,而人的社会的活动却是有意识、有目的的。目的是人的意识在自觉活动中的对象化,是人的、社会的活动的最重要的特征。强调人的活动、社会的活动的目的性,把自然界盲目的必然性与人的社会活动的规律性即历史必然性区别开了。马克思主义认识论和唯物史观强调合规律性与合目的性的统一,既要承认客观规律,又要注意人的目的,使这两者能够在人的实践活动中统一起来。

三 主体与活动

人是主体性的存在,而活动是这种主体的存在方式。社会生活就是相互作用的人类活动的总和。对于人类社会来说,主体自身的性质和状态,主体活动的过程和结果,决定着社会整体的面貌与走向。主体与其活动即其行为是相互规定的:有什么样的主体就有什么样的活动,反过来说,有什么样的活动就有什么样的主体。主体的发展与其活动的发展,是一个具有内在逻辑的历史过程。

(一)主体性质:前主体性——主体性——主体间性——共同主体性

主体的性质如何,大体经历了一个历史的过程。首先可以确定一个"前主体性"阶段,即未达到主体性时人的本质属性。传统社会人的主体性质,总体上属于前主体性状态。然后就是主体性阶段。人摆脱了对他人的依赖，成为独立的主体，这时他作为主体在同客体的关系中所具有的性质就是主体性。主体性表现为人的自主性、主动性、能动性乃至创造性的特征。主体性是现代社会人普遍具有的特性，相当于马克思所说的"以物的依赖性为基础的人的独立性"。主体性是现代性在人那里最主要的特征，而现代性则是现代社会的根本性质。西方很多学者都在批判现代性，认为现代社会存在很多问题，已不能适应人的发展的需要。对现代性的批判导致了所谓后现代思潮，同时也出现了对主体性的批判，对人的主体性的批判也就是对社会的现代性的批判。

主体性之所以受到质疑，主要是因为传统意义上的主体性在发展中遇到了困境。如果主体性只是单个个人、个体主体的独立性、自主性和自由，每个人都成了绝对化的主体，相互间不能有适当的联系和结合，那么社会就会离散。同时，一个绝对意义上的主体必定会把其他一切都当作客体，甚至把他人当作等同于物的客体。这样极端的主体性会把人和社会推上绝境，其结果只能使人从根本上丧失主体性。

取代极端的、狭隘的主体性的是"主体间性""互主体性"或"交互主体性"。我们在肯定自己是主体的时候，应该承认和尊重他人的主体地位。在主体与主体之间存在的不是主客体关系，而是一种主体间关系，因而有了主体间性。主体间性似乎超出了主体性，但我们也可以在更广泛的意义上把主体间性理解为新型的主体性。这是在主体和主体之间形成的互主体性或交互主体性。

在主体间性、互主体性或交互主体性的基础上，有可能形成一种共同主体性。在人类共同体中，众多主体形成共同主体，他们的共同主体性比起单独个人的主体性拥有更多的内涵、更广的包容和更大的力量。由主体性开始，经过主体间性、互主体性或交互主体性，进而达到共同主体性，形成主体性质的发展趋向。

（二）活动性质：群体性——个体性——互动性——公共性

人的活动的性质，首先是活动的群体性。原始的人类生活是一种群体的生活，那种群体性是简单的具有原初性质的，人和人处在原始的依赖关系中。那时的人没有主体性，只有原始的群体性。这种人的依赖性发展到后来私有制条件下人身的依附、奴隶对奴隶主的依附、农民对地主的依附等，都属于马克思所说的人的依赖性阶段。

近代资本主义社会中，出现了物的依赖下的人的独立性。在商品经济、市场经济条件下，人的个体性即独立性才真正形成，这就是现代意义上的主体性。具有个体主体性的人和人在社会生活中是互动的，相互作用而又相互依存。更进一步是在人和人之间形成某种公共性。公共性当然具有群体性的特点，但这已不是人的依赖关系中的群体性，也不是简单的个体性的集合，而是一种互动的、有机的、社会的结合，形成我们所说的公共性。

（三）活动尺度：有用性——有效性——合理性

活动尺度指依据什么来评价人的活动。在这个问题上，比较初级的认识是以有用或者实用为尺度。判断一个事物对我们是否有价值，首先是看它有没有用。但是，仅仅有用或能满足自己的需要还是不够的，进而还有如何更好地满足人的需要的问题，这就是有效性包括效率的问题。

人的活动即使是有效的，也不一定就是合适的。某个活动或事物对我们来说是起作用的，但这种作用如果是片面的，从长远来说存在隐患，那么其合理性就会受到质疑。人们追究自身活动的合理性，寻求更合理的发展模式，使人类的追求能够在更为合理的框架下得到满足。

对合理性的追求是一个更高的境界。社会发展所要求的合理性中最重要的是公平。在公平和效率之间，我们之所以强调效率优先，就是因为要发展就必须提高效率。效率低下条件下的公平只能是普遍的共同的贫穷。效率的提高导致经济的发展，同时也带来了很多社会问题，需要通过社会公平得到更好的解决。在已经有了发展的基础上，重视、强调和实现公平，是一个合理的、和谐的社会所必须坚持的价值尺度。

（四）合理性：技术合理性——人文合理性——制度合理性——生态合理性

关于合理性，我们首先关注的是技术合理性。按照某种程序能够达到我们的目的，在技术上就是合理的。如果不能够做到，或者做起来很困难，那么它的技术合理性就存在问题。

在技术合理性问题已经基本解决的情况下，人们会更多地追问其人文合理性。由某种程序构成的技术系统运行的结果，对人的存在和发展会产生什么作用和影响？人文的合理性问题包含诸多人的关系即人与人、人与物的关系的协调和处理，而这是在社会的制度框架中进行的。

为了协调众多人的利益和要求、协调人的活动，必须要有合理的制度。制度要随着社会变化来调整和完善，这就是对于制度合理性的追求。通过制度的完善来解决人与人、人与物的关系，解决的是人文合理性问题。

人类社会在自身得到调整和完善的同时，还面对着同自然的关系。历史上多次出现这样的情况：一个社会内部也许是稳定的，但当人口增加和改造自然的力量增强后，有可能破坏生态环境，从根本上使社会失去赖以存在的基础。只有从根本上处理好人和自然的关系，解决生态合理性问题，社会才可能持续发展。

四 生产与发展

生产与发展是整个社会和人的发展的前提。物质生产的发展是全部社会存在和发展的基础。但社会生产不仅仅是物质生活资料的生产，广义的"生产"包括物质生产、人的生产、精神生产、制度（社会关系）生产等。随着"生产"概念的扩展，"生产力"的内涵发生了相应的变化。由此带来的社会性的"发展"，也就有了更为广阔的空间，呈现出丰富多彩的涵义，发展的多样取向和深层动力受到社会和学界的高度重视。

（一）生产领域：物质生产——人的生产——精神生产——制度（社会关系）生产

关于生产领域，到底是什么意义上的生产？当然首先是物质生产。其次，我们也注意到人本身的生产，人的生产是劳动力的生产和再生产。人本身的生产也是需要加以管理的，人口控制是一个复杂的社会问题。在物质生产和人的生产的基础上，人们特别关注精神生产，这是一个十分重要的生产领域。人类的文化财富，科学、理论、学术、艺术等都是精神生产的产物。进一步还有制度生产，即马克思所说的社会关系的生产。

一个社会需要有如此多样的生产，才能满足社会存在和发展的需要。最初我们比较注意物质生产，因为这种生产满足的是社会物质生活的直接需要。狭义的生产概念仅仅指物质生产。后来人们逐步注意到人的生产、精神生产乃至制度生产，对生产涵义的理解形成一个逐步深入的过程。

（二）生产力：自然力——机器（技术）——知识（科学）——管理——文化

首先人们看到的是自然力。最初的生产主要是利用自然力。渔猎、采集一类生产活动，依赖的是自然本身生产的成果。自然力还包括各种动力，如风力、水力等，最重要的是人自身的体力。人们驯养动物替代人的体力，也是一种自然力的转换。依靠自然力进行生产，这是自然经济条件下物质生产的主要特征。

到了近代有了大机器。机器、技术作为人工系统是人类智慧通过实践创造的，成为生产力中的重要因素。伴随着这种人工系统的发展和完善，知识、科学越来越成为直接的生产力。在现代生产系统中，管理也是一种重要的生产力。通过合理的管理，可以使生产中的各种要素更好地结合起来，实现良性运行。

文化本身是能够生产并且不断再生产出来的。在物质生产中，文化也越来越被看作生产力的一个部分。良好的企业文化能够使企业生产力要素的组合及其作用的发挥更加合理和高效。在制度生产中，文化具有更为核心的作用，制度本身就是一种文化。

可见，对生产力内涵的理解有一个逐步深化的过程。人首先作为一种自然力存在，进而在机器和技术中，人作为创造者和使用者起作用。在知识、科学、管理和文化中，主体都是人，实质都是人的自觉的、能动的活动在发挥作用。

（三）发展取向：外延发展——内涵发展——可持续发展——和谐发展

社会发展追求什么？最初人们追求的是外延的发展。在物质生活资料匮乏的时代，数量是最重要的。过去我们的许多生产指标主要是量的指标，表现出外延发展的特征。在外延的发展达到一定程度后，在基本上能够满足数量要求时，内涵的发展就会更加突出。在质上的发展，新的质、新的产品、新的服务的提供，成为人们更加关心的问题。随之社会各个领域的竞争也会转向质量的竞争。

再进一步就是发展的可持续性。现实中存在着不同质的或不同意义上的发展。更具有根本意义的是发展是否建立在合理的基础上，能不能持续下去。如果某种发展只能在短期内做到，那是没有多大意义的。可持续发展是长远的发展，事关国家、民族以及人类的命运。

在可持续发展基础上的进一步要求是和谐发展。和谐社会是和谐发展的社会。"可持续发展"强调发展能够延续下去，这是对于发展状态的要求。那么，这种发展是否符合人和社会的本性，是否符合人、社会和自然的关系，这又是一个合理性的问题。对此可以用"和谐发展"来概括，它包括人与人的和谐，也包括人与自然的和谐。

（四）发展动力：改良——革命——改革——创新

发展的动力是什么？这里把改良作为发展的第一个动力，是符合历史顺序的。近代之初，首先是改良思潮涌起。人们还没有想到要根本改变整个社会，只是力求在原有社会制度内部进行改良，改良是推动社会发展的一种力量。改良解决不了问题，于是有更为激进的革命。革命推动了社会根本制度的变化，成为社会发展的巨大动力。20世纪的中国经历了半个世纪的革命，解决中国社会的基本制度问题，引起各个领域深刻的变革。

在革命之后相对平稳发展的时期，社会结构和功能的调整和改善，需要通过改革来解决。中国 1978 年开始的改革，所要实现的是社会制度的调整和完善。在改革里面包含着革新的要求，发展到一定程度必然导致制度创新。当原有的方式不再带来发展时，符合发展大势的创新就会成为发展的内在动力。在改革的过程中强调创新,有助于消除对于改革的保守理解。真正深刻的改革必然包括创新,并且要通过创新来实现。

五　文明与交往

各民族和国家都是历史的、文化的存在,构成世界上各具特色的文明形态。如何看待文化和文明,如何实现不同文化和文明之间的交往互动,对于各个民族、国家以至各个地区乃至整个人类的和平发展,都是至关重要的。在以往人类历史和当代社会科学的背景下,我们对于文化观念、文明内涵、联系方式、交往范围的视野都在扩展,相应的理解也在逐步深化。人类在文化和文明上的自觉,在不同文化和文明的交流互动中日渐彰显。

(一) 文化观念:小文化——泛文化——大文化

我们对文化的理解有一些不同的层面。作为起点的一种理解可以称作"小文化",这是狭义的文化。这个意义上的文化只是社会中的一个领域,与经济、政治、社会诸领域不同,这是精神层面的文化领域。

"小文化"概念的局限性越来越暴露出来。人们发现,在"小文化"范围之外,许多事物都有明显的文化特征。于是出现了一种可以称为"泛文化"的思潮,把原来不被看作文化的事物也都叫作文化。这种对文化的理解是一种泛文化的理解。

真正超越"小文化"及"泛文化"的是一种"大文化"的观念。人们意识到,社会生活的各个领域都包含着文化,政治、军事、外交、法律、经济、管理等都有文化的特征。文化渗透到社会生活各个领域,是这些形态之中相对稳定的人为的程序和为人的取向。这个意义上的文化是人类生存的基本形式。尽管"小文化"的领域划分依然沿用下来,但人们对文化的理解以及对社会的理解已经越来越多地接受了"大文化"的观念。

（二）文明内涵：物质文明——精神文明——政治（制度）文明——生态文明

与文化高度相关的是文明。我们首先关注的是物质文明，是与满足人们物质生活需要紧密相关的物质生产和物质交往。整个社会的发展以物质的生产和交往为前提。然后我们比较重视精神文明，强调物质文明和精神文明两个文明一起抓。制度、政治也是一种重要的文明形态。制度是人们的组织方式、组织规则，决定人们以怎样的方式生产和生活。制度文明或政治文明对于社会发展具有主导意义。

更进一步还有生态文明的理念，这是一种视野更为广阔、更为全面的文明观。生态文明成为中国社会发展的战略构想，并在实践中逐步转化为现实。生态文明是一种先进的观念，我们能够及时采纳和实施，对于中国和世界都是无量的功德。

（三）联系方式：实物化——信息化——数字化——网络化

人类的联系方式随着技术的进步发生历史性的变化。人类文明或文化的交往方式，大致有几种形式。首先是实物化的方式，即联系要借助具体的事物来体现。然后是信息化的方式，用文字或语言等来表达、交流信息。信息化在当代已经发展到数字化。数字化使虚拟更为逼真，为人类认识和实践提供了全新的、高效的手段。数字化推动了网络化，这是人类联系方式的重大变化。这些变化带来的结果正在日益清楚地显示出来。

（四）交往范围：民族化——跨（民族）文化——区域化——全球化

人们交往的范围在不断扩大。从总体上说，最先是交往的民族化。民族及其文化在漫长的历史进程中形成。一个个的民族形成了，各自都是独立的民族主体，跨民族亦即跨文化交往的问题自然就会凸显出来。当跨文化的交往超越了两个民族一对一的关系，成为多个民族相互的关系的时候，就出现了交往范围区域化的趋势。相对于整个世界来说，一个区域内各个民族的交往呈现出区域化的特征。

未来更进一步的前景就是全球化。"各个相互影响的活动范围在这个发展进程中越是扩大,各民族的原始封闭状态由于日益完善的生产方式、交往以及因交往而自然形成的不同民族之间的分工消灭得越是彻底,历史也就越是成为世界历史。"① 历史向世界历史的转变,是近代以来人类历史发展的大趋势。从世界化的高度来看民族化、跨(民族)文化、区域化,它们都是走向全球化的一系列阶梯。当代世界的全球化水平还不够高,整个发展极不平衡,距离真正意义上的全球化还很遥远。但是,全球化是一个总的发展趋势,这应该是没有疑问的。

六 主导范式的转换

上述五方面概念或范式的演化,构成了波澜壮阔的发展状态。这些概念或范式转换,有的是整体性的,有的是局部性的;有的是替代性的,有的是补充性的;有的是不可逆的,有的是可逆的;有的是共时态的,有的是历时态的;有的是分化的,有的是整合的,等等。在这里,每一个方面,每一个系列,甚至每一个概念或范畴,都曾经是人们反复研究的内容。各个系列范式的转变既相互区别开来,又相互联系、渗透、交叉,需要依据其辩证的本性加以辩证的理解。

那么,在上述众多哲学范式的转换之间,存在着怎样的联系?哪些范式的转换更具根本的意义,制约和带动了其他范式的转换?

应当说,在上述五方面哲学范式的转换中,"主体与活动"更具核心意义。这个方面包括主体性质、活动性质、活动尺度、合理性等范式系列。主体即人的活动是哲学的根本性内容。马克思主义哲学特别强调实践,是因为它是主体借以改变世界的对象性活动,是人改变世界的手段,是满足人的需要和解决人的发展问题的现实活动。马克思主义哲学的革命变革发生在这个领域中,它在当代中国发生范式转换的中枢也在这里。

中心是主体和主体的活动,其他四方面哲学范式的转换,可看作

---

① 《马克思恩格斯选集》第 1 卷,人民出版社 2012 年版,第 168 页。

"主体与活动"方面哲学范式转换的前提或引申、前因或后果。而在这个方面哲学范式的转换中，主体与活动的性质问题更为重要。这些内容包括主体性质（前主体性——主体性——主体间性——共同主体性）和活动性质（群体性——个体性——互动性——公共性）两个系列。这两个系列问题在本质上是一致的。因为主体与活动是相互规定的，主体的性质是由其活动的性质规定的，反过来说，活动的性质也是由其主体的性质规定的。所以，主体性质和活动性质两个范式转换系列在内涵上十分接近。将主体性质和活动性质两个范式转换系列融为一体，可知当代中国马克思主义哲学根本性的范式转换是：前主体性——主体性——主体间性——公共（共同主体）性。

由前主体性到主体性，经过主体间性，到公共性或共同主体性，这是一个核心的脉络。前主体性标志着传统的人的状态，已经是一个历史的状态，尽管在现实中仍有它的回声。从整个社会的进步来说，主体性是商品经济、市场经济社会人的主要特征，个人成为独立、自主、自由的主体。在现代社会中，由于主体之间的交往、合作，自然会形成主体间性。如果主体间的关系超出了一人对一人或者少数人之间的关系，就会构成拥有公共性的状态，主体性就会成为一种共同主体性。从主体性到公共性或共同主体性，是主体与活动性质演变的大趋势。

七 哲学的公共性转向

由个人的主体性，发展到主体间性，再到公共性或者共同主体性，总的趋向是形成具有更多更好的公共性的社会。此范式转换系列的前半部分，即由前主体性到主体性的转换，已在中国市场经济的建设中基本实现了，尽管在很多方面还没有完全解决。现在人们常常对主体性加以批判，这种批判本质上并不是要回到前主体性，而是对后主体性即主体间性、共同主体性和公共性的呼唤。在众多的主体之间，存在着日益发展的公共领域，因而公共性问题的凸显就会成为必然。

具有主体性的个人是独立的个体，但不是孤立的唯一的存在。与其同时存在的还有他人，他人也是具有主体性的主体。在人与人之间发生相互作用，发生联系与互动，形成主体间关系，从而构成主体间性。一对一的主体间关系是一种交互主体的二元结构，二元主体间性是典型的主体间性。主体间性对于每一主体而言，是共同、共有和共享的，因而已经具有一定的公共性。

更多个人主体之间的关系，可以用最简单的三人关系来表示。三人及更多人各自作为主体相互联系和相互作用，导致超越二元主体间性的多元主体间性。主体间性是对原有主体性的超越，并不意味着非主体性，毋宁说是主体性的新形态，是由更多主体形成的增加了某种新质的共同主体性。就社会整体而言，众多个人的主体间性及其公共环境、公共需要、公共活动、公共规则、公共精神等汇成一种公共性，弥漫于社会生活之中，对于人来说如水之于鱼不可或缺。这种公共性是社会最重要的属性，是通常所说的社会性的基本涵义。

一个社会须有某种公共性的实体、关系、属性和机制，才能使之作为共同体存在和发展。社会中众多的主体需要有公共活动的空间，有一定的公共机构和组织掌握和行使公共权力，维护公共秩序，满足公共需求。社会作为共同体在公共性上应该是一致的。而社会又存在于自然之中，在人构成的社会和自然之间，也有许多需要协调的关系。因此，人们也把自然与社会的关系当作公共性问题，把自然作为环境和对象看作人类公共性的存在。

随着主体活动和交往范围的扩大，人的主体性增强，要求相应的主体间性、互主体性或交互主体性的发展，进而要求共同主体性、公共性的发展。这是现代社会生活发展的历史过程和必然逻辑。公共性问题是普遍存在的社会问题。发达的资本主义社会也是公共性较为发达的社会。在那里，公共需要、公共利益、公共环境得到普遍重视，公共产品的提供、公共服务的满足等较为全面，形成了相对稳定的社会公共性机制。我们进行社会主义现代化建设，推动当代中国社会进步，需要认真借鉴发达国家公共性建设的经验。在公共设施、公共环境、公共权力、公共管理、公共规则、公共意识等方面，都需要向先进国家学习。社会建设的中心就是公共性建设。中国社会融入世界的过程也是同国际社会公共性接轨的过程。随着现代化的迅速推进和融入全球化过程的加快，中国社会公共性问题的重要性日益突出。

社会作为共同体是一种公共性的存在，需要其成员普遍拥有相应的公共精神。公共精神集中表现为关注公共生活、保护公共环境、创造公共财富和提供公共服务。生成和践行这种公共精神，是对现代社会公民的基本要求。一个公共性的社会需要有公共意识、公共理性、公共理念、公共伦理、公共文化等，形成充满活力的公共精神。公共精神是共同体和社会的灵魂。一个社会的公共精神越发达、越充分，这个社会的环境和氛围就越好，每个社会成员享有的社会资源和福利就越多。人是在自觉意识支配下行动的。在这个意义上，可以说社会建设中最重要的是公共精神的建设。

当代各门社会科学都在从各自的角度、以各自的方式研究各类公共问题，公共环境、公共资源、公共事务、公共管理、公共服务、公共安全、公共意识、公共理性、公共伦理等受到广泛重视，产生了一大批以公共事物、公共问题为对象的公共类学科，也出现了公共哲学的提法。从哲学层面梳理公共性问题，阐释社会公共性的内涵及其历史演化，探究公共性问题研究和解决的方法论，无论对于科学还是哲学，对于理论还是实践，都有重大价值。环顾今日世界，人们发现，在社会生活、社会科学和社会哲学中，一个公共性的时代已经到来。人们的公共精神的增强对于社会公共性建设的影响是深远的。这无疑将有益于中国和谐社会的构建，进而也有益于未来和谐世界的构建。

公共性的建设和完善是当代中国和世界发展中一个具有核心意义的问题，它成为当代哲学特别是马克思主义哲学关注的焦点是理所当然的。几十年斗转星移，哲学注视的焦点已从主体性转向公共性。从哲学上对社会公共性的研究和关注，能够对其他社会科学学科与公共性相关的研究有所帮助，进而有助于现实的公共性问题的解决。这是中国马克思主义哲学应尽的责任。

第六章

公共性的样态与内涵*

人在社会的联系和交往中，在意识到自己的主体性的基础上，必然也会意识到弥漫于人们之间的社会的公共性。在社会生活中，公共性无处不在，我们从公共性呈现的各种样态，可以更全面和深入地理解社会公共性的内涵。

一 人的社会关系与公共性

公共性是相对于个体性而言的。马克思说，"人的本质不是单个人所固有的抽象物，在其现实性上，它是一切社会关系的总和"[①]。现实的人是个体性的存在，又是在公共的环境和关系中活动的，因而是被现实的社会公共性规定的存在物。社会公共性是最基本的社会关系和人的主体性实现的条件。在马克思主义看来，一个人的发展取决于和他直接或间接进行交往的其他一切人的发展。马克思虽然没有直接讨论过社会的公共性，但就其思想实质而言，他所强调的规定人的本质的社会性和人的发展条件主要是指社会的公共性。

哈贝马斯认为，应当把亚里士多德的名言"人是一种政治动物"

---

* 本章与王维国合作，原载《哲学研究》2009 年第 8 期。
① 《马克思恩格斯选集》第 1 卷，人民出版社 2012 年版，第 135 页。

理解为"人是一种在公共空间中生存的政治动物"。人"天生就处于一个公共的社会关系网络之中"。"只有当他进入了张开双臂拥抱他的社会世界的公共空间之中,他才成为一个人。我们的生活世界在内部共同拥有一种公共性,它既是内在的,也是外在的。"① 历来哲学对于人性和社会性的探索,实质上就是对人和社会内在和外在的公共性的揭示。

"公共性"是一个难以界定的概念,学界众说不一。这里不打算直接讨论"公共性"概念的定义,而试图暂时摆脱抽象的概念之争,从较为具体的公共性表现入手,展现社会公共性的丰富意蕴。在此基础上,也许会有利于再从具体到抽象,达到对"公共性"概念更具有公共性的理解。在具体的公共性表现中,我们看到,公共性是一个总体性的具有基本范式意义的范畴,许多我们常用的概念其实都包括在公共性这一基本范式之中。

社会的公共性如同一颗晶莹剔透的钻石,借助不同角度的光照呈现出无穷的色彩。对于公共性加以多角度的观察与思考,我们可以更为全面和具体地理解社会的公共性及其内涵。为了区别于整体意义上的公共性,我们不妨将公共性的各种具体规定性称为公共性的"样态",用这个似乎颇为感性的概念来表达对于公共性之具体规定的解读。

公共性从根本上讲,是人的平等问题,是同样的人共同生活在共同的世界上,共同面对和解决公共的问题,建设共有的家园。这种公共性在人与人之间具体体现为:(1)共在性、共处性、共和性;(2)公有性、公用性、公利性;(3)共通性、共谋性、共识性;(4)公意性、公义性、公理性;(5)公开性、公平性、公正性;等等。公共性作为一种社会文化现象,经历了不同的发展阶段,从而呈现出了不同的样态。在对社会公共性的各种考察中,人们触及了变化多端的公共性的样态,隐约可见其间的系统联系,而这些联系还显示出一定的层次来。

---

① [德] 哈贝马斯:《公共空间与政治公共领域——我的两个思想主题的生活历史根源》,《哲学动态》2009 年第 6 期。

二 共在性、共处性、共和性

公共性作为人类存在不可或缺的条件和基本特性，其初始样态可称之为共在性。事实上，当人有了自我和他人的意识的时候，人与人就已经"在"一起了。也就是说，在人类的原初阶段，人的共在性不会成为问题，因为人类已然如此。正是这种共在性不仅使他人和自己生存下来，而且也使自我在与他人的共在中不断显现出来。随着自我意识的日益自觉，自我需求的日益增大，个别人企图通过占有他人的劳动成果，甚至借助消灭他人的手段来满足自己的需求。这时，人与人之间的共在才会成为一个问题。

也就是说，当他人的存在危及自己的存在时，人们才开始考虑如何与他人共在下去。正因为如此，在人类社会的初期，尽管人们处于一种相互征服的状态之中，但人们并没有在这种生存斗争中毁掉自身，而是在总体上共同存在下来。这是一种原始的共在性。由于人类社会长期处于生产能力和管理能力低下的状态，因而只能实行一种等级共在。于是，就有人主张人类的等级共在是先天预定、天然合理的。

处于优势地位的人及其代言者，不断为这种状态进行辩护，而处于劣势地位的人及其代言者不断通过思想启蒙和实践斗争争取改变这种不合理的共在状态。由此引发了人们对于处于共在中的人们如何相处的问题的思考。这就使得共在问题转变为共处问题，公共性也就由原始的共在性过渡到初期的共处性。人与人是和平相处，还是相互对抗？如果完全排除、消灭了他人，则自己也将不复存在。这就使人们不得不考虑如何在斗争中合作，在合作中斗争。随着时代的发展，人与人、集团与集团之间你死我活的斗争逐渐发展为和平竞争，人与人之间的共在不断走向理性、文明、规范、有序的状态。通过互学、互帮、互相取长补短，力求能够平等地相处，这就使得人的共处性提升为共和性。"和为贵"，共和性意味着人与人平等相处，是人类相处的一种高级形态。

就当今人类社会所面临的重大问题而言，每个个体，每个局部、地域、民族、国家都不可能置身于人类共同命运之外，全人类都面临着共同的灾难和风险，同样也需要共同的努力来加以解决。如生态恶化、毒品走私、跨国犯罪、恐怖主义等，都不是单独个人乃至单独民族、国家所能解决的。这种情势表明，人与人之间一种生死与共的生存结构正在逐步形成。这就要求构建合理的社会制度，实现各个国家、民族、阶层等之间的和谐共处。政府、营利性组织、非营利性组织与公民等多元治理主体需要共同参与，在长期的互动与合作中构建有效的沟通机制和利益协调机制，从而形成人类社会和谐共处的治理网络。可见，共在性、共处性和共和性问题虽然在人类社会的早期就相继发生了，但作为前提性的公共性样态一直贯穿于人类社会发展过程中，并在全球化时代日益彰显出来。

三 公有性、公用性、公利性

公有性，即社会所有人共有性、非私人独占性、非排他性。公有性，既可以对公有物而言，也可以对公共权力而言。公有物是指直接为一般社会公众所使用的物，如土地、矿藏、森林、草原等自然资源，又如道路、桥梁、机场、码头、公园、风景区、图书馆等人造公有设施。公有属于所有权问题，所有权借助使用权来实现，公有性也只有通过公用性才能体现。公用性作为公有物的基本属性，是指对公有物的使用不得设置排他性、歧视性的限制，更不允许私人获得设置此类障碍的权利。

国家要建立、维持公用秩序，防止社会成员以强凌弱，而形成少数人对公有物的事实支配地位。公有物要平等地向社会公众开放，任何人不得以营利为目的，随意抬高公众使用公有物的成本，对社会弱势群体变相阻隔公有物的使用和受益关系。任何人对公有物的收益权只能且应仅限于补偿硬件、再营建同类设施与维持功能之用。这就需要规范随意扩大公有物的收费范围、期限、幅度的行为，在收费中要体现出等价有偿、充分协商的民法原则。①

由于公共权力属于全体民众,是一个不可分割的统一整体,因而公用性作为公共权力的基本属性,它是指共同体全体成员对公共权力活动拥有平等的、无差异的知情权、参与权和监督权。这就决定了公共权力必须在阳光下运行,任何个人不能将公共权力用于个人特殊目的。

作为公共权力的主体,国家的公有性主要体现为不断提供用于满足社会公共需要的产品。公共产品作为公有物可以是具体的物质产品和服务,也可以是无形的国防安全和社会秩序等。作为具体的公共产品,个人可以根据自己的爱好和需要有选择性地获取。作为抽象的公共产品,对全社会来说是完全不可分割的,每个人都受益,个人不可能按照自己的愿望去得到不同的满足。

由于公共产品是基于全体民众的需要而由政府提供的,因而政府管理公共事务、提供公共产品就表现出公利性或公益性。公利性是对每个公民的基本权益和价值的保障与尊重。既然作为人类共在、共处和共和的共同体,因而无论其公共所有物,还是自身公共事务,都应该归其全体成员共同所有和由其全体成员共同参与,即呈现出利益的共同性即公利性。就是说,公有性、公用性、公利性是继共在性、共处性、共和性之后的又一系列公共性表现样态。

四 共通性、共谋性、共识性

共通性之"通"的涵义,简单地讲就是由内在的交流而达到的契合。人的思维方式、行为方式虽然具有差异,但相互之间可以领悟和共鸣。不同的民族、不同的人群虽然生活在不同的时空环境之中,但在他们之间却有可以互通的文化内容,这也就是我们通常所讲的"正因为是民族的,所以才是世界的"。因为特殊性并不排除普遍性,普遍性即存在于特殊性之中;个性并不排除共性,共性即存在于个性之中。个体的差

---

① 参见张力《当代公用物法律关系的演变及其公用性的保持》,《广西社会科学》2003年第3期。

异性并非绝对孤立的私人性，人的社会性可以把个体引向自我超越，由个体性而达于公共性。

自从人类有了自我意识以后，人类通过自我反思，不仅可以领悟自己，而且可以领悟他人，乃至人的类本质。关于这一点，在实际生活中是显而易见的，只是在理论的说明中才出现了一些分歧。有人主张每个人都是自我封闭的，相互之间是难以知晓的；有人主张虽然每个人是独立的，但通过设身处地、推己及人，可以获得"通主观性"。在实践唯物主义看来，虽然人与人之间具有一定的差异性，但在实践的基础上，通过社会交往和信息交换可以达到相互理解，从而表明人与人之间具有共通性。

正因为人与人之间有共通性，人们才能够不谋而合，进而形成共识。但更多的情况下是人与人之间需要沟通，需要谋而后合。为了解决人类共同面对的问题，人们之间需要共谋，即共同商议、谋划。在这里，社会的公共性即由共通性转化为共谋性。有时人的共谋似乎是一种偶然的巧合，其实这种巧合正是基于人类共通的基本需要、追求和价值。这种共通的基本需要、追求和价值引导和规范着人们的生活、生产和交往方式。人类除了具有共通的基本需要、追求和价值，每个人还有各自的个性化的需要、追求和价值。这就决定了人类之间需要不断地求同存异，而求同存异的过程也就是达成共识的过程。

正因为人与人之间有共通性，人们之间才可以通过共谋而协调行动，形成无压迫和强制的平等关系，才能求同存异，达成共识。当人们最初形成对某事的认识时，往往只是个人或少数人的看法或意见，甚至只是一种假设或猜想，彼此间存在差异性和隔膜。通过彼此不断的交谈、对话甚至辩驳，借助共同的谋划，就可以逐渐形成共识。也就是说，有了共通性，才有共谋性，并借以达到共识性，这是公共性在人际交往和交流中内在的逻辑。

一种逻辑的推演总有其必要的前提。只有当共同体呈现出公有性、公用性、公利性之后，人们才有可能就共同事务进行共同谋划，形成共识。也就是说，共通性、共谋性、共识性是继公有性、公用性、公利性之后的又一系列公共性表现样态，显示了社会公共性发展和实现的不断深化。

五　公意性、公义性、公理性

有了共识后，还需要进一步确立共识的权威性。要树立共识的权威性，就需要把共识变成人们的一种公意、公义和公理，成为公共的理念。公意是指人们形成的共识在更广泛的基础上所形成的公众舆论、公共价值。在社会领域中形成的公众舆论、公共价值，不仅代表一种公共意志，而且作为一种社会力量对公共权力领域的公共选择过程及行政过程起规范和制约作用，并赋予其坚实的合法性基础。公意性所体现的是绝大多数人的意见，它总是倾向于平等，以公共利益为目标。

经过如一些学者所说的"言说的公共论坛或公共领域"形成的公意，如果能够经受得住历史的考验，就会转变成人们普遍自觉遵从的公义。作为公共性的公义性是以公意性为前提的，但比公意性更具有合理性。如果说公意性以公共意见为依归，那么公义性就是以公共意义为依归。公义性所反映的是人与人之间的关系，它以职业精神、信念原则的形式规定人们活动的范围、方式，使其与相应的责任、义务联系起来，从而保持社会的稳定和秩序。

中国古代社会特别注重"义"。"义"的含义就是"宜"，即行为的适当、得体、合理。这种"义"的行为主体是个人，但行为指向所及的是他人、群体、社会，因而是公共性的，所以是"公义"。我们无论从事什么职业，做什么工作，都具有公共的性质，要诚实守信，对自己的职位负责，不能超越自己所承担的社会角色的基本要求。这种公义亦即社会正义。在西方社会，无论是古代还是近现代，通常也都把实现社会正义作为重要的社会价值。

实际上，只有当社会成员相信大家都是诚实守信的时候，人们才不会采取机会主义的搭便车行为，才会自觉地遵守规则和秩序。这样一来，政府维护社会秩序的成本就会大大降低。只有在被广大社会成员广泛认同的公义原则获得实现的情况下，民众才能安居乐业，自觉维护公共秩序，避免社会动乱。在市场经济的社会中，如果人们不能遵守一种诚实守信的基本职业精神和信念，那么市场竞争就会变成恶性的争斗，就会影响整个社会的生产和管理的效率，阻碍社会进步。

没有一定的社会公义，要想持久地维持公共秩序的稳定是不可能的。在一个公共秩序混乱、社会不安定的国家里，人们不可能过一种正常的生活，人们的利益要求也就不可能获得稳定的实现。这样下去就会导致社会的两极分化，表现为政治上、经济上、文化上的两极分化乃至对立。当这种两极分化乃至对立达到一定程度时，就会引起社会动乱或引发社会革命，导致政权更迭。

把公众意见、集体偏好与社会的意志转化为形而上的观念，就成为众所认同的普遍之理即公理。① 这里所谓的公理，是指为公众所普遍认同的行为规范，是社会的意识形态。现代社会的公理更多的是集体偏好的表达。作为公共性的公理性指的是公理的自明性、普遍接受性、普遍认同性和普遍有效性，是人们行为中所体现出的与公理的契合性。任何一种不与社会相配合的意识与行为，都将被视为对公理的违背。通过公理意识可以铸就社会认同。在西方，人权即最基本的公理。在人民主权的国家里，维护好、实现好人民的利益就是公理。

六　公开性、公平性、公正性

公意性、公义性和公理性需要通过公开性、公平性和公正性来落实或实现。如果说公意、公义和公理更多的是一种内在的公共意识、公共精神和公共理性，那么，公开、公平和公正就是这种公共意识、公共精神和公共理性的外化或实现。

所谓公开，是指不加隐蔽。公开主要是对于公共权力机关而言的。所谓公开性，就是"公之于众""让众人知道"，即公共事务对所有成员不是什么秘密，能为人们所知。公共权力机关有通过各种信息渠道合

---

① 参见陈赟《中国现代性意识中的社会范畴及其公理意识形态》，《华东师范大学学报》（哲学社会科学版）2004年第6期。

法地为社会公众提供各种社会信息的法定义务；公众有通过各种信息渠道合法地了解各类社会信息的法定权利。民主过程中的实质性参与，要求参与人必须获知充分的相关信息。

所谓公平，是指每个人具有相同的发展机遇，受到平等的对待。作为公共性的公平性，指的是公众具有相同的机会和权利参与公共事务。有时，尽管每个人面临的发展机遇相同，受到平等的对待，但由于初始条件不同，致使实际上能把握到的机会有很大的差异。针对这种情况，政府应从有利于改善弱者的条件出发，采取必要的救济行动。

所谓公正，是指公平正直，合乎法度，不偏不倚。公正意味着为人处事合法合理，是非清楚，赏罚分明，不偏袒任何人，得到社会上大多数人的承认。作为公共性的公正性，指的是公共事务、公共活动可以满足每位成员的需要，有利于每位成员的生存和发展。

由于不同的思想家对何谓公意性、公义性、公理性的主张有所不同，因而公开性、公平性、公正性问题的关键在于如何实现。在近现代许多思想家看来，公开性、公平性、公正性实现的关键，在于良好的法律和独立的司法体系。在我们看来，要实现公开性、公平性、公正性，关键在于公共事务、公共活动必须由公民来共同分享、共同参与。

作为一个历史的范畴，公共性实际上有一个产生、变化和发展的过程，因而在不同的社会时空中呈现出不同的样态。需要指出的是，历史是人通过不断探索的实践创造的，社会公共性不是自然界从外部给定的，而是人类社会生活在自身的演化中形成的。社会公共性既是已有的历史和现实，同时也饱含着人类的理想和追求。所以，社会的公共性是需要人们自觉建设和维护的，是社会成其为社会的根本所在。公共性作为一个规范性范畴，其内在规定性有一个逻辑展开的过程。我们可以在对公共性的历史样态描述的基础上，进行理论的解释和建构。各种公共性理论是对人类社会公共性历史发展内在逻辑不同层面、不同角度的理论概括。在这里，当然也存在着哲学理论概括的巨大空间。

第七章

人们的公共存在与公共意识[*]

在历史唯物主义的公共性维度上，人们的社会存在与社会意识，从根本上说是一种公共存在与公共意识。在当代人文社会科学的公共性视野已经充分展开之时，重新解读马克思主义的经典文本，我们对于历史唯物主义社会存在与社会意识的公共性维度会有新的理解。共产主义革命实质上是人类由阶级性的社会向公共性的社会的转变。在共产主义社会中，生产资料是公共的，社会权力是公共的，社会服务是公共的，生态环境也是公共的。人们生活在一个公共的社会中，以公共精神和公共意识参与公共事务和公共活动，维护全体社会成员的公共利益。社会的公共性是个人的主体性的保障，每个人的自由发展也就是一切人的自由发展。

一 存在与意识：社会的公共性

当代人文社会科学对人文和社会现象的研究，在本质上是指向其公共性的，许多学科或领域甚至直接以"公共"名之。从历史观上考察人文和社会的公共性的理论前提是，对于社会存在与社会意识的理解需

---

[*] 本章原载中国辩证唯物主义研究会编《马克思主义哲学论丛》第3辑，2011年春季号。

要有一种公共性的维度。在历史唯物主义的公共性维度上，人们的社会存在与社会意识，从根本上说是一种公共存在与公共意识。这是马克思主义哲学社会历史观与当代人文社会科学相互连接的理论通道，是哲学与人文社会科学相互影响的一个最重要的关节点。在历史唯物主义基本理论对社会存在与社会意识的阐述中，进一步向公共存在与公共意识的理论延伸，符合历史发展和逻辑运演的内在要求。

在马克思和恩格斯的整个思想中，实际上早就有了人文和社会公共性思想的萌芽，只不过受制于当时人文社会科学的不成熟状态，没有形成完整的理论形态。在当代人文社会科学的公共性视野已经充分展开之时，重新解读马克思主义的经典文本，我们对于历史唯物主义社会存在与社会意识的公共性维度会有新的理解。这样就有可能通过立足当代社会实践和人文社会科学的深入阐发，呈现唯物史观公共存在与公共意识理论的完整形态，并揭示这种理论反转过来对于社会实践和科学进步的意义。随着当代中国社会现代化的迅速发展，国内和国际公共性问题的凸显，马克思主义唯物史观公共性维度的理论和实践价值会日益突出。从这个意义上说，马克思主义哲学面临着一个公共性转向，是不无道理的。

存在与意识历来是哲学关注的基本问题。这个问题包括存在是什么，意识是什么，以及意识与存在，即思维与存在的关系等等。存在与意识，固然包含自然存在和对自然的意识，但作为历史唯物主义者，马克思更多地是从本质上将其理解为社会存在与社会意识。他说："不是人们的意识决定人们的存在，相反，是人们的社会存在决定人们的意识。"[1] 在这里，马克思只提"意识"而不说"社会意识"，是因为意识是人的意识，人是社会存在物，因此人的意识不可能是自然的，而只能是社会的。即使对自然的意识也是人的意识，是社会意识。

每个人都是一个个体性的存在物，可以同自然界其他生命个体一样独处与独行。但人类作为一个生物物种必须依赖群体才能生存和延续。人类的存在方式来自于并超越了动物的群体生存方式，进而又超越了其

---

[1] 《马克思恩格斯选集》第 2 卷，人民出版社 2012 年版，第 2 页。

他所谓"社会动物"的生存方式，进化为人类社会的存在方式。人类社会与蜜蜂、蚂蚁、猿猴等"动物社会"不同。"动物社会"是在生物本能支配下运行的，本质上是一种自然的生存状态，其变化属于自然物种进化的过程。人类社会不排除人的生物本能的作用，但更重要的是人的社会属性和自觉意识的作用。人通过社会生活、实践和对于所处的自然、社会条件和自身的活动规律的自觉意识，成为一种社会的、文化的存在物。支配人类社会的不仅有自然的、生物的规律，更有社会的、文化的规律。

对于个人来说，其存在是一种个人存在或个体存在，其意识则是一种个人意识或个体意识。但个人生活在群体、社会之中，其个人或个体存在是群体、社会存在中的个人或个体存在，其个人或个体意识是群体、社会意识中的个人或个体意识。个人、群体、社会在存在上的关联性和一体性，决定了个人、群体、社会在意识上的关联性和一体性。就主客体关系而言，个人、群体、社会乃至人类，都可以视为不同层面和范围的主体，相应地就有不同层面和范围的主体存在与主体意识，这样的存在与意识因而也是主体性的。当然，相对于意识而言，任何存在都是客体性的；对于主体而言的客体的存在，是作为主体对象的被主体意识到了的存在。

二　人的社会和自然的公共性存在

个人是最基本的、"不可再分"的主体存在，被许多人看作是人类世界中的"原子"。实际上，这个比喻并不十分恰当。自然界中有些原子可以单个存在，而人的单个存在事实上是不能延续的。除非个人能够自我"克隆"，连物种的延续都不需要与他人合作。人的生存和发展的需求要在群体、社会的关系中才能得到满足。马克思和恩格斯指出，"市民社会的成员决不是**原子**"，"**利益**把市民社会的成员联合起来"。[①]

[①] 《马克思恩格斯文集》第1卷，人民出版社2009年版，第321、322页。

人类总是以群体的、社会的形式存在，组成各种形式的人群共同体。这时，人的存在就不是个人的存在，而是人们的存在，是一种群体存在、社会存在，是如马克思所说的"类存在"。

在群体、社会中，人们之中的个人之间是一种人与人的关系，即个人主体与个人主体的关系。两个以上的个人构成主体际或主体间的联系，处于某种共同体之中。这个人与那个人既然共存、共处于某种统一体或共同体之中，在他们之间就具有了某种公共性，形成某种公共存在。所谓"公共"是相对于彼此区别的个人而言的，是一些个人公有、共有或共同的东西。人类的群体、社会存在，对于彼此区别的个人而言，是一种公共性的存在即公共存在，是个人存在赖以实现的现实条件。现实中的"这些个人是从事活动的，进行物质生产的，因而是在一定的物质的、不受他们任意支配的界限、前提和条件下活动着的"①。社会生活的物质的、现实的基础，是人们的公共存在的客观的界限、前提和条件。

自然界对于生活于其中的人们来说，无疑是一种公共存在。我们周围的天空、海洋、大地和生物是我们公共的环境。各个国家或地区之间可以划定疆界，但空气、海水、沙尘和生物的流动不受这种界线的限制，它们是人类公共性的存在。人们之间的联系、交往越多，就越意识到他们生活在某种共同体中，他们共同依赖的生态环境是自己生存和发展的公共条件。人类作为一个生物物种的生存，是整个自然生态系统的一部分。自然生态不仅是对于人类而言的公共存在，而且就是人类自身的公共存在。人类的活动深刻地影响着自然界。对于自然界这种公共存在的破坏，其实就是对于人类自身公共存在的损害，进而也就是对于每个人的生存的威胁。

社会本身就是一种公共性存在。当我们说某事物的社会性时，相对于社会成员而言，其实说的就是它的公共性。组成社会的人们不仅是一个"群"，而且是一个"类"。群是个体的集合，众多个体组成群体，形成群体意识。这种群体意识可能只是在集群意义上的"群意识"。而

---

① 《马克思恩格斯文集》第 1 卷，人民出版社 2009 年版，第 524 页。

只有在对群体的某种共有的、共同的、本质的属性加以抽象时,才能产生"类意识",才能意识到人是类存在物。人们对于自己作为类存在物的意识,也就是对于人作为类存在的公共性的意识,是对于人类群体、社会自身的公共存在的意识。这种意识是相对于公共存在的公共意识。因此,当我们说人们的社会存在决定人们的社会意识的时候,其实也就是说人们的公共存在决定人们的公共意识。没有公共存在就没有社会存在,同样,没有公共意识也就没有社会意识。

三 对公共和公共性的意识

对公共和公共性问题的意识由来已久。自从有人类群体、共同体、社会,事实上就有了相应的公共存在,因而也就逐步有了对这种公共存在的意识,以致有了一定程度的公共意识。中国古人所谓"天下为公"的"天下",既指自然界的公共存在,又指人类社会包括国家的公共存在。社会的公共环境、公共财产、公共活动、公共事务、公共权力、公共管理、公共规则、公共理性乃至公共信仰等,构成了从公共存在到公共意识的长长的链条。随着群体和社会生活范围的扩大与复杂性的增强,人们对于公共和公共性问题的意识也逐步深入和细化,形成了日常生活中的公共观念、科学思维中的公共理论和哲学思想中的公共理念。

青年马克思在思考和阐述社会和人的问题时,常常用与"特殊"相区别的"普遍"来指称公共,因而相应的"普遍性"事实上也就是我们今天所说的公共性。在论及德国的犹太人问题时,马克思分析了犹太人的解放与德国人的解放的关系,认为其实质是特殊的民族解放与普遍的政治解放的关系。在德国,犹太人的民族解放对于犹太人来说是公共性的问题,但犹太人是德国人中的特殊部分,德国人(包括犹太人)的政治解放是更具普遍性即公共性的问题。这种政治解放的任务,是使封建制下的臣民转化为现代社会的公民,"公民"问题是"当代的普遍问题"即公共问题。① 无论哪一个民族的人们，首先必须争得"公民"这种公共存在，即获得政治解放，才有进一步的发展或解放可言。

在马克思所处的历史条件下，所谓政治解放实质上是资产阶级市民社会的解放。市民社会是资产阶级的公共领域，是发展商品经济和推动社会进步的重要前提。普遍利益和私人利益、政治国家和市民社会之间的分裂依然存在。在经济公共性初步实现的基础上，资产阶级进而追求政治公共性的保障，通过社会变革建立现代意义上的国家。这时的资产阶级是以社会普遍利益的代表的姿态出现的，在争取普遍人权的旗帜下维护自身的特殊利益。这种努力的积极意义在于提出了"**政治解放对人的解放的关系**"，而"**人通过国家这个中介得到解放**"。②

四　理解国家和社会的公共性

国家作为公共权力机构包含着许多具有特殊性的要素，但它在本质上不是代表这些特殊要素，而是只有超越这些特殊要素，才成为普遍性即公共性的存在。政治国家是与市民社会相关而又不同的公共存在，它的职能是提供和维系政治公共性。国家作为一种政治的公共存在，必然要求相应的公共意识，即体现国家的公共性的意识形态。借助这种意识形态进行的"教化"，可以说是一种"公共教育"。马克思说："实际上，国家的真正的'公共教育'就在于国家的合乎理性的公共的存在。国家本身教育自己成员的办法是：使他们成为国家的成员；把个人的目的变成普遍的目的，把粗野的本能变成合乎道德的意向，把天然的独立性变成精神的自由；使个人以整体的生活为乐事，整体则以个人的信念为乐事。"③ 国家权力如果丧失必须具备的普遍性即公共性，成为特殊性即私人利益的代表，就会异化为虚幻的共同体，丧失其存在的理由。

在阶级社会中，国家实际上是阶级统治的工具，这种公共领域成为

---

① 《马克思恩格斯文集》第1卷，人民出版社2009年版，第25页。
② 同上书，第25、28页。
③ 《马克思恩格斯全集》第1卷，人民出版社1995年版，第217页。

代表普遍的特殊领域。现代资产阶级市民社会和政治国家的公共性，是作为私有者的资产阶级的公共性。他们所说的"人"就是市民社会的成员，相应的"人权""无非是**市民社会的成员**的权利，就是说，无非是利己的人的权利、同其他人并同共同体分离开来的人的权利"[①]。与这种意义上的抽象的"人权"不同，马克思更主张具体的"公民权"。由政治上平等的公民组成的公民社会，包括了比市民社会成员更广泛的社会成员，特别是占人口大多数的无产阶级和其他劳动者，因而更具有普遍性即公共性。

人是特殊性与普遍性的统一体。马克思说："人——虽然是以有限的方式，以特殊的形式，在特殊的领域内——是作为类存在物和他人共同行动的。"[②] 在这个意义上，人不仅是一种私人性的存在，而且是一种公共性的存在。作为社会的人是一种类存在，类生活对于个人生活来说是公共性的。"这种人权一部分是**政治**权利，只是与别人共同行使的权利。这种权利的内容就是**参加共同体**，确切地说，就是参加**政治**共同体，参加**国家**。这些权利属于**政治自由**的范畴，属于**公民权利**的范畴。"[③] 人们对于人权、政治权利、共同体、国家和社会的意识，是对于这种公共存在的公共意识。

在有阶级存在的社会里，人是有阶级性的。一定的阶级性对于特定阶级的成员来说是普遍性的，但对于其他阶级来说又是特殊性的。阶级性并不完全排斥公共性，而是与一定的公共性密切关联。资产阶级的阶级性是一种特殊性，同时也具有某种意义上的普遍性即公共性。一个资本家在生产中不仅占有一种个人的地位，而且占有一种社会的地位。马克思和恩格斯说："资本是集体的产物，它只有通过社会许多成员的共同活动，而且归根到底只有通过社会全体成员的共同活动，才能运动起来。因此，资本不是一种个人力量，而是一种社会力量。因此，把资本变为公共的、属于社会全体成员的财产，这并不是把个人财产变为社

[①]《马克思恩格斯文集》第1卷，人民出版社2009年版，第40页。
[②] 同上书，第32页。
[③] 同上书，第39页。

财产。这里所改变的只是财产的社会性质。它将失掉它的阶级性质。"①在资本的私人性与公共性之间，没有不可逾越的鸿沟。

五 无产阶级与社会公共性的发展

无产阶级的阶级性使其具有最大的公共性，这也是由资本主义的世界化、全球化即某种意义上的公共化造成的。"工人没有祖国。""随着资产阶级的发展，随着贸易自由的实现和世界市场的建立，随着工业生产以及与之相适应的生活条件的趋于一致，各国人民之间的民族分隔和对立日益消失。"② 马克思和恩格斯认为，无产阶级的统治将使这种分隔和对立更快地消失。人对人的剥削逐渐消灭，民族对民族的剥削就会随之消灭。民族内部的阶级对立消失了，民族之间的敌对关系就会随之消失。在各个国家和民族的普遍的世界性交往中，"各民族的精神产品成了公共的财产"③，世界意识、全球意识、人类意识随之发展起来。

马克思和恩格斯说："共产主义革命就是同传统的所有制关系实行最彻底的决裂；毫不奇怪，它在自己的发展进程中要同传统的观念实行最彻底的决裂。"④ 同传统的所有制关系相关联的传统的观念，是私有观念，即奴隶主、封建主、资产阶级的私有观念。与传统的私有观念不同的新观念是公有观念，实际上就是公共性观念。"公共"比"公有"意义更广泛、更全面，公有性是公共性的内涵之一。"代替那存在着阶级和阶级对立的资产阶级旧社会的，将是这样一个联合体，在那里，每个人的自由发展是一切人的自由发展的条件。"⑤ 这是为每个人的自由发展提供充分的公共条件的社会，是真正的而非虚幻的人类共同体，因而也是具有理想的公共性的社会。在这样的社会里，与充分发展了的公共存在相适应的，是同样充分发展了的公共意识。

---

① 《马克思恩格斯选集》第1卷，人民出版社2012年版，第415页。
② 同上书，第419页。
③ 同上书，第404页。
④ 同上书，第421页。
⑤ 同上书，第422页。

任何社会和国家都具有一定的公共性，都具有相应的公共存在和公共意识。处于不同历史阶段的社会和国家，其公共性的性质和程度是不同的。人类总是追求更完善、更充分的公共性。共产主义革命实质上是人类由阶级性的社会向公共性的社会的转变。列宁在《青年团的任务》中说："什么是共产主义者呢？共产主义者是个拉丁词，communis 一词是'公共'的意思。共产主义社会就意味着土地、工厂都是公共的，实行共同劳动——这就是共产主义。"[1] 在共产主义社会中，生产资料是公共的，社会权力是公共的，社会服务是公共的，生态环境也是公共的。人们生活在一个公共的社会中，以公共精神和公共意识参与公共事务和公共活动，维护全体社会成员的公共利益。社会的公共性是个人的主体性的保障，每个人的自由发展也就是一切人的自由发展。这种理想的公共性的社会虽然距现在还很遥远，但它必然是未来社会发展的方向。《共产党宣言》预见了这种历史发展的必然趋势，从根本上说是正确的。我们现在所做的一切，事实上都是在创造条件，不断增强社会的公共性，因而也是在不断趋近马克思和恩格斯所指向的目标。

---

[1] 《列宁选集》第4卷，人民出版社2012年版，第293页。

第八章

作为公共意识的哲学社会科学[*]

哲学社会科学是人类精神文明的重要组成部分,在认识和解释世界、传承和创新文化、剖析和解决社会问题、服务和引领社会发展等方面,具有不可替代的重要作用。习近平就此强调:"一个没有发达的自然科学的国家不可能走在世界前列,一个没有繁荣的哲学社会科学的国家也不可能走在世界前列。"[①] 促进当代中国哲学社会科学繁荣发展,构建中国特色哲学社会科学体系,不仅是时代赋予的历史责任,更是坚持和发展中国特色社会主义、实现中华民族伟大复兴和建构人类命运共同体的现实要求。

一 哲学社会科学:理论形态的公共意识

一般意义上的哲学社会科学,包括哲学、经济学、管理学、政治学、法学、社会学、伦理学、宗教学、新闻学、历史学等学科,各学科关涉领域、研究方式、话语方式不尽相同。在探讨"哲学社会科学"这一内涵丰富的范畴时,不仅要看到各学科的个性,更要从整体上把握

---

[*] 本章前四部分与陈忠炜合作,原载《中国高校社会科学》2017年第4期。
[①] 《结合中国特色社会主义伟大实践 加快构建中国特色哲学社会科学》,《人民日报》2016年5月18日。

各学科的共性：其一，各学科研究对象和旨趣相同，都以人和社会为研究对象，以促进人与社会的发展为目标；其二，在认识论意义上，各学科虽然分别从不同视角反映人和社会问题，但都是人的公共意识，具有社会意识的公共属性。因而，认识和发展"哲学社会科学"，应当始终紧扣"人与社会"和"公共意识"这两个关键词。

关于"人与社会"，马克思在《关于费尔巴哈的提纲》中作了深刻阐述："人的本质不是单个人所固有的抽象物，在其现实性上，它是一切社会关系的总和。"① 作为类存在物，"现实的人"总是社会中的人，离开社会就不能成其为人，人的存在是一种社会存在。在历史唯物主义的公共性维度上，社会存在从根本上说是公共存在。任何"现实的人"从降生的那一刻起，就必然处在对于特定人群共同体而言公共的社会关系网络之中，并在自身发展中内化为社会关系网络中特定的节点或环节。哈贝马斯指出，作为自然生命的人只有"进入了张开双臂拥抱他的社会公共空间之中，他才成为一个人。我们的生活世界在内部共同拥有一种公共性，它既是内在的，也是外在的"②。

人的社会存在即公共存在，在本质上决定了个体只有在社会中才能获得作为"人"的生命，才能以人的方式生存和发展；也只有在社会中，人才有可能实现其"自由全面发展"的类本质。作为人的社会存在的类本质，先在地决定了个人生存发展的路径、方式和可能性。在个人与社会的关系上，如果将个人看作"私"，将社会看作"公"，那么"私"就是"公"的前提，没有个人就无所谓社会。反过来说，"公"又是"私"的条件，离开社会，个人就失去生存和发展的基本依托。需要注意的是，在理论分析中，"公""私"之间互动互构，具有同等的重要性；但在现实生活中，"公"和"私"都是具体的，"公"所关涉的全局性和整体性，通常比"私"的个别性和特殊性更为重要。

社会的发展程度越高，个人所能获得的发展条件就越充分。当个体作为"私"从"公"的社会获取越来越多时，也就意味着个体对社会

---

① 《马克思恩格斯选集》第1卷，人民出版社2012年版，第135页。
② ［德］哈贝马斯：《公共空间与公共领域——我的两个思想主题的生活历史根源》，《哲学动态》2009年第6期。

的依赖性越来越强。我们知道，人不仅是历史的剧作者，还是历史的剧中人，历史的人创造人的历史。社会即"公"的建设和发展从来就不是"别人的事"，而只能由现实的以个体形式存在的人通过能动的实践进行建构。在这个意义上，特定物质前提下的社会即"公"的建设和发展水平，取决于个体对自身所依赖的公共存在的认知水平，取决于个体对社会运行规律的把握，取决于他们对维护社会公共利益和实现个体私人利益关系的处理。概言之，为了引领个体实践跨越从"私"向"公"的鸿沟，要求人们具备自觉的社会公共意识。

历史唯物主义意义上的公共意识是与公共存在相对应的概念，指主体对置身其中的社会公共存在的自觉，根源于社会公共存在并随着历史活动的推进而发展。人们的公共意识表现为主体对社会公共生活的积极参与，对由公共规则、规范等概括的公共利益的遵守、维护与建构，是社会正常运行和历史发展不可或缺的条件。自有人类社会以来，人们或多或少、自觉不自觉地都具有某种程度的公共意识，否则人类社会就无法存在和发展。正如列宁所强调的，"人的意识不仅反映客观世界，并且创造客观世界"[1]。社会公共意识不仅反映社会公共存在，更是在这种反映的基础上对社会生活能动的创造性设计，通过引领主体的实践活动自觉反作用于社会公共存在。这种能动的创造性设计和实践，造就了属于人的世界，使人的社会存在与动物的自然存在具有本质区别。

在公共哲学的视域中，哲学社会科学对"人与社会"的聚焦，事实上就是对人的"公共存在"本质的反映；其中各个具体学科，无论经济学、政治学、法学，抑或社会学、伦理学、宗教学等，都是以某种形式研究特定的公共问题，彰显着促进社会更好发展的理论旨趣，具有鲜明的公共性和公共意识的特征。就哲学而言，无论将其视为对智慧的追求或对人类生命的终极关怀，根本都在于探索和解决人与社会的关系问题；不仅如此，哲学常常甚至总是以反思和批判的视角审视人与社会，并因此获得思想和实践不竭的动力。马克思说："自我审视是智慧的首要条件。"[2] 哲学不仅是个人的自我审视，更是社会的自我审视。

---

[1]《列宁全集》第55卷，人民出版社1990年版，第182页。
[2]《马克思恩格斯全集》第1卷，人民出版社1995年版，第179页。

哲学社会科学作为人类智慧，是在个人自我审视基础上的社会自我审视，体现了哲学对国家和社会即"公共"生活反思的作用。历史上一代又一代的哲学社会科学家们，始终坚持通过思想理论批判引领社会实践批判，推动社会发展朝着公共规则更为合理、公共秩序更为规范、公共内涵更为丰富、公共生活更为多元的方向发展。在这个意义上，哲学社会科学本质上就是社会的"公共意识"。

作为公共意识的哲学社会科学，其发展进程与社会公共存在发展的历史过程密切相关。"物质生活的生产方式制约着整个社会生活、政治生活和精神生活的过程。不是人们的意识决定人们的存在，相反，是人们的社会存在决定人们的意识。"[1] 也就是说，社会生产方式的发展从根本上决定着哲学社会科学的状况，社会的生产方式、生活方式、治理方式和思维方式的变化，要求哲学社会科学随之发展。在社会组织层面上，生产方式的发展直接表现为分工层级化和专业化，与之相应，社会有机体的内在结构愈益立体化和复杂化，人与社会之间的联系也更加紧密。社会每向前发展一步，"公"与"私"之间的关联度就会相应提高，个人也就越难以承受社会失序或解体的代价。哲学社会科学的发展历程是人类不断探索解决"公""私"矛盾的过程，因而可以说，哲学社会科学就是理论形态的公共意识。

二　建构民族国家共同体亟需哲学社会科学引领

在现实社会生活中，个人为了满足自身需求，总是以特定方式与其他社会成员相互联系，构成某种形式的人群共同体。个人需求多元性和自身能力局限性的矛盾，决定了"只有在共同体中，个人才能获得全面发展其才能的手段，也就是说，只有在共同体中才可能有个人自由"[2]。在不同的时代条件下，受主体自身能力、客观物质条件、社会发展水平等制约，个体之间建立联系的广度和深度不同，所建构起的共同体在涵

---

[1] 《马克思恩格斯选集》第 2 卷，人民出版社 2012 年版，第 2 页。
[2] 《马克思恩格斯选集》第 1 卷，人民出版社 2012 年版，第 199 页。

盖范围、内在结构等方面也具有鲜明的时代特征；与之相应，个体的自由度和发展水平也打上了时代的烙印。显然，共同体涵盖范围越宽、内在结构越完善、运行越顺畅，个人就越能在更大程度上获得自由。在人类历史上，曾产生过部落、族群、城邦等不同形式的共同体。在当代，民族国家则是共同体的最高组成形式。

民族国家在当代成为人群共同体的最高组成形式，具有内在的必然性。一方面，国家对内具有最高权威性。国家是为了使社会不至于崩溃而将不同的阶级、阶层和作为个体的人组织起来的历史的共同体形式。现实生活中，个体活动的自利性、狭隘性和盲目性行为造成人际冲突和混乱，因而总需要某种超越于个体之上的力量对社会活动加以组织管理。英国哲学家鲍桑葵指出："从某种意义上讲，可以说凡是有人类居住的地方就有'国家'。也就是说，从来就有某种规模比家庭大而且不承认任何权利高于它的联合组织或自治组织。"① 在这个意义上，国家是个体活动的"私利性"与作为类存在的"公共性"的内在矛盾的必然产物。另一方面，在当前和未来很长的历史时期中，国家都是并将依然是国际活动中的最高主体。在国际活动中，国家主体的基本标志是主权，没有任何组织包括国际组织可以侵蚀或剥夺国家主权。再一方面，个人总是先在地被打上民族国家的烙印，以特定民族国家成员的身份被认知，并从具体的民族国家共同体中获得生存发展的必要条件。

人作为社会存在物的公共性本质，使得人自身的存在和发展只有通过与他人的关系才得以实现和表现，才成为对象性的现实关系。可以说，一个人的发展取决于与他直接或间接交往的其他一切人的发展。现实的社会关系决定着一个人能够实际地发展到什么程度。民族国家作为社会共同体的最高组成形式，对个人具有基础性地位和前提性意义。然而，并非所有的民族国家都是真正意义的共同体。马克思认为，以资产阶级国家为代表的共同体形式就是"虚假的共同体"或"冒充的共同体"②。在其中，实现私利是每个人存在的核心意义和旨趣所在，这样的共同体是相互冷漠的个人以自利为目的的合作体系，具有显著的个体

---

① ［英］鲍桑葵：《关于国家的哲学理论》，汪淑钧译，商务印书馆1996年版，第46页。
② 《马克思恩格斯选集》第1卷，人民出版社2012年版，第199页。

私利性，是人的类本质异化的表现和产物。只有在人们能够认识到自身联合的历史意义，能够自觉组织和驾驭联合的力量，从而将社会从组合变为整体、从手段变为目的的时候，才能建构起"真实的共同体"。真实的共同体从理论的合理性维度跃进到历史的现实性层面，具有显著的社会公共性。

展望人类社会的未来，在人自由全面发展的类本质维度上，国家作为阶级矛盾不可调和的产物终将为历史的进步所扬弃。然而，辩证法意义上的扬弃不是简单地抛弃，而是以继承和发展为前提的内生性活动。要在历史的进程中消解原有民族国家共同体，必须从这种民族国家自身内部来进行。在理论上，这一过程的本质就是不断剥离直至完全消除民族国家共同体中的"虚假"和"冒充"成分，最终建构起"真正的共同体"。在现实中，这一过程要求主体具有高度的自觉性，在思想上确立起共同体意识，在价值追求上与共同体利益保持一致，在行动中切实维护共同体的公共利益。

建构民族国家共同体，需要立足民族国家自身的实际来进行。马克思指出："人们自己创造自己的历史，但是他们并不是随心所欲地创造，并不是在他们自己选定的条件下创造，而是在直接碰到的、既定的、从过去承继下来的条件下创造。"① 对民族国家共同体而言，这种"从过去承继下来的条件"，除了客观物质基础外，还包括社会制度、社会心理、价值取向、伦理道德、风俗习惯等"传统文化"。在承继传统的同时，必须有立足现实和面向未来的创新。对当代中国而言，建构民族国家共同体，需要围绕实现"两个一百年"的目标和中华民族伟大复兴的历史使命来展开，为此亟需哲学社会科学有更大的发展。在新的历史时期，中国已然进入世界各民族国家发展的前列，中华文化及其理论形态哲学社会科学，理所当然地也应成为引领中国和世界进步的公共意识。

从地位作用看，文化赋予人从自然生命向社会生命转变的可能性，使个人超越自然生命的局限性并获得社会意义，是人类历史发展的信息

---

① 《马克思恩格斯选集》第 1 卷，人民出版社 2012 年版，第 669 页。

载体和推动力量。文化是人为的程序和为人的取向的统一。文化的共性存在于文化的个性之中。世界各民族国家的文化各具特色，文化差异也是民族间相互区别和个人进行自我界定的基本坐标。作为历史的产物，文化是民族国家共同体成员共同努力的结晶。每一代人都在前人传承下来的文化中，结合新的历史实践注入新的时代元素，使文化在历史的连续性中呈现出发展的阶段性。因而，文化意义上的中华民族伟大复兴，不仅需要传承优秀传统文化，还要通过哲学社会科学的创造性探索，对中华人民共和国成立以来特别是改革开放以来中国特色社会主义建设所取得的成就进行总结和概括。这样，才能为建构民族国家共同体提供富有时代内涵的文化支撑，为中华民族继续屹立于世界民族之林和炎黄子孙自我界定提供新的历史坐标。

从社会功能看，文化作为人所独有的创造物和存在方式，不仅在广度上涵盖了所有类型的主体和人群共同体，还以纽带的方式贯穿于社会生活各方面，是社会公共生活不可或缺的内在中介。观念形态的文化以社会意识的形式引导主体的实践活动，完成自身从社会意识向社会存在的转化；相应的社会存在，反过来又成为孕育新的社会意识因素的客观条件。正是在这种循环往复中，文化以"基因"的形式贯穿民族国家发展全过程，渗透于社会公共生活各领域。现实生活中，不同文化产生的社会历史背景不同，如果贸然采取"拿来主义"和"移植"，难免会产生"排异反应"。

近代中国寻求民族独立过程中，对君主立宪制、总统制等的尝试已经证明了这一点。改革开放以来，我们以"时空压缩"的方式，在不过四十年的征程中走过发达国家二三百年的历程；由此也导致发达国家数百年发展中渐次出现的矛盾，在当代中国集中爆发。不仅如此，这些集中爆发的矛盾又相互交织，诱发诸如治理体系不完善、未富先老、工业化信息化智能化同步推进等新难题。社会文化背景的特殊性和这些新问题新现象相互叠加，决定了发达国家走过的道路不具备可复制性；因而也不能照抄照搬反映其发展道路的哲学社会科学理论，更不能以他国标准对我国实践进行生硬的剪裁和判断。唯一可能的出路是当代中国哲学社会科学扎根本国实际，自主探索社会问题和社会矛盾解决之道。当前，对于中国哲学社会科学创新发展的要求，正变得日益迫切。

从作用机制看，文化通过内化为主体的认知能力、价值判断标准、行为方式方法等，决定主体在社会生活中的行为模式、价值取向和能动性发挥，规定社会公共生活展开的"程序"和"取向"。文化作为人的存在方式的核心内涵，要求民族国家共同体不仅应大力开展经济建设、制度建设、社会建设，文化建设也应有较大的发展。然而我们看到，在当代中国通过经济建设等重塑人民生存发展样态的同时，文化建设却没有提供足够的思想支撑。在社会公共生活空前活跃的背景下，思想文化上的落后和缺失，在实践中造成"熟人社会""潜规则盛行"等矛盾问题，直接影响社会公共生活的秩序和质量，制约着民族国家共同体建设。哲学社会科学需要紧跟公共生活在广度和深度上的拓展，积极发挥思想文化的导向功能，引领主体实践不断"去私向公"，促进社会公共生活秩序规范化、程序法制化，为民族国家共同体建设凝聚起"历史的合力"。

三 人类命运共同体对中国哲学社会科学的期待

人的公共存在本质，其表现形式在历史不同时期具有鲜明的时代印记。历史唯物主义认为，生产力作为社会发展的决定性力量，其进步要求并直接推动着交往的拓展。马克思的世界历史理论则揭示，生产力普遍发展和普遍交往的建立，将使每一个民族的生存和发展都依赖于其他民族，曾经是地域性的个人也随之发展为世界历史性的、经验上普遍的个人。从而在整体上，人类历史就从民族的、区域的、相互隔绝的历史，发展为各民族间紧密联系的、全球性的世界历史。在人的社会本质和公共存在维度上，历史走向世界历史的过程，就是个体所赖以生存的社会在广度上不断拓展，其公共存在内涵不断丰富的历程。从这种世界历史理论看来，共产主义只有作为全世界主要民族同时发生的行动，才具有经验上的可能性。人作为"类"的本质的发展，就是人类社会存在公共性的发展。人的自由全面发展的类本质，内在地决定了以"类"

方式存在的人，在整体上是你中有我、我中有你的命运共同体。

马克思的世界历史理论，深刻揭示了现代民族国家形成和发展的历史规律。自大航海时代和发现新大陆开始，跨国、跨民族、跨大陆的交往从偶发事件变得日益频繁。"二战"以后特别是20世纪70年代以来，随着社会生产力和科学技术的迅速发展，以经贸往来为引领的全球化浪潮席卷世界。国际间、民族间的交往不仅常态化，更建立起互相依赖、互为条件、同频共振的深度融合关系。在全球化背景下，从个人到国家的不同类型主体，都获得了全球性的历史意义。诚如英国社会学家吉登斯所言，全球化时代，"发生在遥远地区的种种事件，……都比过去任何时候更为直接、更为迅速地对我们发生着影响。反过来，我们作为个人所做出的种种决定，其后果又往往是全球性的"①。所以我们看到，突尼斯街头的冲突以"蝴蝶效应"的形式引发撼动中东北非的"阿拉伯之春"；2008年华尔街肇始的"次贷危机"危及全球至今余波未平。现如今，气候变化、贫富分化、恐怖主义等问题，已经超越传统民族国家界限并威胁到人类的生存和发展。正如习近平所言："这个世界，各国相互联系、相互依存的程度空前加深，人类生活在同一个地球村里，生活在历史和现实交汇的同一个时空里，越来越成为你中有我、我中有你的命运共同体。"② 当代中国哲学社会科学理应在培育"人类命运共同体意识"、探索构建"人类命运共同体"的现实路径过程中奉献自己的智慧。

在个体层面，个人获得了前所未有的世界历史意义，要求哲学社会科学引领培育"地球村村民"意识。历史走向世界历史的过程，也是个人从民族、国家、区域性存在走向全球性存在的过程。大工业开创了世界历史，使每个文明国家以及这些国家中的每个人的需要的满足依赖于整个世界。随着生产分工体系、物流保障体系、信息通信体系等的全

---

① ［英］吉登斯：《第三条道路：社会民主主义的复兴》，郑戈译，北京大学出版社2000年版，第33页。

② 习近平：《顺应时代前进潮流 促进世界和平发展——在莫斯科国际关系学院的演讲》，《解放军报》2013年3月24日。

球化，在个体对世界依赖的同时，也使看似个体化、私人性的日常活动具有了全球性影响。所以对个人而言，不仅要具备民族国家共同体意识，还要从"类"存在角度把握自身"地球村村民"的历史定位。然而当前极端个人主义、极端民族主义、消费至上等思想在全球范围具有一定普遍性，与地球村村民的现实要求格格不入。哲学社会科学应当直面类似现象，积极探索培育民众的公共生存发展意识、公共环境资源意识、公共领域关系意识、公共权力利益意识、公共治理管理意识、公共秩序规范意识、公共安全保障意识、公共文化文明意识等，为建构人类命运共同体意识夯实思想根基。

在国家层面，国与国之间特别是大国之间深度融合，要求作为其公共意识的哲学社会科学探索建立新型国际关系体系的理念、方法和途径。国家这一人群共同体的最高组成形式，到底该以怎样的方式参与国际活动，在很大程度上决定着个人活动的可能性。在这个意义上，有怎样的国际秩序，就有怎样的国际关系，也就有怎样的个人活动方式。具有世界意义的国际秩序，大致经历了从威斯特伐利亚秩序——维也纳体系——凡尔赛—华盛顿体系——雅尔塔体系——冷战后美国一霸独大的发展历程，大国在这一过程中始终占据主导性地位、具有决定性作用。历史细节显示，威斯特伐利亚秩序是欧洲 30 年战争的产物，维也纳体系是反法神圣同盟缔约的结果。近代国际秩序更替的内在逻辑，都是以战争等方式进行大规模对抗的结果，各个秩序内部难得的和平也不过是敌对双方力量均势的产物，是真正的"冷和平"。在一定程度上，以"敌对思维"和大国间"取代与被取代"方式考量国际关系，已经成为思考国际问题的"潜意识"，深刻影响着当代国际关系和国际活动。这就需要代表人类理性的哲学社会科学，立足世界各国特别是大国间利益交融、兴衰相伴、安危与共的事实，通过积极而大胆的理论创新，探索全球化时代新型国际秩序和大国关系建设的合理途径。这种理论创新将为建设合作共赢的国际关系，摆脱所谓"修昔底德陷阱"，为建设人类命运共同体提供科学的思想引领。

在发展层面，资本逻辑遭遇前所未有的困境和挑战，要求哲学社会科学探索新的发展模式和路径。资本逻辑的核心是实现自我增殖，具体表现为资本家个人主义的价值取向和资本主义生产过程的"异化"。资本的这一本性,决定了资本主义生产方式的剥削本质和资本主义国家作为"虚假的共同体"的历史地位。在资本逻辑引领下,对利润的追求驱使资本家奔走世界各地建立联系,客观上推动了全球化进程的发展。然而在资本的逻辑体系中,"利他"不过是自我实现的手段,这与人的公共存在的本质格格不入。马克思曾指出:"只要特殊利益和共同利益之间还有分裂,也就是说,只要分工还不是出于自愿,而是自然形成的,那么人本身的活动对人来说就成为一种异己的、同他对立的力量,这种力量压迫着人,而不是人驾驭这种力量。"① 简言之,以资本逻辑为引领的发展方式不可能建立起真正意义的人类命运共同体。

我们看到,在迄今为止的全球化进程中,发达资本主义国家是主要的受益者,"南北差距"越来越大。"二战"后以西方民主体制为蓝本的第三波民主化浪潮一度席卷世界,如今早已陷入困境:截至2015年6月,有一半左右第三波民主化国家/地区遭遇重大挫折,民主质量还很堪忧;有1/3到一半左右的国家转型后经济表现不佳;有近1/5国内大规模暴力冲突加剧。② 2016年以来,难民危机引发的欧盟分裂风险至今余波未平,美国新任总统特朗普大肆标榜"美国优先"等,说明全球化的最大受益者自身也正遭遇前所未有的困难。

总之,历史和现实表明,仅靠资本逻辑及资本主义方式不足以解决民族国家发展问题,世界亟须探索不同于原有资本主义的发展模式和路径。"西方不亮东方亮",改革开放至今中国特色社会主义建设成就斐然。"一带一路一行"等"中国方案"的提出和实施,日益成为世界发展的新动能、新机遇。在这场具有世界历史意义的大变局中,当代中国哲学社会科学面临着前所未有的机遇。我们应当紧扣时代主题,通过综合把握国情和世情,总结凝练具有借鉴意义的中国经验模式,阐明中国道路,发出中国声音,为建构人类命运共同体提供理论支撑。

---

① 《马克思恩格斯选集》第1卷,人民出版社2012年版,第165页。
② 参见刘瑜《第三波民主化失败了吗?》,载汪丁丁主编《新政治经济学评论》,上海人民出版社2015年版。

四 中国马克思主义与当代哲学社会科学发展

马克思主义是中国共产党的根本指导思想,是中国社会主义事业的旗帜。没有马克思主义,就没有新中国,就没有中国特色社会主义建设的伟大成就。当代中国哲学社会科学发展,必须正确处理与马克思主义的关系。在当代中国社会,这是反映公共存在的公共意识的重要内容。无视这一点,意味着无视当今中国社会的现实。

首先,要高度重视哲学社会科学的意识形态属性,坚持以马克思主义为指导。马克思主义是我国社会和国家意识形态的灵魂。发展当代中国哲学社会科学,必须始终坚持马克思主义的一元指导地位。理解这个问题的关键,在于正确把握哲学社会科学与社会意识形态的关系。一方面,社会意识形态来源于哲学社会科学。历史上,没有任何一种理论观点天然就能成为社会意识形态。古代中国,从"百家争鸣"到"独尊儒术",经历了漫长的发展过程。在资本主义发展史中,从文艺复兴、宗教改革、启蒙运动直至今日,"人权"的内涵始终在变化。社会主义运动史上,无论在苏俄还是在中国,马克思主义最初都只是"备选项"。可以说,哲学社会科学是产生社会意识形态的土壤,这种意识形态只能来源于哲学社会科学。另一方面,哲学社会科学具有转化为社会意识形态的可能性。哲学社会科学由于其内涵的公共性和功能的社会性,一旦被社会接受,就能迅速完成从个人思想向社会观念的转变,以致产生意识形态影响力甚至直接被采纳为意识形态。哈贝马斯就此指出:"政治公共领域是从文学公共领域中产生出来的;它以公共舆论作为媒介对国家和生活需求加以调节。"[1] 放眼当今世界,意识形态领域的斗争空前尖锐,方法和手段越来越隐蔽和多样。哲学社会科学工作者对此需要有高度的理论自觉,从民族复兴和人民福祉的高度看待哲学社会科学的意识形态属性,旗帜鲜明地坚持马克思主义的指导地位。

---

[1] [德]哈贝马斯:《公共领域》,载汪晖、陈燕谷等主编《文化与公共性》,生活·读书·新知三联书店1998年版,第137页。

其次，要牢记哲学社会科学作为"公共意识"的社会功能，坚持把马克思主义的立场、观点和方法贯穿研究过程。哲学社会科学作为理论形态的公共意识，要确立其现实合理性和历史合法性，不仅要关注现实问题，还要遵从历史发展规律展开研究。一方面，哲学社会科学应坚持马克思主义的问题意识，自觉聚焦时代"公共问题"。问题是时代的声音，始终紧盯时代问题并科学地给出答案，是马克思主义生生不息、不断发展的要义所在。当前，以"供给侧结构性改革""朝核危机""南海争端"和"叙利亚危机""伊斯兰国"等为代表的一系列国内国际问题，广泛涉及经济、政治、军事、文化等领域，直接影响民族国家共同体和制约人类命运共同体建设。哲学社会科学聚焦以此为代表的公共问题，才能承担起作为公共意识的社会职能。另一方面，哲学社会科学研究应坚持马克思主义的立场观点和方法。始终坚定人民立场，坚持辩证唯物主义的世界观、历史唯物主义的历史观和集体主义的价值观，恪守唯物辩证和实事求是的思想方法以及群众路线的工作方法。这一系列立场、观点和方法，作为当代中国社会公共意识的核心内容，是人类历史发展规律的理论表达和实践要求。忽视这一系列基本原则，就会背离历史发展规律。当代中国哲学社会科学作为历史发展的产物，只有在坚持马克思主义立场、观点和方法的前提下，才能确保研究成果的科学合理性。

最后，要从"公共性"视角阐发马克思主义理论的公共哲学意蕴，推动马克思主义的创新发展。一方面，马克思主义揭示了人类社会发展规律，具有显著的公共哲学意蕴。哲学社会科学的公共意识属性，与马克思主义的公共哲学意蕴内在契合；哲学社会科学对社会问题的研究，与马克思主义对人类社会发展规律的揭示具有相同的理论旨趣。具体而言，从历史唯物主义的逻辑起点"现实的人"出发，到人的"社会存在"，以及"交往理论""世界历史理论""自由全面发展的类本质"等，只不过由于时代的限制，马克思主义经典作家并没有使用"公共性"之类的话语方式，但其"公共"的内涵非常显著。中国哲学社会科学研究有必要以时代的视角重新审视经典理论，并从各学科专业视角赋予其鲜活的时代生命力。另一方面，当代哲学社会科学对公共问题的研究，为马克思主义发展提供丰厚的滋养。马克思主义经典理论本身就是在继承德国古典哲学、古典政治经济学和空想社会主义理论基础上创立起来的，也属于哲学社会科学范畴。坚持和发展马克思主义，不仅要实现马克思主义理论的自我创新，更要从哲学社会科学发展中得到启迪和借鉴。21世纪以来，社会科学对公共问题的研究广泛拓展，直接催生并发展了公共管理、公共安全、公共治理、公共文化、公共新闻、公共社会等学科，推动了当代马克思主义学界对"公共性""公共存在""公共意识"等问题的研究，是马克思主义中国化、时代化、大众化的重要表现。与之相应，马克思主义相关研究的丰硕成果，也为社会科学发展提供了重要的理论参考。

五 主体性和公共性：话语体系建设两个维度

重视哲学社会科学话语体系建设，是新时期中国社会发展中理论自觉、文化自觉的突出表现，是立足中国、面向世界的中国哲学社会科学发展战略的重要内容。中国经济社会和科学文化发展方式，正在从以借鉴西方为主，转向以自主创新驱动。与此相应，哲学社会科学话语体系和话语方式，必将发生重大改变。中国将变得更加自信，更加具有创造精神，但也更加需要谨言慎行，处理好中国和世界的复杂关系。

有哲学社会科学，就有相应的话语，并形成一定的体系。在文化发展初期，人们处于自发的状态，没有自觉意识到这种话语的体系及其建设的作用。如同语言的发生和使用，到产生语言学，出现语言学自觉，那是后来的事情。中国现代哲学社会科学的发展，伴随着中国社会的迅速发展，中国与世界哲学社会科学交往日益扩大，话语体系建设问题越来越提上议程。所以，历史形成的话语体系早已有之，但自觉的哲学社会科学话语体系建设，是近些年来明确提出和着力进行的。中国哲学社会科学话语体系建设，是社会主义精神文明建设的重要组成部分。

遵循唯物史观的历史主义原则，需要历史地、发展地看待中国哲学社会科学的话语体系建设问题。话语体系作为观念形态的现实表现，说到底是由经济社会的发展所决定的。所谓话语权，归根结底取决于经济实力。经济和社会发展是话语体系建设的根基所在，这是我们必须牢牢把握，不能动摇的。目前中国哲学社会科学话语体系的状况是历史造成的，当代历史的发展正在改变这种状况。我们不能割断历史，按照外来的标准，凭空要求这种话语体系如何建构。中国有中国的语境，历史地形成了中国今天的话语体系。中华民族优秀的历史文化传统，是我们生存和发展的宝贵资源。这是我们的哲学社会科学话语体系建设的现实的立足点，也是进一步发展的出发点。人类话语在历史中形成，在历史中发展。非历史的观点、历史虚无主义的观点，都是错误的。

中国是世界的中国，世界是中国的世界。在当今全球化、世界化的各个国家、民族、文化的相互作用中，我们的哲学社会科学话语不仅是民族的，也是世界的。如果说一个历史悠久的伟大民族有一种积极意义上的民族主义，那是完全应该的，可以理解；那么，在这个民族大踏步走向世界，使自身的历史成为世界历史的重要组成部分的时候，也必然会拥有自己的世界主义情怀。马克思主义是超越民族界限的，人类解放，世界大同，这是高品质的世界主义。在今天的世界上，不接受起码的世界主义的民族，不可能成为一个世界性的民族。在这里，极端的、狭隘的民族主义是要不得的。

基于上述两个原则，在哲学社会科学话语体系建设中，需要把握主体性和公共性两个维度。中国哲学社会科学话语体系的建设，应该是主体性和公共性的结合，在话语体系建设的主体性和公共性之间，时刻保持必要的张力。在这种话语体系建设中，我们既要坚持自身的主体性，又要重视必要的公共性。完全偏向自身的主体性，在话语上孤芳自赏、自说自话，陷于自我孤立，这种态度是不可取的；完全偏向外部的公共性，在话语上妄自菲薄、只听不说，处于失语状态，这种态度同样是不可取的。

一方面，要有话语的主体性。话语即言说，当然是主体性的。主体首先是个人，每一个言说者都是话语的主体。言为心声，诗言志，歌咏言。哲学社会科学话语的主体是学习者、研究者、传播者。不仅是个人，也是群体、民族、社会。不仅是自己的言说，还是相互切磋、讨论或争论。"百花齐放，百家争鸣"，这是哲学社会科学话语的正常状态。一花独放，一家自鸣，万马齐喑，是非正常的话语状态。话语体系的建设首要的是主体性建设。当话语的主体扩展为全人类时，这种话语就成为世界性的多民族、多文化、多样性的话语。这样的话语就成了公共性的话语，这种话语体系的主体性建设就转化为公共性建设。

另一方面，要有话语的公共性。语言本身就是公共性的，是为了人与人之间信息、思想和情感的交流而产生和发展起来的。首先是在群体内部，在一个民族或文化共同体内部，形成一定的话语的公共性，使某种哲学社会科学成为特定文化的组成部分。这种话语的公共性，使一个民族或共同体的文化得以传播和延续，使哲学社会科学的继承和创新成为可能。在跨越民族或共同体的文化交流，即所谓"跨文化"传播中，形成了民族之间、共同体之间哲学社会科学话语体系的公共性。离开这种话语的公共性，社会文化共同体内部以及共同体之间哲学社会科学的交流或传播就是不可能的。所以，话语体系建设最终是一种公共性建设。这是话语主体共有、共建、共享的公共性话语体系。

主体性和公共性两个维度的统一。在中国哲学社会科学话语体系建设中，我们在坚持话语主体性的同时，又要关注话语公共性，力求把两者统一起来。在这种话语体系建设中，要努力发展自己的科学文化，提高自身哲学社会科学发展水平。要立足中国文化传统和当代经济社会发展，敢于在理论上科学地加以总结和概括，做出当今时代中国哲学社会科学的新创造。西方近现代经济社会发展实践和社会科学实证研究，造就了西方现代哲学社会科学。我们立足于今天中国和世界的实践和经验，借鉴西方先进的科学研究方法和技术手段，下功夫总结和概括，就可以在哲学社会科学上产生新的理论成果。这种贡献既是主体性的，又是公共性的。有了真正站得住脚的哲学社会科学成果，在社会生活中产生深远的影响，"话语权"自然就有了。哲学社会科学的"话语权"靠的是实事求是，而不是夸夸其谈。

在我们的哲学社会科学话语体系建设中，一些片面性的思想和情绪需要注意克服。这里只提两点。第一，不能仅仅从意识形态上看话语体系建设。这个问题实质上是国家科学文化软实力建设问题。需要从战略高度规划长远的发展，扎实推进，切忌急于求成，只就话语抓话语。第二，遵循和尊重科学文化发展的规律性。哲学社会科学的发展有其内在的规律性，应该深入研究其话语体系建设的规律性，避免以主观愿望代替客观实际，做到切实有效，少走弯路。全面地讲，中国哲学社会科学话语体系建设，既是主体性的建设，又是公共性的建设。

总之，马克思主义不仅是我国哲学社会科学的核心组成部分，也是最根本的理论基础。当代中国哲学社会科学发展不仅要坚持学科特色，建立学科体系、学术体系和话语体系，也要将马克思主义的指导贯彻于发展全过程，以相得益彰的方式共同促进哲学社会科学大发展、大繁荣。

作为公共意识的哲学社会科学，是人类文明的重要表现形式，也是社会生活和历史发展不可或缺的重要理论指导。当代中国哲学社会科学发展，应当始终牢记自身在社会发展中的能动作用，始终坚持马克思主义指导，始终保持问题意识和公共关切，自觉为发展中华民族国家共同体和建构人类命运共同体作出积极贡献。

第九章

话语体系建设的主体性与公共性层面[*]

随着中国特色社会主义事业不断推进,中国哲学社会科学话语体系建设逐渐被提上议程,成为学术界研究的一个焦点问题。当前的探讨大多聚焦于话语体系建设的必要性、话语体系建设与话语权的关系、基于中国道路的话语体系构建方法等论题,对话语体系的一般性问题,如话语体系的本质和特征、功能和效用、规律和趋势等的研究有待加强。理论上前提性的问题在实践中往往具有根本性。当代中国话语体系建设需要遵循话语及其体系发展的一般规律,反思话语体系发展的功能作用和时代语境,把握话语体系建设中的历史性和世界性、主体性和公共性的矛盾和张力。这样,会有助于我们科学地确定哲学社会科学话语体系建设的立场和原则。

一 话语体系的本质属性和功能作用

人的社会活动是对象性的活动,自觉的人在改变对象之前首先要认识对象。现代社会话语体系建设也是这样,要构建它就必须先认识它,或者说在实际地建构它之前,首先需要在观念中把它建构起来。

---

[*] 本章与桑明旭合作,原载《中国高校社会科学》2016 年第 3 期。

话语（discourse）是人类交往的前提条件，是主体间沟通交流的言语行为，即言说者和听说者在特定语境中通过语言符号系统而进行的思想或精神沟通。话语具有二重性，即物质属性和精神属性。现实中的话语由语言和言语组成，其中，语言是话语的物质部分，言语是话语的精神部分。语言是思想的直接现实。没有语言，言语就不能产生和出现，思想、情感就只能是无法把握的人脑的机能；而没有言语，语言仅仅是无意义的字母、图画和手势。话语结构由物质符号系统构成，可以是文字、声波、手势等，但不能简单把话语仅仅当成语言。关于话语和语言的关系，福柯曾说："话语是由符号构成的，但是，话语所做的，不止是使用这些符号以确指事物。正是这个'不止'使话语成为语言和话语所不可缩减的东西，正是这个'不止'才是我们应该加以显示和描述的。"[①] 福柯这段话的前半部分是正确的，即话语不仅仅是语言，它的内容比语言更丰富。福柯后半段话是不完全正确的，因为他没有肯定话语和言语在本质上的一致性。我们认为，话语是主体通过一定结构的语言符号来传达思想、情感、意图的言语。话语就是言语，言语就是话语，它们都有口头形式（包括手势）和书面形式两种，都是主体的精神和思想的表达。

一般来说，除了极其简单的话语（如惊讶语、感叹语）之外，话语总是具有体系的。此种意义上的体系指话语的形式结构，如"主谓宾"等，这是语法学研究的对象。通常意义上的话语体系即本文讨论的话语体系，是思想理论的表现和表达体系，如新自由主义话语体系、新保守主义话语体系、中国特色社会主义话语体系等。话语体系是主体通过系统的语言符号，并按照一定的内在逻辑来表达和建构的结构完整、内容完备的言语体系。话语体系不仅是语言符号体系，更是言语内容和理论知识体系。现代社会的话语体系具备客观性、完整性、普遍性、程序性等特征。

话语体系是思想理论体系的表达。话语体系的客观性指话语体系表达的内容的客观性，即思想内容的客观性或言语的客观性。一种话语体

---

① ［法］米歇尔·福柯：《知识考古学》，谢强、马月译，生活·读书·新知三联书店2003年版，第53页。

系的存在和发展本身，就是其现实客观性的证明。这种客观性至少体现于以下三个方面：一是话语体系描述的对象是客观的；二是话语体系客观地描述了对象；三是话语体系在客观描述对象的同时也真实描述了主体的想法。话语体系的完整性指话语是相对完整的、成体系的，纷然杂陈、毫无逻辑的零言碎语构不成话语体系。一个话语体系至少必须是"一组陈述，这组陈述为谈论和表征有关某一历史时刻的特有话题提供一种语言或方法"①。话语体系的完整性也就是其系统性。话语体系的普遍性指话语及其体系在一定范围内的普遍适用性。这种普遍性不是在福柯的"话语之外的事物没有任何意义"或德里达的"文本之外无他物"的语境中讨论的，而是类似于在哈贝马斯的"主体间性"的理论语境中讨论的，即强调话语体系作为交往行动条件的可行性，作为承载思想情感的符号系统的可理解性。话语体系的普遍性也就是话语体系的公共性。话语体系的程序性指话语内部结构的组合遵循一定的程序。话语体系作为人类文化的显性表现形式，与文化本身一样也是一种人为的程序。一个人任意敲击键盘出现的文字即使数量再多，也不构成话语体系。因为这些文字没有按照一定文化程序进行组合，不承载具体意义，没有表达出打字者的思想情感。

思想理论体系是人类生活实践的概括和反映，这种概括和反映需要一定的话语体系来组织和表达。广义的话语体系不是当代才有的，有人类生活实践活动，就会有反映这种生活实践活动的理论，进而也就会有相应的话语，并形成一定的体系。

人类的存在是一种社会性存在。社会是人类个体之间交往关系的总和，是主体之间交互作用的产物。人类要生存和发展，就需要不断进行生产活动。不论物质生产还是精神生产，都需要建立在社会交往的基础之上。社会交往是人在自觉意识指导下进行的活动。人类的交往需要中介和工具，这种中介和工具就是语言。马克思、恩格斯指出："语言是一种实践的、既为别人存在因而也为我自身而存在的、现实的意识。语

---

① ［英］斯图尔特·霍尔编：《表征——文化表象与意指实践》，徐亮、陆兴华译，商务印书馆2003年版，第44页。

言也和意识一样，只是由于需要，由于和他人交往的迫切需要才产生的。"① 语言的产生为话语体系的形成奠定了基础。话语体系产生的现实基础是物质劳动和精神劳动的分工，因为只有在物质劳动和精神劳动分工的条件下，"意识才能现实地想象：它是和现存实践的意识不同的某种东西；它不用想象某种现实的东西就能现实地想象某种东西。从这时候起，意识才能摆脱世界而去构造'纯粹的'理论、神学、哲学、道德等等"②。意识构建了"纯粹的"理论、神学、哲学、道德等，也就构建了相应的理论、神学、哲学、道德等话语体系。

在社会发展中，作为思想上层建筑的重要内容和表征方式的话语体系，在民族和国家内部发挥着重要的凝聚、融合以及教化的功能作用。对于一个民族而言，是否使用统一的语言和话语体系来构建和表达民族文化，成为这个民族是否具有统一性的重要标志。正如恩格斯所言："仅在方言上有差异的共同语言，便是共同世系的表现和证明。"③ 主体在生产和交往中，总是习惯以话语方式来判断他人与自己的社会关系。话语方式相同或相近时，认为主体间关系比较紧密；话语方式差异较大时，则认为主体间关系比较疏远。人们的社会关系由一系列主体间关系构成，统一的话语体系对于一个民族或国家提高凝聚力具有重要作用。马克思曾以路德的宗教提纲为例谈论过这种作用。他说，在当时的德国，"骑士和市民，农民和平民，觊觎大权的诸侯和低级僧侣，隐蔽的神秘派和博学多才的、专写讽刺诙谐作品的反对派作家，他们追求的目标千差万别而又纷纭错杂，但路德的论纲一时却成了他们的普遍的、共同的语言，这种共同语言以出人意料的速度使他们团结起来"④。

话语体系在发挥凝聚和融合作用的同时，还发挥着教化的作用。这种教化也是实现民族融合和国家凝聚的重要方式。话语体系作为一种基本的文化方式，既是一种人为的程序，也是一种为人的取向。话语体系是人根据交往的需求创造的，同时又是影响人和塑造人的基本因素。话

---

① 《马克思恩格斯选集》第1卷，人民出版社2012年版，第161页。
② 同上书，第162页。
③ 《马克思恩格斯选集》第4卷，人民出版社2012年版，第106页。
④ 《马克思恩格斯文集》第2卷，人民出版社2009年版，第271页。

语体系发挥教化作用的主要方式是教育,对人的教育可以使人成为具有文化人格的人,成为可以按照特定话语体系进行言说的人。接受一种话语体系并按照这种话语体系进行言说,就表明主体接受了这种话语体系所指代的知识体系和价值观。当然,教育并不是话语体系唯一的教化方式。在当代,书籍、报刊、网络、电视等媒介都起着重要的教化作用。它们不断用占社会主导地位的话语体系来传播相应的知识体系和价值体系,规范人们的思维方式和行为方式。

二 当代社会话语体系建设意识的觉醒

在话语体系建设上形成自觉意识,是当代社会发展的必然趋势。话语体系建设意识的觉醒是一个逐步发展的过程。在文化发展初期,人们处于自发的状态,没有自觉意识到话语体系及其建设的作用。如同语言的发生和使用,到产生语言学,出现语言学自觉,那是后来的事情。人类话语体系建设意识的觉醒经历了多个阶段,这些阶段的标志是各相关学科的出现。在实践和交往活动中,人们为了让自己的话语被他人认可或能够说服他人,创造了作为辩论手段的最初形态的辩证法;为了让自己的话语以更好的方式表达出来,创造了具有"在某一特定场合下寻求一切可利用的说服手段的功能"(亚里士多德语)的修辞学;为了更好地把握自己话语的物质符号的属性,创造了以语言本身为研究对象的语言学;为了更好地实现主体间的相互理解,创造了"与文本(text)解释相关联的理解运作的理论"[①] 即解释学。此外,符号学、叙述学、叙事学等理论和学科,也伴随着话语体系建设意识的觉醒过程而相继产生。这些学科的出现和发展,既是话语体系建设的需要,也推动了话语体系建设的发展。在现代社会中,话语体系建设意识的觉醒进入新阶段。对于任何民族和国家来说,话语体系建设都是其实现现代性不可或缺的重要方面。

---

① [法]保罗·利科:《诠释学与人文科学》,张明安、张剑、李西祥译,中国人民大学出版社2012年版,第3页。

首先，从民族和国家内部来说，随着现代化的全面推进，人们生活水平不断提高，个人对他人的依赖性不断减弱。特别是具有现代意义的各项法律的颁布，使得公民的民主意识和权利意识得到显著增强，国家治理不能仅仅依靠强制手段或经济手段，在更多时候需要依靠"话语政治"①来实现。哈贝马斯认为，"有充分的理由说明，社会规范是在语言的基础上产生的，因为社会行为只有在日常语言的交流中才能进行"，同时，"语言也是统治和社会权利的媒介，它为有组织的权利关系提供了合法性"②。也就是说，社会规范的稳定性和秩序性的持存依赖于合理的话语体系，国家治理的正当性与合法性需要通过合理的话语体系来表述。

其次，受资本逻辑的影响，现代社会的主体逐渐发展成为物化的人，受到合理化和可计算性的制约，人与人、人与国家之间的关系不断疏远，人与人之间的关系日益冷漠，人们失去了政治热情，对公共生活变得漠不关心。这种状况在一定程度上影响了民族和国家的凝聚力。在西方理论界，改变这种状况的意见和建议很多，但不论是卢卡奇主张的总体性意识还是阿伦特提出的公共领域，不论是哈贝马斯论证的公共舆论还是罗尔斯诉诸的重叠共识，最终归结的方式都是构建一种行之有效的话语体系。

最后，构建话语体系是民族和国家应对全球化的需要。全球化是任何民族和国家都不能回避的历史趋势。在全球化时代，由于人们交往的深度和广度不断扩大，民族和国家的能力在一定程度上被削弱了。全球化最重要的表现是经济全球化。在日益深入的国际经济交往中，经济占主导地位的民族和国家不断将自己主张的文明和价值观传播出去，经济处于弱势地位的民族和国家需要在文明的交锋交融中保护自己的文化和价值观。无论是文化输出还是文化防御，都需要建设一套自己的话语体

---

① 话语政治是哈贝马斯提出的一种民主模式。哈贝马斯认为这种民主模式是"建立在一些交往的前提上，有了这些交往前提，政治过程就可以预测到它会带来的理性后果，因为它在一种广泛的意义上表现为话语样式。"（［德］哈贝马斯：《包容他者》，曹卫东译，上海人民出版社2002年版，第286页。）

② Jurgen Habermas, *On the Logic of the Social Science*, Cambridge: The MIT Press, 1988, p. 172.

系。在一个民族和国家的话语体系中，哲学社会科学处于核心观念的地位。

中国当代哲学社会科学伴随经济和社会迅速发展，与世界哲学社会科学交往日益扩大，话语体系建设问题越来越提上议程。当代话语体系建设意识的觉醒，是中国哲学社会科学发展的内在需要，也是中国经济和社会继续发展的需要。在中国，历史形成的话语体系早已有之，但自觉的哲学社会科学话语体系建设，是近些年来才明确提出和着力进行的。中国具有悠久的历史和从未中断的文明，在很长的历史时期内，一直将自己作为世界的中心，从来都是按照自己的表达方式和话语体系构建中华文明。近代以来列强的入侵和中国在现代化过程中全方位落后，导致中国开始全面学习西方文化，中国哲学社会科学的话语体系也开始受西方影响。伴随着中国革命、建设和改革实践的不断推进，当代中国综合国力不断增强，摆脱西方话语体系制约，构建中国特色话语体系，越来越成为中国社会发展的重要任务。加强话语体系建设是新时期中国社会发展中理论自觉、文化自觉的突出表现，是立足中国、面向世界的中国哲学社会科学发展战略的重要内容。

三 历史性和世界性：话语体系发展的趋势

在人类思想史上，不同的话语体系呈现不同的发展状态。有的话语体系在历史过程中虽曾强盛一时，最后却销声匿迹了；有的话语体系虽曾历经坎坷，却一直延续至今，在当代依然发挥重要作用。通过审视那些具有顽强生命力的话语体系可以发现，它们的发展遵循了一定的规律，呈现出清晰的发展趋势。这种发展趋势表现在历史性和世界性两个维度上。

历史性是话语体系发展的纵向维度，话语体系的历史性表现为创造和继承两方面。一方面，任何话语体系都是一种民族文化的创造，是在不断地创造中完善的历史过程。作为人的生活实践的概括和反映的话语体系，是人们创造历史的活动的组成部分。马克思说："在再生产的行为本身中，不但客观条件改变着，例如乡村变为城市，荒野变为开垦地等等，而且生产者也改变着，他炼出新的品质，通过生产而发展和改造着自身，造成新的力量和新的观念，造成新的交往方式，新的需要和新的语言。"① 在西方，随着奴隶社会、封建社会和资本主义社会的交替，先后出现了古希腊哲学、中世纪神学和现代自由主义等主导话语体系。在中国，从近代到当代，随着民主主义革命、新民主主义革命、社会主义改造和建设的不断发展，先后出现了三民主义、毛泽东思想和中国特色社会主义理论等主导话语体系。话语体系的范式转换是与社会发展的阶段性相一致的。在社会发展中，推动话语体系发展最直接的力量是科学，科学的范式转换意味着话语体系的转换。"一门科学提出的每一种新见解都包含这门科学的术语的革命。"② 另一方面，任何话语体系都不是随意产生的，都建立在对此前话语体系的继承和超越的基础上。对历史话语体系的继承是文化继承的显著表现，割裂话语体系就是割裂文化。文化是创造和继承的统一，话语体系也是如此。人类社会形态的变化并不完全导致文化和话语体系的断裂。社会主义取代了资本主义，社会主义文化扬弃了资本主义文化；但不能说社会主义文化和资本主义文化之间是割裂的，没有任何继承关系。正如不能割裂历史来构建文化一样，完全割裂历史来建构话语体系也是行不通的。

世界性是话语体系发展的横向维度，体现在冲突和融合两个方面。话语体系在空间维度的发展是一个弹性的过程。话语体系超出固有话语圈之外时，总是会受到其他话语体系的抵抗，与其产生冲突。同时，话语体系本身也是一个弹性空间，会受到其他话语体系的挤压，也会对其他话语体系的挤压进行反弹。话语的冲突有两种结果，或者是一种话语体系取代（相对意义上）另一种话语体系，或者是两种话语体系相融合。从人类历史发展的历程来看，这种取代或融合是符合历史发展规律的。

不同话语体系在冲突中走向融合，这是人类社会发展的必然趋势。推动这种融合的因素很多，在古代这种融合主要由战争和通商推动，在

---

① 《马克思恩格斯文集》第 8 卷，人民出版社 2009 年版，第 145 页。
② 《马克思恩格斯文集》第 5 卷，人民出版社 2009 年版，第 32 页。

近代这种融合主要由资本推动。需要指出的是，真正意义上的世界性话语体系是由资本推动的。亚历山大东征、成吉思汗西征，虽然使古马其顿帝国和元代中国国家版图获得极大扩张，但是话语体系融合并不明显。资本主义产生以后，很快就使得东方话语体系从属于西方话语体系，使得用"商品语言来表达它的思想"① 的资本主义话语体系成为全球性的话语体系。

在当代，西方话语体系是世界话语体系的主导者，但不是世界话语体系的唯一者。新时期的中国正在以昂扬的姿态在世界范围内发声，表达中国传统文化的话语体系在世界范围内越来越得到认可，孔子学院遍布全球，中国倡导的"和平共处五项原则"、"三个世界"理论、"一带一路"战略先后成为重要的世界性话语体系。不过，中国话语体系的崛起并不违背话语体系世界性发展趋势，中国话语体系的发展是话语体系世界性发展的重要组成部分。话语体系的建设要始终坚持实事求是，从话语体系本身的发展规律和趋势出发进行建设，与之相违背的话语体系建设是没有生命力的。基于话语体系的历史性和世界性的发展规律和趋势，在话语体系建设中，尤其需要把握主体性和公共性两个层面。

四 话语体系建设的主体性层面

话语即言说，当然是主体性的。主体首先是个人，每一个言说者都是话语的主体。言为心声，诗言志，歌咏言，话语体系的主体是学习者、研究者、传播者。后现代主义强调消解人的主体性，突出语言的作用，认为在话语体系中语言才是真正的主体。这种观点是需要警惕的。罗兰·巴特就持这种观点。他说："从语言学上说，作者只是写作这行为，就像'我'不是别的，仅是说起'我'而已，语言只知道'主体'，不知'个人'为何物……""现在的撰稿人跟文本同时诞生，没

---

① 《马克思恩格斯文集》第5卷，人民出版社2009年版，第67页。

有资格说先于或超于写作；他不是书这个谓语的主语。"① 在巴特看来，话语体系所表达的思想仅仅是无穷尽的语言随机组合的结果。"流通的种种符码（codes）蔓衍繁生，幽远惚恍，无以确定（既定法则从来不曾支配过意义，掷骰子的偶然倒是可以）；诸意义系统可接收此类绝对复数的文，然其数目，永无结算之时，这是因为它所依据的群体语言无穷尽的缘故。"② 福柯、德里达等后现代主义学者都对人和语言的关系作过论述，尽管表述方式有所不同，但基本观点大致相同，即话语体系的主体不是人，语言本身创造了话语体系。巴特、福柯、德里达等人的这种观点是错误的，颠倒了话语体系结构中人和语言的关系。如果语言自行创造理论体系，那他们凭什么声称这些观点和思想是自己创造的？所谓"我的理论观点不是由我创造而是由语言本身创造"，是一种极其明显的悖论。

在马克思和恩格斯看来，第一，语言是由人在社会活动中创造的。"不仅我的活动所需的材料——甚至思想家用来进行活动的语言——是作为社会的产品给予我的，而且我**本身**的存在**是社会的活动**"③。语言是从劳动中并和劳动一起产生出来的，是人类社会的产物。第二，语言是作者传达思想的符号系统。青年黑格尔派之所以能把读者弄得昏头昏脑，能蒙蔽检察官的眼睛，是因为他们使用了"用来表达这些思想的晦涩的哲学语言"④。第三，语言表达的内容不能完全等同于作者的想法或具体的现实。在《1848年至1850年的法兰西阶级斗争》中，马克思谈及对当时历史事件的解释，认为发生错误的原因是把"议会讲坛上、报纸上、俱乐部里的斗争的语言同斗争的真实内容混同了"⑤，强调的就是这个思想。

话语体系的主体是人，话语体系的形式和内容都是人创造的。但它不是人们随意创造的，而是历史的人历史地创造的。这里所说的话语主

---

① ［法］罗兰·巴特：《作者之死》，怀宇译，载赵毅衡编《符号学文学论文集》，百花文艺出版社2004年版，第509页。
② ［法］罗兰·巴特：《S/Z》，屠友祥译，上海人民出版社2000年版，第62页。
③ 《马克思恩格斯全集》第3卷，人民出版社2002年版，第301—302页。
④ 《马克思恩格斯文集》第2卷，人民出版社2009年版，第362页。
⑤ 同上书，第121页。

体不仅指个人,更是指群体、民族、社会。人们不仅自己言说,而且相互切磋、讨论或争论。"百花齐放,百家争鸣",这是哲学社会科学话语的正常状态。一花独放,一家自鸣,万马齐喑,是非正常的话语状态。对于一个群体、民族和国家来说,话语体系建设首要的是主体性建设。一般来说,话语体系建设的主体性层面体现在以下几个方面。

首先,任何话语体系的建设都基于本民族的历史实践并体现本民族的风格和气派。各个民族在历史上的发展道路不同,话语体系也呈现出不同形态。当前,人类历史发展进入了全球化时代。但是,全球化并不意味着完全同质化,主体间的话语体系能够相互理解,并不表明主体与主体合而为一。正如伽达默尔说的,"所谓理解就是在语言上取得相互一致(Sich in der Sprache Verständigen),而不是说使自己置身于他人的思想之中并设身处地地领会他人的体验"①。在全球化的进程中,不同国家的发展道路和历史实践是有差异的,这种差异的历史语境决定了话语体系的主体性,也要求具有主体性的话语体系对其进行反映和概括。

其次,任何话语体系的建设都不能脱离主体性的民族文化而任意表征。在全球化浪潮中,不同民族和国家可能会选择相似的经济方式和政治方式,与相似的经济方式和政治方式相适应的文化形态也可能会日趋相似,但文化传统作为民族的基因和命脉始终一脉相承,永远是主体性的。对于一个民族来说,话语体系建设的主体性有两层含义:一要根据民族传统文化的个性和特点来构建和发展话语体系;二要通过新的名词、术语或范畴即新的话语体系来发展传统文化。这两者是一个辩证统一的过程,共同构成话语体系建设的主体性。同时,从主体间关系来看,不同主体的差异性话语体系是话语体系发展的重要动力。"如果说最发达的语言和最不发达的语言共同具有一些规律和规定,那么,构成语言发展的恰恰是有别于这个一般和共同点的差别"②。话语体系是多样的统一,和而不同,同则不继。如果所有话语千篇一律,那么话语体

---

① [德]伽达默尔:《诠释学I·真理与方法》,洪汉鼎译,商务印书馆2010年版,第540页。
② 《马克思恩格斯文集》第8卷,人民出版社2009年版,第9页。

系的发展也将终结。

最后，任何话语体系的建设都是该民族增强国际话语权的需要。在和平发展时期，国际竞争的决定因素是综合国力，而不仅仅是经济或军事的实力。综合国力的一个重要标志就是理论体系和话语体系的实力，即表征理论体系的话语体系能不能吸引人、引导人、说服人。在这里，话语体系建设的主体性表现在两个方面：一是对外发生积极影响作用，让民族的话语体系在世界上的竞争力和说服力不断增强，让话语体系承载的理论观点得到更多的认可和遵循；二是对内起到保护和辩解作用，在面对理论体系和价值观冲突时，主体性的话语体系要能对自己民族的理论体系和价值观进行有效辩护。

五　话语体系建设的公共性层面

与主体性相对应的是公共性。语言本身就是公共性的，为了人与人之间信息、思想和情感的交流而产生和发展起来。首先是在群体内部，在一个民族或文化共同体内部，形成一定话语的公共性，使某种哲学社会科学成为特定文化的组成部分。话语的公共性使一个民族或共同体的文化得以传播和延续，使哲学社会科学的继承和创新成为可能。在跨越民族或共同体的文化交流即"跨文化"传播中，形成了民族之间、共同体之间话语体系的公共性。离开这种话语的公共性，社会共同体内部及共同体之间的交流或传播就是不可能的。所以，话语体系建设最终是一种公共性建设，这是话语主体共有、共建、共享的公共性话语体系。话语体系的公共性也就是话语体系的普遍性，包括形式的公共性和内容的公共性两个侧面。

形式的公共性是承载理论思想的符号框架和逻辑结构的公共性。当前，建设话语体系形式的公共性需要从两个方面着手。一是打破语言壁垒。在古代，由于不同民族之间使用截然不同的语言，一方对于另一方的语言和语法完全不理解，这种情况下，话语体系的公共性程度是比较低的，只限于有限的范围内使用。在历史的发展中，随着翻译水平的提高,不同语言符号框架之间在能指上实现了对应,在逻辑结构上实现了语句间的可理解性,话语体系形式的公共性得到显著提高。当代话语体系的公共性建设,很重要的一项工作就是打破语言壁垒,在不同话语体系之间搭建相互理解的桥梁。二是反对后现代主义语言观。后现代主义语言观主张语言之间不存在明确的逻辑关系,话语体系中的语言是随机组合的,这种组合方式就像"掷骰子",用巴特的话来说,话语体系是一种不可理解的絮语。后现代主义语言观是非公共性的语言观,从理论上看是不科学的,自相矛盾;从实践来看是有害的,不利于话语体系的公共性建设。

话语体系公共性建设的另一个侧面是内容的公共性建设,也就是话语体系所表达的思想理论的公共性建设。在当代,推进话语体系内容的公共性建设,首先要提高思想理论的科学性。在话语体系内容的公共性建设中,科学性是公共性的基础。具备科学性的话语体系,最终一定会成为公共性的话语体系。其次要提高思想理论的普适性。我们要具有历史性和世界性的视野,反思个人或单个民族发展的个性中蕴含的共性,立足全人类的公共性问题,概括和提炼出具有互适性、公用性、共同性的理论观点。在话语体系的公共性建设中,内容的公共性更具有基础性的地位。

在话语体系建设中,主体性和公共性两个层面是相互依赖、相互制约、不可分割的有机整体。公共性以主体性为前提,主体性以公共性为条件。话语体系的主体性建设,不仅提高了各民族和国家话语体系的主体性,也会提高这种话语体系的公共性。话语体系的公共性建设,不仅提高了世界范围内各个民族、国家话语体系的公共性,同样也会使各个民族、国家在主体间的对话中提高自身话语体系的主体性。对于一个民族、国家来说,在话语体系的建设中如果仅仅注重主体性建设,忽视公共性建设,实行"闭关主义"政策,最终话语体系的主体性建设也必然会失败;如果仅仅注重公共性建设,忽视主体性建设,实行"拿来主义"政策,最后构建的话语体系一定是既没有主体性又没有公共性的。

六 哲学社会科学话语体系建设的立场和原则

通过对话语体系的本质属性和功能作用、规律和趋势以及主体性和公共性的分析,我们看到,当代中国哲学社会科学话语体系建设需要遵循以下立场和原则。

第一,中国哲学社会科学话语体系建设从根本上取决于经济、政治、文化的建设。话语体系作为观念形态的现实表现,说到底是由经济和社会发展所决定的。所谓话语权归根结底取决于经济实力。经济和社会发展是话语体系建设根基所在,这是我们必须牢牢把握住的。话语体系没有强有力的经济、政治、文化支撑,即使用再华丽的辞藻也无济于事。当代中国哲学社会科学话语体系建设,是描绘中国道路、阐释中国问题、宣示中国主张的需要。中国在改革发展过程中取得伟大成就,走出了一条具有鲜明特色的发展道路。中国经济社会和科学文化发展方式,也随之从以借鉴西方为主,转向以自主创新驱动。与此相应,哲学社会科学话语体系和话语方式,必将发生重大改变。

第二,中国哲学社会科学话语体系建设是形式建设和内容建设的统一。随着全球化水平的提高,不同民族和国家在哲学社会科学上的对话借鉴、协同创新越来越频繁,理论探讨的问题域、概念和命题的使用越来越向国际化和标准化发展。如果我们的话语体系在形式上和国际通用的话语体系格格不入,那么世界范围内的研讨和争鸣是没有意义的。当然,话语体系形式的建设也不能脱离中国具体实际,尤其是很多国外译介过来的词语和概念在使用时需要仔细甄别。中国哲学社会科学话语体系建设,重点在于内容的建设,建设的标准是科学性、彻底性。话语体系的形式再完整,逻辑再完美,如果描述的是个伪问题,那么这个话语体系仍然是不科学的。明确这一点,对于中国提高国际话语权至关重要。在中国的发展过程中,西方一些所谓民主缺乏论、历史终结论、中国威胁论等谬论层出不穷。对此,我们需要基于一定话语体系予以实质性回应,用科学性、彻底性的学术话语加以澄明。

第三，中国哲学社会科学话语体系建设是历史性和世界性的统一。中国哲学社会科学话语体系建设，扎根于中华民族传统文化的土壤之中，是对传统文化的继承和发展，因而它是具有历史性的。中国哲学社会科学话语体系的状况是历史造成的，它在当代的发展正在改变这种状况。我们不能割断历史，完全依照外来的标准，凭空要求这种话语体系如何建设。中国有中国的文化语境，历史地形成了中国今天的话语体系。中华民族优秀的历史文化传统是我们生存和发展的宝贵资源，堪称安身立命的根本。这是我们的哲学社会科学话语体系建设的现实立足点，也是进一步发展的出发点。当然，中国是世界的中国，世界是中国的世界。在全球化、世界化进程中，在各个国家、民族文化的相互作用中，中国哲学社会科学话语体系不仅是民族的，而且是世界的。如果说，一个文明历史悠久的伟大民族有一种积极意义上的民族主义，是完全应该和可以理解的；那么，在这个民族大踏步走向世界，使自身的历史成为世界历史的重要部分的时候，也必然会拥有自己的世界主义情怀。中国特色社会主义建设高举的马克思主义旗帜是超越狭隘的民族界限的，人类解放，世界大同，这是高品质的世界性话语体系。当今世界，不将其话语体系发展成为国际性话语体系的民族，不可能成为一个世界性的民族。极端的、狭隘的民族主义是民族自身发展的严重障碍。

第四，中国哲学社会科学话语体系建设是主体性和公共性的统一。我们在坚持话语主体性的同时，又要关注话语公共性，力求把两者辩证地统一起来，在主体性和公共性之间时刻保持必要的张力。在话语体系建设中需要努力发展自己的科学文化，提高哲学社会科学发展水平。我们要立足中国文化传统和当代经济社会发展，敢于在理论上科学地加以总结和概括，做出当今时代中国哲学社会科学的新创造。西方近现代经济社会发展实践和社会科学实证研究，造就了西方现代哲学社会科学。我们立足于今天中国和世界的实践经验，借鉴西方先进的科学研究方法和技术手段，下功夫总结和概括，就可以在哲学社会科学上产生新的思想理论成果。这种贡献既是主体性的，又是公共性的。有了真正站得住脚的哲学社会科学成果，并在社会生活中产生深远影响，"话语权"自然就有了。哲学社会科学的"话语权"靠的是实事求是，而不是夸夸其谈。话语体系是始终与公共性相依存的主体性言说。我们既要反对完全偏向自身主体性的态度，也要反对完全偏向外部公共性的态度。

中国哲学社会科学话语体系建设包含着意识形态建设，但不能归结为意识形态建设。哲学社会科学话语体系建设实质上是国家科学文化软实力建设问题，需要从国家总体发展战略高度做出长远规划，切忌急于求成，只就话语抓话语。哲学社会科学的发展有其内在的必然性，应该深入研究话语体系建设的内在规律性，避免以主观愿望代替客观实际，做到切实有效，扎实推进。中国哲学社会科学话语体系建设处于历史性和世界性的背景下，既是主体性的建设，又是公共性的建设。辩证地处理其中的矛盾，保持必要的张力，将使当代中国话语体系建设形成持续稳定增强的长效机制。

第十章

公共意识对公共存在的维护和建构[*]

日常生活中，人们在关注自身的基础上，越来越关注公共问题。公共环境、公共秩序、公共管理、公共服务、公共道德、公共精神等的现实状况，关涉我们每个人的生存和发展。在学术领域，对公共生活、公共利益、公共权力、公共治理、公共伦理、公共文化等的研究，也一直是热门话题。在唯物史观的公共性视域中，人们对社会公共问题的共同关注，体现了公众对自身公共存在本质的自觉，是主体公共意识的基本表现。对社会公共问题的关注并不限于反映公共存在，而更在于通过相关的追问、反思和探讨，寻求改进现实公共存在的途径，设计更优化的公共存在状态，从而引领主体通过实践改善公共存在，实现对公共存在维护和建构的双重功能。在理论和现实中，公共存在分为不同的层级和维度，与之相应，公共意识的维护和建构功能的作用方式和机制也不尽相同。

一 社会公共意识与公共存在相互作用

人是历史的剧中人和剧作者，自己创造自己的历史。人的本质在于

---

[*] 本章与陈忠炜合作，原载《哲学研究》2018 年第 6 期。

他们的社会特质，马克思说："在其现实性上，它是一切社会关系的总和。"① 人的社会特质是人之为人的属性，而"社会关系"则是人的社会特质的表现方式。显然，"关系"只能产生在两个或两个以上相对独立的主体之间，具有"主体间"的性质，是主体活动的产物，反过来又成为主体活动的条件。在唯物史观的公共性维度上，"关系"是不同主体共同形成的交互作用方式，具有公共性；与之相应，作为社会关系的集合体，人的社会存在是一种公共存在。

公共存在既是人生存发展的前提，也是人类实践自主建构的生存方式。从狭义的动物中分化出来的人的正常生存条件不是现成具有的，而是人类历史发展造成的。恩格斯指出："人是唯一能够挣脱纯粹动物状态的动物——他的正常状态是一种同他的意识相适应的状态，是**需要他自己来创造的状态**。"② 人的正常生存状态"需要他自己来创造"，表明人在一定的历史条件下，通过实践自主建构自己的生活；而这种正常状态的创造"同他的意识相适应"，说明人们在头脑中以观念形态完成对生存状态的建构，进而以创造的意识引领创造的实践。人的社会存在即公共存在的先在性，决定了无论头脑中的观念，还是实践建构的生存状态，都具有"公共"的意蕴。因此，人们创造的生存状态实际上是一种公共存在，对其进行现实反映和理想设计的观念就是公共意识。

人类社会是人群共同体，所谓社会关系即共同体中人与人的关系。人群共同体在整体上是一种公共存在，反映这种存在的意识是公共意识。一方面，人的社会存在是一种公共存在，人们的公共存在决定人们的公共意识。唯物史观意义上的公共意识，是与公共存在相对应的概念，指主体对置身其中的社会公共存在的自觉意识。人们的公共意识根源于公共存在，并随着历史活动的推进和社会公共存在的改变而发展。另一方面，公共意识能动地反作用于公共存在，表现为主体对社会公共生活的积极参与，对由公共规则、规范等概括的公共利益的遵守、维护与建构。人的社会化生存即其公共存在，与之相应的经过思考、计划并以事先知道的目标为取向的行为特征，彰显了公共意识在维护和建构公

---

① 《马克思恩格斯选集》第 1 卷，人民出版社 2012 年版，第 135 页。
② 《马克思恩格斯选集》第 3 卷，人民出版社 2012 年版，第 845 页。

共存在过程中的自觉性、能动性和创造性。社会共同体的运行和发展，不能缺少公共意识的作用。

每个人都是个体性存在，是一个"自由的存在物"，在这个意义上可以说"人生而自由"。作为社会共同体成员，"人是类存在物"，"人在实践上和理论上都把类——他自身的类以及其他物的类——当做自己的对象"。"人把自身当做现有的、有生命的类来对待，因为人把自身当做**普遍的**因而也是自由的存在物来对待。"① 人的类存在即其共同体存在，亦即其公共存在或公共性存在。当人意识到自己是类存在物，在实践上和理论上把自身和他物都当作类来对待时，就是在以哲学抽象的方式来看待人与世界的关系。类思维是人对自身的类和他物的类的抽象把握，是对类的普遍性、共同性或公共性的概括，无疑是哲学思维最显著的特征。

马克思在其早期著作中，用"普遍性"这个概念说明人的类特性，即人的共同性或公共性。人和动物一样靠无机界生活，自然界是人与其他动物共同的公共存在。"人和动物相比越有普遍性，人赖以生活的无机界的范围就越广阔"。自然界的事物从理论领域来说，"都是人的意识的一部分，是人的精神的无机界"；而"从实践领域来说，这些东西也是人的生活和人的活动的一部分"。"在实践上，人的普遍性正是表现为这样的普遍性，它把整个自然界……变成人的**无机的**身体。"② 在这个意义上，自然界也是人的存在的一部分。

人的普遍性即公共性，作为观念是对自身类生活即类存在自觉的类意识。马克思说："一个种的整体特性、种的类特性就在于生命活动的性质，而自由的有意识的活动恰恰就是人的类特性。"③ 人使自己的生命活动变成自己意志和意识的对象，这种生命活动是有意识的。有意识、能表达、可交流的生命活动，使人成为类存在物。人是有意识的类存在物，他自己的生活对他来说是对象，所以他的活动才是自由的活动。正是在认识和改造对象世界的过程中，人才真正证明自己是有意识

---

① 《马克思恩格斯文集》第 1 卷，人民出版社 2009 年版，第 161 页。
② 同上。
③ 同上书，第 162 页。

的类存在物。

对于自身的类生活即类存在的类意识,是人的普遍性意识,即普遍意识或公共意识。"我的**普遍**意识不过是以**现实**共同体、社会存在物为**生动**形态的那个东西的理论形态……我的普遍意识的活动——作为一种活动——也是我作为社会存在物的理论**存在**。""个体是**社会存在物**。""作为**类意识**,人确证自己的现实的**社会生活**,并且只是在思维中复现自己的现实存在;反之,类存在则在类意识中确证自己,并且在自己的普遍性中作为思维着的存在物自为地存在着。"① 人的普遍意识或类意识作为公共意识,是现实共同体的社会存在即类存在或公共存在的理论形态。社会公共意识和公共存在的主体是人。人在具有普遍性的同时,还具有特殊性,是普遍性与特殊性的统一。"人的特殊性使人成为个体,成为现实的、**单个的**社会存在物,同样,人也是**总体**,是观念的总体,是被思考和被感知的社会的自为的主体存在。"② 作为共性的普遍性即公共性,存在于个性、特殊性即个体性之中,人是个体存在与总体存在、个人存在与社会存在、特殊存在与普遍存在、单个存在与公共存在的统一。人的存在的这种矛盾的性质,反映到人的意识中,就是个体意识与总体意识、个人意识与社会意识、特殊意识与普遍意识、单个意识与公共意识的矛盾。矛盾对立面相反相成、辩证统一,人类的历史活动在矛盾运动中发展。

人们自己创造自己的历史,但并不是在自己选定的条件下随心所欲地创造,而是在历史造成的既定条件下进行这种创造活动。在人类发展的历史过程中,公共意识对公共存在的维护和建构,始终建立在公共存在的实际发展水平之上;公共意识能动性的发挥,也是在尊重公共存在基础之上现实的、具体的、历史的再创造。"现实的个人"作为唯物史观的基础概念,指的是构成公共存在和形成公共意识的现实的历史主体。准确把握公共意识对公共存在的能动作用,必须立足"现实的个人"所营造的具体的、历史的生存样态,基于人群共同体的具体构成和运行方式来展开。

---

① 《马克思恩格斯文集》第 1 卷,人民出版社 2009 年版,第 188 页。
② 同上。

二　个体群体：确立公共价值追求和评价体系

人的公共存在，首先体现在总是作为特定人群共同体或联合体的成员而存在。以个体形式存在的个人只有依赖群体并作为群体成员，才能获得相对的独立性。在这个意义上，引领主体确立公共的价值追求和评价体系，处理个体与群体的关系，是整个人类历史的前提，也是公共意识能动性作用发挥的首要环节。

"现实的个人"作为历史存在的基本前提，是个体存在和群体存在的统一。一方面，作为个体存在，每个人都是独一无二的。这不仅表现在每个人自然生命无法重复，也体现在每个人的心理、情感、认知、思维等都有自身的独特性。另一方面，仅仅是为了从动物界分化出来，人就必须依赖群体的力量；只有在群体内，在公共的关系之中，个人才能以社会人的方式生存，成为真正意义上的人。诚然，个体是群体的前提，没有个体就无法构成群体；然而也只有在群体中，个体才能获得成为个体的外部条件。概言之，人的存在既是个体存在，又是群体存在，是二者的统一体。

人作为个体存在和群体存在的双重属性，在人的认知中表现为个体意识和群体意识。所谓个体意识，主要是指个体对自身的自觉、界定或判断；所谓群体意识，则是个体对作为自身生存发展外在条件的人群共同体的认知和理解，是个体处理个体群体关系、参与群体性实践的思想引领。从发生学角度考察，无论个体意识还是群体意识，都是实践活动的产物。人们根据社会关系创造相应的观念和范畴。现代意义上独立的"个人"概念，就是18世纪资产阶级"市民社会"发展的产物。"产生这种孤立个人的观点的时代，正是具有迄今为止最发达的社会关系（从这种观点看来是一般关系）的时代。"① 人们关于"个人"的概念，恰好是前所未有的频繁交往即群体公共生活的产物。正是因为在人群中，

---

① 《马克思恩格斯全集》第30卷，人民出版社1995年版，第25页。

人们才能产生"我是谁"的自我追问,即形成个体意识。然而也是由于人群之于个人的生成意义,使个体的群体意识不断萌发,引导人们参与人群共同体或联合体的建构。个性与共性、个体性与公共性是对人的辩证本性的双重解读,个体意识与群体意识都是人的社会认知,二者互动互构、相互支撑。

意识是人对存在,包括对自然存在、社会存在和自我存在的认知。凭借对象性的社会实践的物质力量,人的意识作为精神力量不仅反映世界,而且实际地改变世界。实践是人所特有的存在方式,集中展现了人的主体性、自觉性和能动性。借助有意识的实践,人类成功超越了动物自然生命的局限,成为人本意义上的人,获得了作为人的特性的社会历史生命。在现实中,任何实践都是具体的、历史的,表现出主体的个体性和群体性。人的群体存在方式,使得实践又总是社会的,彰显着主体存在的公共性。如果没有个体性,人的存在就会异化为动物式的种群生存,也就不具有社会的公共性;但是,如果没有群体的公共性,主体的个体性也就失去了自我成就的现实环境。"人对自身的关系只有通过他对他人的关系,才成为对他来说是**对象性的、现实的**关系。"① 人只有在社会中,在人群共同体中,才能找准自我界定的坐标,获得自我实现的外在条件。就此可以说,个体主体性是群体公共性的必要前提,群体公共性则是实现个体主体性的现实支撑。

"现实的个人"的个体存在和群体存在的双重属性,要求人们不仅要有个体意识,还要有群体意识。这样,人们才能在追求实现个体主体性的同时,切实维护作为自我实现必要条件的公共存在。如果个体凌驾于共同体公共性之上,否认自身对于共同体的责任,其结果必然是共同体的瓦解。避免这种窘境不仅是每个人的责任,更是作为社会主体的义务所在。究其根本,公共性并不是独立于个体性或主体性之外的特殊存在物,而是建立在个体基础之上并作为个体自我实现外在条件的共同性或共通性。应该在实现个人利益的同时又维护公共利益,使人的个体行为与自身的社会本质内在统一起来。就人的活动以意识为引领而言,培

---

① 《马克思恩格斯选集》第 1 卷,人民出版社 2012 年版,第 59 页。

育主体的公共意识,确立公共的价值追求和评价体系,是实现这一目标的必由之路。

价值追求及评价体系是价值观的表现形式。价值观作为主体关于价值及价值关系的基本观念,形成于认识和改造世界的过程中,是主体处理价值问题的基本立场观点和思想根基。在社会生活中,价值观具体表现为价值追求、价值判断、价值评价等社会活动,贯穿于目的的确立、对象的选择、手段的使用、过程的展开及效果的判断等主体实践活动的全过程。实践活动的目的性和主体活动的自利性,决定了主体一切活动的根本动力都在于发现价值、创造价值以及实现价值。价值的追求和实现,同时也是个人生存发展的实现和主体生命意义的彰显。就此而言,人类的一切历史活动都是主体追求价值、实现价值的过程。

主体有什么样的价值观,就有什么样的实践活动。人的社会存在本质和实践活动的社会历史性,决定了价值的实现、评价等总是具体的,兼具个体性和公共性。以公共意识为基础的价值观,建立在主体既是个体存在又是群体存在的基础上,反映了主体作为个体性和公共性统一体的存在方式,引领主体在追寻价值的过程中把握个体与群体的关系,对主体行为具有积极的导向作用。总体上讲,以公共意识为引领的价值观,要求主体自觉从公共存在维度、从作为群体成员的视角进行自我定位,确立公共的、群体的价值追求和评价体系。在实践活动中,具体表现为主体从作为社会、国家和人类一员的角度自我审视,自觉将个人价值追求、价值实现、价值评价与维护社会、国家和人类的公共利益联系起来并为之奋斗。以公共意识为引领,是个人超越自然生命和个体存在局限性的内在要求,也是处理个体与群体关系并走向自由人联合体的不二选择。

三 社会国家:建构秩序规范和维护公共利益

人的公共存在具体表现为作为特定社会国家成员存在。"现实的个人"以某个具体的"集体"或"联合体",即以某种人群共同体成员的身份而存在。作为具有相对独立性的个体，主体以特定的方式发生联系、进行互动。在唯物史观视域中，这种关系就是人的社会关系。在现实中，人群共同体的直观形式就是具体形态的社会。人总是特定社会共同体的成员。以共同体或联合体方式进行活动对人的生成意义，从其内部进行审视，事实上也就是社会关系对人的生成意义。随着阶级分化和国家产生，人的社会化生存是在特定的国家中实现的。国家是当代人群共同体的最高组成形式。国家建构模式及其治理的成败得失，直接决定着社会和个人生存发展的可能性和现实性。因此，关心并引领主体参与社会国家的公共性建设，是人的公共存在本质及公共意识能动性的基本要求。

人的公共存在首要的就是社会关系的总和。个体主体生存发展需要的多维性与社会主体的多元性交织缠绕，使社会关系的纵向层级和横向维度都是丰富多样的。纵向层级与横向维度相互交错，建构起立体化的社会关系网络。人类活动的主体性、自觉性和能动性，使社会关系网络整体呈现为具有特定生命力的有机体。任何有机体的正常运行，都是其内在构成以一定秩序和方式有序运行的结果，否则，只能导致有机体的崩溃或异化。自然有机体由自然物质组成，运行秩序遵守自然法则；社会有机体由能动的实践主体构成，运行秩序遵守社会规则。自然法则是自然界进化的产物，遵循自然规律必然性；社会规则是人作为主体自主能动建构的历史成果，其作用的发挥需要由社会主体共同维护。

社会规则是一种普遍适用的规范性、约束性机制，通过画定"红线"的方式引导主体行为，是社会有机体正常运行的公共性保障。从宏观视角透视社会有机体，每个人都是构成社会关系的"结点"，又是社会关系延伸的"基点"。人们在实践中建构社会关系，同时自觉不自觉地将其内化为社会有机体的组成部分。个人是建立社会关系的前提，而社会关系一旦建立起来，又会成为个人自我实现的基本条件。在这个意义上，社会有机体的有序运行，不仅是社会作为公共存在得以可能的前提，也是主体社会生活正常展开的基础。

然而，由于个体的内在局限性和社会关系的复杂性，使人的实践活动总是潜在包含着破坏社会运行秩序的可能性。一方面，作为自然存在物，主体活动有受欲望、冲动、应激反应等主导的非理性一面；另一方面，主体理性常常以个体理性的形式存在，受世界观、人生观、价值观和成长经历等的影响，个体理性所难免的局限性甚至会使认知与现实相背离；另一方面，个体的逐利本性模糊了人的宏观视野，常常导致个体理性从社会整体上表现为集体非理性。其中任何一种情形，都会对社会秩序及公共生活造成破坏。因而，无论出于维护社会公共领域运转抑或个体自我实现的目的，社会有机体都需要某种规则及其实现机制，确保主体社会活动必要的规范和秩序。

社会规则之于社会正常运行的重要性，源于主体个体存在形式与社会存在本质的矛盾；社会规则的不可或缺，反映了公共性对于个体性的生成意义。人们主动建构社会规则，是对自身公共存在本质自觉的表现，也是公共意识能动性的彰显。就规则的产生而言，任何社会规则最初总是以"提议""建议""方案"等个体认知形式提出。从个体认知走向广为公众接受的社会规则，需要通过主体间基于公共领域的沟通、协商、博弈，方能实现认知从个体性即私人性到普遍性即公共性的跃升。在规则的适用层面，作为广泛共识和约束机制，规则具有跨主体的公共性。社会规则的规约功能既是自律和律己的，也是他律和律他的。个体自律和认可他律，体现了主体对内在于自身的公共存在本质的自觉。由律己到律他的合法性，建立在公众对相应规则普遍认可的基础上。鲍桑葵在阐述公众认可之于制度的先在地位时说："一种制度可能无需特别的法令而逐渐形成，也可能是由公众意志的一项行动促成的。但总是具有能得到承认的特性，似乎它是为了达到某个公共的目的而被'创立'或建立的。"[1] 这样一种"得到承认"的"公共的目的"，就是主体公共意识的具体表现。公共意识在对主体公共存在本质自觉的基础上，推动主体着眼于自身类存在本质，寻求维护公共存在的现实路径，并据此建立超越个体的公共社会规则。

建立社会规则，其根本在于破除自然状态下人们所处的"丛林状态"，即"所有人反对所有人的战争状态"。亚里士多德指出："人得到

---

[1] ［英］鲍桑葵：《关于国家的哲学理论》，汪淑钧译，商务印书馆1996年版，第283页。

完善后是最好的动物，但是如果他孤立于法律与正义，他就是最坏的动物。"① 柏拉图也说："人们必须为他们自己制定法律并在生活中遵守它们，否则他们会无异于最野蛮的野兽。"② 法律是社会规则发展的产物和重要表现形式，也是国家这种人群共同体正常运行的制度基础。社会国家的公共性集中表现为法律的公共性。现实生活中，法律不仅规定主体行为的某种底线性，还规定主体行为展开的必要形式或程序，其强制性和约束力由国家公权力来保障。在法理意义上，法律是所有社会成员共同让渡一部分权利的产物。"人类由于社会契约而丧失的，乃是他天然的自由以及对于他所企图的和所能得到一切东西的那种无限的权力；而他所获得的，乃是社会的自由以及对于他所享有的一切东西的所有权。"③ 人们借助法律实现社会化生存，进一步强化自身依托公共存在的实质。事实表明，在社会形态的演进中，法律越完善，主体越能获得更充分的生存和发展条件。

自国家诞生以来，不同类型的法律就是贯穿人类历史的重要主线。作为主体在社会公共活动中自觉建构的产物，法律表征着主体的社会化生存状态。迄今为止，法律适用经历了从"法制"到"法治"的发展。在二者兼具普遍适用性、权威强制性的同时，法制强调法律法规的不可挑战性，法治更加侧重执法用法过程和结果的公平公正。在这个意义上，法制与国家有同样悠久的历史，法治则是社会规则发展演进的最新成果，是现代国家治理、社会治理的基本形态。从"法制"向"法治"的历史性转变，体现了主体"积极向善"的追求，是人类从维护生存需要向追求公平公正的升华，更是公共意识能动反作用于公共存在，引领社会主体建构更优化的公共存在样态的表现。

公共意识对公共存在维护和建构的功能，还突出表现为捍卫公共利益。在实践意义上，参与社会公共生活的主体都以特定目的为引领，这一"目的"可用"利益"加以概括。主体个体存在与群体存在相统一

---

① ［古希腊］亚里士多德：《政治学》，吴寿彭译，商务印书馆1965年版，第93页。
② ［古希腊］柏拉图：《法律篇》，张智仁、何勤华译，上海人民出版社2001年版，第309页。
③ ［法］卢梭：《社会契约论》，何兆武译，商务印书馆1980年版，第26页。

的属性，在现实利益关系上，直接表现为个人利益与公共利益的统一。就具体独立的个人而言，其利益是"私"的；就个体社会化本质而言，个体私人利益是社会利益"公"的组成部分；而就个体利益的结果而言，它只有在与他者既相区别又相贯通的基础上才能实现，因而也具有"公"的特征。所以总的说来，"私"是"公"的前提，抛却了"私"，"公"就失去了存在的根基；反之，"公"是私的条件，没有了"公"，"私"就失去存在的意义和实现的可能。因此，维护社会公共利益和实现个体私人利益，二者互为前提。

在理论分析中，"私"和"公"具有同等重要性。在现实生活中，人的社会公共存在使得"私人利益本身已经是社会所决定的利益，而且只有在社会所设定的条件下并使用社会所提供的手段，才能达到；也就是说，私人利益是与这些条件和手段的再生产相联系的。这是私人利益；但它的内容以及实现的形式和手段则是由不以任何人的个人意志为转移的社会条件决定的"[①]。所以从社会整体来看，无论是因为"公"作为"私"的外在前提和必要条件，还是作为区别于个人的集体的、公共的福祉，都比"私"更为重要。公共利益的发展程度，始终是折射社会发展水平的重要指针。历史越向前推进，个体从社会发展过程中获得的外在条件就越优厚；与之相应，公共利益的内涵不断丰富，外延不断拓展，重要性日益凸显，个人也就越无法承受公共利益瓦解的后果。在这个意义上，维护社会公共利益是实现个体私人利益的前提。

四　人类整体：聚集历史合力的命运共同体

在人类层面上，人的存在是最广泛意义上的类的存在。生产力发展带来的普遍交往，使人的存在从区域、民族、国家维度拓展到类存在的世界历史维度。马克思就此指出："各个相互影响的活动范围在这个发展进程中越是扩大，各民族的原始封闭状态由于日益完善的生产方式、

[①]《马克思恩格斯全集》第30卷，人民出版社1995年版，第106页。

交往以及因交往而自然形成的不同民族之间的分工消灭得越是彻底,历史也就越是成为世界历史。"① 这一世界历史理论的科学预见,深刻揭示了人类历史世界化的发展前景。如果说大航海和发现新大陆使民族、国家和大陆板块间的相互交往正式登上历史舞台,那么"二战"后特别是 20 世纪 70 年代以来的全球化浪潮,已使民族、国家和大陆板块间建立起相互依存、同频共振的深度融合关系。全球化浪潮中,每个民族都依赖于其他民族,地域性的个人前所未有地获得了世界历史性的普遍意义。

历史走向世界历史,不仅极大丰富了个人生存发展的外在条件,同时也是公共存在内涵和外延不断拓展的过程。资本主义和资产阶级在人类迈向世界历史的过程中扮演了关键性的角色。"资产阶级,由于开拓了世界市场,使一切国家的生产和消费都成为世界性的了。……物质的生产是如此,精神的生产也是如此。各民族的精神产品成了公共的财产。"② 社会公共存在向世界范围的延伸,使人们在更大程度上获得了类存在的意义,更接近自由全面发展的类本质,人类也以前所未有的频度和密度交织成为你中有我、我中有你的命运共同体。

从本质上说,无论资本主义制度抑或资产阶级,都不过是资本的彰显方式和资本的人格化表征。以最大限度攫取剩余价值和自我增殖为核心的资本本性,使资本主义的生产体系最终异化为人的对立面和枷锁。在资本逻辑主导的体系中,人和人之间除了赤裸裸的利害关系或冷酷无情的"现金交易",就再也没有别的联系了。这一先天的内在局限性,导致资本主义体系不可调和的根本矛盾。当资产阶级奔走全球并以商品乃至枪炮轰开旧世界的大门,资本主义生产方式亦随之实现了全球性的扩张。几百年来,资本的本性并未随时间的推移有任何改变。埃及经济学家萨米尔·阿明在谈到当前的全球化时认为,"资本主义生产方式的基本矛盾……从中心地区转移到外围地区,并从中心地区的国家形态转

---

① 《马克思恩格斯选集》第 1 卷,人民出版社 2012 年版,第 168 页。
② 《马克思恩格斯文集》第 2 卷,人民出版社 2009 年版,第 35 页。

换成世界资本主义体系的范围"①。

资本逻辑以不自觉的方式推动了人类历史发展,也在相当大的程度上规定了国际关系的展开方式。近代以来具有世界意义的国际秩序,大致经历了从威斯特伐利亚体系——维也纳体系——凡尔赛—华盛顿体系——雅尔塔体系——冷战后美国一霸独大的转变过程。总体而言,各体系间更替的内在逻辑,都是以战争等方式进行大规模对抗的结果。正如历史学家汤因比所言:"文明的碰撞往往表现为一方攻击另一方。"②各个秩序内部难得的和平,不过是敌对双方力量均势的产物,是真正的"冷和平"。概言之,传统的国际体系秩序建构方式,与人和社会的公共存在本质格格不入。康德早在威斯特伐利亚体系初步建立时就说过,"民族的、国际的和世界的权利,彼此关系如此密切,以至在这三种可能的法律关系形式中,如果其中任何一种不能通过法律体现那些应该用来调整外在自由的基本原则,那么,由其他两种公共权利来建立的立法结构也将同样被破坏,整个体系最终便将瓦解"③。康德以强调法律重要性的方式,阐释了民族、国家和世界秩序的内在关系及其应有的"公共"原则,近代国际秩序的更迭一再证明了这个原则的正确性。

总体看来,人类历史是追求自己目的的人的活动过程。人以什么样的方式活动,历史就以怎样的方式建立起来。面对个人存在已经与全球性公共存在密切相关的客观事实,人们需要从更宏观的历史视角进行思考。应当承认,资本逻辑在迄今为止的经济全球化和国际秩序更迭中发挥了引领作用,人类公共存在的内涵和维度业已获得前所未有的丰富和拓展。但我们更应看到,以气候变化、南北差距拉大、中东和平困境、恐怖组织兴起等为代表的全球性问题反复证明,单纯的资本逻辑已成为人类公共存在发展的桎梏。人的公共存在拓展到全球范围的类存在水平,客观上要求社会公共意识的发展与之相随相伴,为构建人类命运共同体发挥维护和建构作用。

---

① [埃及] 阿明:《不平等的发展:论外围资本主义的社会形态》,高铦译,商务印书馆1990年版,第157页。
② [英] 汤因比:《历史研究》,郭小凌、王皖强、杜庭广、吕厚量、梁洁译,上海世纪出版集团2010年版,第798页。
③ [德] 康德:《法的形而上学原理》,沈叔平译,商务印书馆1991年版,第137页。

在人类日益成为命运共同体的今天,"生存意味着的不是竞争而是合作,不是各自为战而是你我相连。如果说地球更像是一个由互相依赖的生态关系所组成的生命有机体,那么我们的生存则依赖于彼此合作共同保卫身处其中的全球生态系统"①。从人作为类存在的大历史视角看,当前的全球性问题主要是根源于发展,也只有依靠发展才能得以解决。换言之,曾经和现有的发展模式存在明显的局限性,人类需要确立新的发展观,引领建构新的发展模式以超越现实困境。塞缪尔·亨廷顿在展望未来时也指出:"如果人类有朝一日会发展一种世界文明,它将通过开拓和发展这些共性而逐渐形成。因而,除了'避免原则'和'共同调解原则'外,在多文明的世界里维护和平还需要第三个原则,即'共同性原则':各文明的人民应寻求和扩大与其他文明共有的价值观、制度和实践。"② 这种共同性原则也就是公共性原则。

以社会公共存在与公共意识为根本的公共主义发展观,为世界未来发展呈现了新的可能性。公共主义作为在社会生活中重视公共存在和公共意识的公共性思潮,既是一种社会理想观念,又是一种社会理解方式,进而也是一种社会实践主张。与之相应,公共主义发展观就是在发展的本质及其基本问题上持公共主义立场的发展观。当代公共主义发展观是以积累和创造社会公共性为目标,以符合和发展社会公共性为尺度的社会发展观念。创造和符合公共性,是公共主义发展观的判断标准。公共主义发展观植根于人的社会存在的公共性本质,强调发展主体和动力、发展过程、发展目的、发展方式和手段等各环节的公共性特质,从而完成对西方个人主义发展观中资本"异化"逻辑的超越,也实现了对传统集体主义发展观中"小我服从大我"的扬弃。

在新时代中国特色社会主义思想引领下,当代中国正在为实现中华民族伟大复兴和构建人类命运共同体努力奋斗,全面彰显了社会公共意识对公共存在的维系和建构功能。复兴中华民族共同体和构建人类命运共同体,是公共主义发展观在国内和国际两大层面的具体表现。在这两个层面上共同体的公共性的发展,既改善了中国人民的生产生活条件,

---

① [美]里夫金:《同理心文明》,蒋宗强译,中信出版社2015年版,第197页。
② [美]亨廷顿:《文明的冲突》,周琪译,新华出版社2010年版,第295页。

也在为整个世界的和平发展作出积极贡献。

不断发展的社会公共意识，不仅维护着已有的社会公共存在，而且作为历史地形成的个体群体、社会国家和人类整体的共识，推进公共领域自觉实践，建构日益满足人的公共需求的公共存在。中国的公共主义发展观和人类命运共同体的倡议，正在得到世界的广泛认同。"构建人类命运共同体"，在联合国决议中从经济、社会延伸到安全领域，表明这一理念日益得到全人类的认可。当代世界实践证明，人类社会作为公共存在的历史进步，离不开公共意识对公共存在的自觉维护和建构。哲学社会科学作为公共意识的理论表达，建立在社会广泛的公共意识之上，它的社会功能即在于此。

第十一章

阶级性与公共性：《共产党宣言》双重意蕴

在20世纪世界性的革命中，《共产党宣言》成为全世界无产者和劳动大众革命的号角和旗帜。进入21世纪，我们处在一个和平发展的时代，中国通过改革开放走上了全面现代化的发展道路。在这样的历史条件下，《共产党宣言》对于当代中国乃至世界发展是否依然重要？对这个问题的回答，从根本上取决于我们对这部著作的理论内涵和现实作用的理解。

《共产党宣言》即《共产主义宣言》（以下简称《宣言》），其阶级性是非常鲜明的。它站在无产阶级和一切被压迫阶级的立场上，主张用革命的方式来改变这个世界的现状。从无产阶级的阶级性理解《宣言》，是以往人们主要的甚至唯一的解读方式。人们往往忽视《宣言》的另一面："超阶级性"，即公共性。而从历史、社会和人的发展趋势看，《宣言》中的公共性思想更值得重视。由阶级性向公共性的提升，是历史、社会和人的发展的必然趋向。《宣言》的主旨，即在于从唯物史观的高度揭示人类社会历史之公共主义进程。共产主义的实质是公共主义。在当代中国与世界的发展中，历史、社会和人的公共性问题日益凸显，深刻证实了贯穿《宣言》之中的历史唯物主义思想的真理性。

一　从历史上的阶级到当代的阶级

马克思和恩格斯在《宣言》1882年俄文版和1890年德文版序言中

说："《共产主义宣言》的任务，是宣告现代资产阶级所有制必然灭亡。"① 恩格斯强调，构成《宣言》核心的基本思想是属于马克思的。"这个思想就是：每一历史时代主要的经济生产方式和交换方式以及必然由此产生的社会结构，是该时代政治的和精神的历史所赖以确立的基础，并且只有从这一基础出发，这一历史才能得到说明；因此人类的全部历史（从土地公有的原始氏族社会解体以来）都是阶级斗争的历史，即剥削阶级和被剥削阶级之间、统治阶级和被压迫阶级之间斗争的历史；这个阶级斗争的历史包括有一系列发展阶段，现在已经达到这样一个阶段，即被剥削被压迫的阶级（无产阶级），如果不同时使整个社会一劳永逸地摆脱一切剥削、压迫以及阶级差别和阶级斗争，就不能使自己从进行剥削和统治的那个阶级（资产阶级）的奴役下解放出来。"②

构成《宣言》核心的基本思想，是依据历史唯物主义原理对于人类社会发展规律的揭示：无产阶级的斗争终将使人类摆脱一切剥削、压迫以及阶级差别和阶级斗争。从长远的社会历史趋势看，私有制、阶级和阶级斗争必将归于消亡。在历史的进程中，阶级性代表的是过去，而不是未来。无产阶级立足于自己的阶级性，并不是为了保持这种阶级性，反倒是为了超越这种阶级性，甚至是消除这种阶级性。在人努力实现自我超越的历程中，任何一种阶级性都是没有前途的。那么，在社会和人的发展中，取代阶级性的将是什么呢？要回答这个问题，不能凭空设想，只能从已有的阶级性出发，特别是从现代社会资产阶级和无产阶级的阶级性出发。事物否定或超越自身的内在力量，就在事物本身的发展之中。

《宣言》指出，至今有文字记载的一切社会的历史都是阶级斗争的历史。在过去的各个历史时代，几乎到处都可以看到社会完全划分为各个不同的等级，看到社会地位分成多种多样的层次。每个等级、层次都有其特殊性，对于阶级而言即其阶级性。"但是，我们的时代，资产阶级时代，却有一个特点：它使阶级对立简单化了。整个社会日益分裂为

---

① 《马克思恩格斯选集》第 1 卷，人民出版社 2012 年版，第 379 页。
② 同上书，第 385 页。

两大敌对的阵营,分裂为两大相互直接对立的阶级:资产阶级和无产阶级。"① 资产阶级时代是由资产阶级主导的时代,即由资本主导经济和社会发展的时代。

马克思、恩格斯充分肯定资产阶级在历史上曾经起过非常革命的作用。"资产阶级……第一个证明了,人的活动能够取得什么样的成就。……资产阶级除非对生产工具,从而对生产关系,从而对全部社会关系不断地进行革命,否则就不能生存下去。"② 资产阶级必须不断改进生产工具以提高生产力,改进生产关系以至全部社会关系。但这种社会性的革命要求,与作为私有者的资产阶级的阶级性又是相矛盾的。资产阶级必须不断超越自己阶级性的局限,改善社会的公共性,才能有效地推动社会经济的发展。这对于社会的发展是具有革命意义的。

二 资产阶级公共性和资本主义社会危机

现代资产阶级在经济上的革命作用,突出表现在世界性的经济公共性的构建。马克思和恩格斯说:"不断扩大产品销路的需要,驱使资产阶级奔走于全球各地。它必须到处落户,到处开发,到处建立联系。资产阶级,由于开拓了世界市场,使一切国家的生产和消费都成为世界性的了。""物质的生产是如此,精神的生产也是如此。各民族的精神产品成了公共的财产。民族的片面性和局限性日益成为不可能,于是由许多种民族的和地方的文学形成了一种世界的文学。"③ 这种"文学"泛指科学、艺术、哲学、政治等方面的著作。由于生产工具的迅速改进,交通和交往状况的发展,资产阶级把一切民族甚至最落后的民族都裹挟到现代文明中来了。

社会经济的迅速发展,必然引起政治、法律和管理方式的根本变化。"资产阶级日甚一日地消灭生产资料、财产和人口的分散状态。它

---

① 《马克思恩格斯选集》第1卷,人民出版社2012年版,第401页。
② 同上书,第403页。
③ 同上书,第404页。

使人口密集起来，使生产资料集中起来，使财产聚集在少数人的手里。由此必然产生的结果就是政治的集中。各自独立的、几乎只有同盟关系的、各有不同利益、不同法律、不同政府、不同关税的各个地区，现在已经结合为一个拥有**统一的**政府、**统一的**法律、**统一的**民族阶级利益和**统一的**关税的**统一的**民族。"① 正是在资本主义生产方式的基础上，现代意义上的民族国家才真正建立起来。

其结果是，资产阶级在它的几百年的阶级统治中所创造的生产力，比过去一切世代创造的全部生产力还要多，还要大。在资本主义生产方式下，社会劳动里蕴藏着的巨大生产力被激发出来。生产力是社会公共性得以建立和完善的物质前提，创造强大的社会生产力，是资产阶级对近代以来社会公共性发展的最大贡献。

资产阶级赖以形成的生产资料和交换手段，是在封建社会里造成的。这种生产力的发展要求更加具有公共性的生产关系和社会关系。狭隘的封建主义的生产关系和社会关系阻碍生产发展，变成了束缚生产的桎梏。它必须被炸毁，并且已经被炸毁了。"起而代之的是自由竞争以及与自由竞争相适应的社会制度和政治制度、资产阶级的经济统治和政治统治。"② 资产阶级的具有历史意义的成功，在于创造了比封建制度更具有公共性的社会和政治制度，以及相应的思想观念和科学技术。

但是，历史并没有在这里终结，社会矛盾依然推动着社会的运动。马克思和恩格斯指出："现在，我们眼前又进行着类似的运动。资产阶级的生产关系和交换关系，资产阶级的所有制关系，这个曾经仿佛用法术创造了如此庞大的生产资料和交换手段的现代资产阶级社会，现在像一个魔法师一样不能再支配自己用法术呼唤出来的魔鬼了。"③ 现代生产力与生产关系的深刻矛盾，在周期性出现的越来越危及整个资产阶级社会生存的经济危机中集中体现出来。

原因何在？"因为社会上文明过度，生活资料太多，工业和商业太发达。社会所拥有的生产力已经不能再促进资产阶级文明和资产阶级所

---

① 《马克思恩格斯选集》第1卷，人民出版社2012年版，第405页。
② 同上。
③ 同上书，第405—406页。

有制关系的发展；相反，生产力已经强大到这种关系所不能适应的地步，它已经受到这种关系的阻碍；而它一着手克服这种障碍，就使整个资产阶级社会陷入混乱，就使资产阶级所有制的存在受到威胁。资产阶级的关系已经太狭窄了，再容纳不了它本身所造成的财富了。"[1] 资本主义社会的危机实质上是社会发展所要求的公共性的危机。一个社会总是要求有必要的公共性，作为其生存和发展的条件。封建制度由于不能提供足够的社会公共性，甚至阻碍社会迫切需要的公共性的发展，不可避免地被资产阶级推翻。而资产阶级曾经用来推翻封建制度的武器，现在却对准资产阶级自己了。资产阶级不仅锻造了置自身于死地的武器，它还造就了将要运用这种武器的人——现代的工人阶级即无产者。那么，工人阶级即无产者是否具有这样的条件和能力呢？

三 无产者的阶级性和公共性与未来社会

马克思和恩格斯说："在当前同资产阶级对立的一切阶级中，只有无产阶级是真正革命的阶级。其余的阶级都随着大工业的发展而日趋没落和灭亡，无产阶级却是大工业本身的产物。""在无产阶级的生活条件中，旧社会的生活条件已经被消灭了。"[2] 现代的工业劳动，现代的资本压迫，无论在英国、法国、美国、德国都是一样的，都使无产者失去了任何民族性。"无产者只有废除自己的现存的占有方式，从而废除全部现存的占有方式，才能取得社会生产力。无产者没有什么自己的东西必须加以保护，他们必须摧毁至今保护和保障私有财产的一切。"[3] 无产者的生存和发展条件使他们的阶级性与公共性相一致。未来社会消灭私有制，消灭一切剥削、压迫以及阶级差别和阶级斗争，即实现最大程度的社会公共性，与无产阶级的阶级性相契合。

在唯物史观看来，"一切所有制关系都经历了经常的历史更替、经

---

[1] 《马克思恩格斯选集》第1卷，人民出版社2012年版，第406页。
[2] 同上书，第410—411页。
[3] 同上书，第411页。

常的历史变更。例如，法国革命废除了封建的所有制，代之以资产阶级的所有制。共产主义的特征并不是要废除一般的所有制，而是要废除资产阶级的所有制"①。现代的资产阶级私有制是建立在阶级对立上面的，是建立在少数人对多数人的剥削上面的。这是产品生产和占有的最后而又最完备的表现。如果说资本主义制度是"历史的终结"，那么，它不是全部人类历史的终结，而是私有制历史的终结。在这个意义上，共产党人可以把自己的理论概括为：消灭私有制。

在阶级社会里，所有制是有阶级性的。但阶级性并不完全排斥公共性，而是与一定的公共性密切关联。资产阶级的阶级性同时也是某种意义上的公共性。一个资本家在生产中不仅占有一种纯粹个人的地位，而且占有一种社会的地位。马克思和恩格斯指出："资本是集体的产物，它只有通过社会许多成员的共同活动，而且归根到底只有通过社会全体成员的共同活动，才能运动起来。因此，资本不是一种个人力量，而是一种社会力量。因此，把资本变为公共的、属于社会全体成员的财产，这并不是把个人财产变为社会财产。这里所改变的只是财产的社会性质。它将失掉它的阶级性质。"② 当资本不再具有阶级性时，它就拥有了真正社会意义上的更为彻底的公共性。

无产阶级的阶级性使其具有最大的公共性，这也是由资本主义的世界化、全球化造成的。资本没有祖国，劳动也没有祖国，因此，工人没有祖国。由于无产阶级首先必须取得政治统治，上升为民族的阶级，把自身组织成为民族，所以它本身还是民族的，而这个民族与资产阶级所理解的那种意思是完全不同的。随着资本主义的发展，贸易自由的实现和世界市场的建立，工业生产以及相应的生活条件趋于一致，各国人民之间的民族分隔和对立日益消失。无产阶级的统治将使民族分隔和对立更快地消失。

马克思和恩格斯说："联合的行动，至少是各文明国家的联合的行动，是无产阶级获得解放的首要条件之一。人对人的剥削一消灭，民族对民族的剥削就会随之消灭。民族内部的阶级对立一消失，民族之间的

---

① 《马克思恩格斯选集》第1卷，人民出版社2012年版，第414页。
② 同上书，第415页。

敌对关系就会随之消失。"① 世界意识、全球意识、人类意识将随之发展起来。社会存在决定社会意识。人们的意识随着人们的生活条件、社会关系、社会存在的改变而改变。与社会的更充分的公共存在相对应的，是社会的更广泛的公共意识。这是唯物史观从社会公共性的历史发展中必然得出的基本结论。

四 社会公共性变革及其措施的实质

在唯物史观的视野中，思想的历史证明，精神生产随着物质生产的改造而改造，而任何一个时代的统治思想始终都不过是统治阶级的思想。人们谈到使整个社会革命化的思想，表明了这样一个事实：在旧社会内部已经形成了新社会的因素，旧思想的瓦解是同旧生活条件的瓦解步调一致的。"共产主义革命就是同传统的所有制关系实行最彻底的决裂；毫不奇怪，它在自己的发展进程中要同传统的观念实行最彻底的决裂。"② 同传统的所有制关系相关联的传统的观念，是私有观念，即奴隶主、封建主、资产阶级的私有观念。与传统的私有观念不同的新观念是公有观念，即公共性观念。"公共"比"公有"意义更广泛，公有性是公共性的众多内涵之一。

马克思和恩格斯设想，工人革命的第一步就是使无产阶级上升为统治阶级，争得民主。无产阶级将利用自己的政治统治，逐步夺取资产阶级的全部资本，把一切生产工具集中在国家即组织成为统治阶级的无产阶级手里，并且尽可能快地增加生产力的总量。而"当阶级差别在发展进程中已经消失而全部生产集中在联合起来的个人的手里的时候，公共权力就失去政治性质"③。无产阶级在反对资产阶级的斗争中一定要联合为阶级，通过革命使自己成为统治阶级，并以统治阶级的资格改造旧的生产关系。但它在消灭旧的生产关系的同时，也就消灭了阶级对立的

---

① 《马克思恩格斯选集》第 1 卷，人民出版社 2012 年版，第 419 页。
② 同上书，第 421 页。
③ 同上书，第 422 页。

存在条件，消灭了阶级本身的存在条件，从而消灭了它自己这个阶级的统治。"代替那存在着阶级和阶级对立的资产阶级旧社会的，将是这样一个联合体，在那里，每个人的自由发展是一切人的自由发展的条件。"① 这是为每个人的自由发展提供充分的公共条件的社会。它就是共产主义社会，亦即公共主义社会。

1852年，马克思在致魏德迈的信中说："无论是发现现代社会中有阶级存在或发现各阶级间的斗争，都不是我的功劳。在我以前很久，资产阶级历史编纂学家就已经叙述过阶级斗争的历史发展，资产阶级经济学家也已经对各个阶级作过经济上的分析。我所加上的新内容就是证明了以下几点：（1）**阶级的存在仅仅同生产发展的一定历史阶段相联系**；（2）阶级斗争必然导致**无产阶级专政**；（3）这个专政不过是达到**消灭一切阶级**和进入**无阶级社会**的过渡。"② 阶级的存在是一种历史现象，是随着社会的发展而变化的。决定这一变化过程的，归根到底是社会经济的必然性。阶级与生产发展的一定阶段相联系，也必将随着社会生产条件的根本改变而消亡。这样的根本改变距离我们现在还很遥远，但并不因此就可以说，在一种富有远见的历史观视野中，这种改变是完全不可能的。

共产主义革命实质上是由阶级性的社会向公共性的社会的根本转变。在未来的共产主义即公共主义社会中，生产资料是公共的，社会权力是公共的，社会服务是公共的，生态环境也是公共的。人们的公共存在决定人们的公共意识。人们生活在一个公共的社会中，以公共精神和公共意识参与公共事务和公共活动，维护全体社会成员的公共利益。社会的公共性是个人的主体性的保障，每个人的自由发展也就是一切人的自由发展。社会是自由人的联合体。这种理想的公共性社会虽然只是一种美好的憧憬，但它必然是未来社会发展的方向。至于通过何种途径、以什么方式实现理想的公共性社会，是由具体的、历史的现实条件决定的，要经历长期、曲折的发展过程。《宣言》预见了这种历史发展的必然趋势，因而在根本上是正确的。

---

① 《马克思恩格斯选集》第1卷，人民出版社2012年版，第422页。
② 《马克思恩格斯选集》第4卷，人民出版社2012年版，第425—426页。

回到《宣言》开头，我们看到，马克思和恩格斯形象地写道："一个幽灵，共产主义的幽灵，在欧洲游荡。"① 这个幽灵时隐时现、亦真亦幻、变化多端。人们把它看作是阶级斗争的幽灵，是无产阶级革命的幽灵，是无产阶级专政的幽灵。它不仅在欧洲，而且在全世界游荡。然而，人们看到的大多是表现为阶级性的共产主义的幽灵，却往往忽视了它的本质在于超越阶级性即公共性，因而实质上是公共主义的。从阶级性看，它代表特定阶级的利益和愿望；而从公共性看，它体现的是全社会、全人类的共同要求。还是《宣言》说得对，这是一个"共产主义的幽灵"，亦即公共主义的幽灵。公共主义是人类共同体挥之不去的理想追求。世界正在逐步走向越来越具有公共性的社会，这是任谁也阻挡不住的历史必然性。

---

① 《马克思恩格斯选集》第1卷，人民出版社2012年版，第399页。

第十二章

公共主义的核心价值观念[*]

对于社会成员来说,社会存在是一种公共存在,而反映或体现这种公共存在的是公共意识、公共精神。在社会生活中,重视和强调社会存在与社会意识的公共性的思潮可以称之为公共主义。公共主义既是一种社会理想观念,又是一种社会理解方式,进而也是一种社会实践主张。公共主义事关个人、群体、社会、国家、民族乃至人类的生存与发展。社会主义的核心价值是一种公共价值,是建立在个人价值基础上的公共价值。作为最终必然超越资本主义的社会形态,社会主义应当坚持公共主义的核心价值观念。

一 原有社会理论与现实矛盾的破解

当今中国一个不容回避的问题,是原有的社会理论观念与现实社会实际的矛盾:我们是否还在坚持社会主义?我们现在的社会是否还会走向共产主义?如果说我们坚持的不是原来人们观念中的那种社会主义,那么,我们坚持的到底是怎样的社会主义?社会主义的本质到底是什么?或者说社会主义的核心价值到底是什么?

---

[*] 本章原载《理论视野》2011年第12期。

原有人们观念中的那种社会主义，侧重于斗争、革命、专政、建设等，其实这些都是手段、途径。人类的解放、自由、富裕、和谐、幸福等，才是真正目的、目标。手段、途径与目的、目标的颠倒，是社会生活中异化的表现。

40多年来，中国共产党人领导的改革开放和现代化建设，摆正了手段、途径与目的、目标的位置，以灵活的现实的手段、途径实现确定的长远的目的、目标，实现了中华民族的伟大复兴。"每个人的自由发展是一切人的自由发展的条件。"① 我们追求的不只是少数人的自由发展，而是"一切人的自由发展"，即共同发展。从个人解放到阶级解放、民族解放、社会解放、人类解放，从部分先富到共同富裕等，都是以社会的公共价值为根本取向的。我们坚持的社会主义实质是公共主义。

近年来，中国经济实力增强，社会管理的公共性水平不断提高，公共权力的组织和运作渐趋公开化，法律和政策的公共性功能日益明显，科技、教育、文化的公共作用突出，社会公共保障体系发展迅速等，凸显了社会发展的公共主义价值导向。实践表明，中国社会主义正在回归公共主义的社会主义。这是真正意义上的社会主义。由此，可以破解原有社会主义理论与我们今天的社会现实的矛盾。

二　公共主义：共产主义的基本含义

列宁在《青年团的任务》一文中说："什么是共产主义者呢？共产主义者是个拉丁词，communis一词是'公共'的意思。共产主义社会就意味着土地、工厂都是公共的，实行共同劳动——这就是共产主义。"②"Communism"一般译为"共产主义"。实际上，"Communism"一词的词根"common"本身就具有"共同的""共有的""公共的""公众的"等意思，该词起源于古希腊词汇"Koinon"，指的是人与人之间共

---

① 《马克思恩格斯选集》第1卷，人民出版社2012年版，第422页。
② 《列宁选集》第4卷，人民出版社2012年版，第293页。

同拥有的事物。从词源上讲,"Communism"一词本身就具有"公共主义"的意蕴。"公共主义"是一个含义更为广泛的概念,特别是它所包含的"共有的""共同的""公众的"等含义,一直是西方思想史上主流的"公"的观念。

据考证,1927年9月4日出版的《国闻周报》署名"厚照"的《嘉尔·马克思传略》一文,把"共产主义"译为"公共主义",把"共产党"译为"公共党"。"现在看来,这种译法更准确,更符合拉丁文 communis 和德文 Kommunismus 原意。'公共党',表明这个党的奋斗目标不是只追求实现生产资料公有制,而是要管好公共资产,增加公共产品,发展公共事业,扩大公共服务,完善公共选举,厉行公共决策,加强公共管理,严密公共监督,提高公共理性,弘扬公共精神,等等,一言以蔽之,就是造福公共大众。"①

这些看法是值得重视的。共产主义的本义是公共主义,"产"即生产资料的共有或公有,无疑是公共主义的基本层面。但公共主义的含义更全面,更具概括性,也更为抽象。从广义上说,属于公共主义的理论很多,科学共产主义(社会主义)是现代公共主义的科学形态。

三 现代社会中的两种公共主义

一定的公共主义总是以一定的人群共同体为前提的。在个人基础上形成家庭、家族、群体、团体、阶层、阶级、民族、社会、国家、国家联盟、全人类,作为共同体范围的扩大,相应的共同体意识表现为不同范围的公共主义。

在"全球化"的世界上,理应形成全球性的公共主义。但应然不就是实然。现代社会由于阶级的分化,事实上分出两大类公共主义:资产阶级公共主义(资本主义)和无产阶级公共主义(社会主义)。它们都自认为是代表全社会的公共主义。

---

① 高放:《从〈共产党宣言〉到〈中国共产党宣言〉》,《中国人民大学学报》2011年第3期。

社会生活中占统治地位的群体，掌握公共权力，在一定意义上代表全社会。但他们又是社会的一部分，有自身特殊的利益。他们所代表的公共性是立足特殊性的普遍性。社会部分（特殊）对整体（普遍）的代表具有一定的可能性，同时又必然有其局限性。

在马克思看来，理想的国家是"相互教育的自由人的联合体"。"实际上，国家的真正的'公共教育'就在于国家的合乎理性的公共的存在。国家本身教育自己成员的办法是：使他们成为国家的成员；把个人的目的变成普遍的目的，把粗野的本能变成合乎道德的意向，把天然的独立性变成精神的自由；使个人以整体的生活为乐事，整体则以个人的信念为乐事。"[①]

社会需要公共主义，否则就不能凝聚和延续。社会有史以来的延续，证明这种公共主义事实上是存在并起作用的。社会遇到的问题及其解决，在很大程度上都与社会公共性和公共主义有关。各种社会思潮是对公共主义的不同回答。不同的个人立足于不同的共同体，从不同的个别、特殊出发，提出对一般、普遍、公共问题的解决方案。同以往所有理论相比，马克思主义以人类解放和人的发展为主旨，是最高意义上的公共主义。

四 当代社会主义：建设更高程度的公共主义

与资本主义相比，社会主义应当是公共性程度更高的社会形态。现实的社会主义是在经济落后的国家经过革命建立起来的。而社会的公共性是以其经济的发展为基础的，所以现实的社会主义国家必须把发展生产和改善民生放在首位。在此基础上，才能开展社会各方面公共性的建设。广义社会的经济的公共性、政治的公共性、文化的公共性和狭义社会的公共性的建设正全面展开。这个价值取向完全是公共主义的。

资本主义公共性建设经历几百年，有过曲折和危机，积累了丰富经

[①] 《马克思恩格斯全集》第1卷，人民出版社1995年版，第217页。

验，值得我们学习借鉴。当今中国和世界，可谓处于一个公共主义的时代。现代社会的科学和民主造就了具有公共意识的公民社会。现实生活中不同类型的公共主义竞相表达和实施，优胜劣汰，推动了社会公共性的进步。

公共主义思潮不仅延续了西方思想传统，而且事实上也是中国传统思想的重要内容。现代意义上的公共主义社会价值范式，有助于实际地解决我们所面对的时代难题，提供研究中国特色社会主义理论的更广阔的视角，进行和谐中国和和谐世界的建构。

公共主义作为一种新的社会解读范式，在内在理论结构方面与马克思的社会历史观具有一致性；在价值理想方面，也比较符合马克思关于未来社会发展的诉求。"公共主义"实现的程度，直接意味着社会和人的全面发展的程度。从公共主义维度上，更容易理解人类社会发展的内在脉络，更容易理解各种社会理论的联系和区别。人生活在公共环境中，公共关系和公共事务是社会生活的主题。社会的发展即其公共性的发展。作为充分公共主义的共产主义不可避免。

结论：共同发展，共同富裕，共享文明，和谐共处，是社会主义价值体系的主要内容。进而可以说，社会主义的核心价值是公共价值，社会主义的核心价值观是一种公共主义价值观。

第十三章

面向未来的公共主义发展观*

人类社会是按照一定的规律和趋势发展的。当今世界，交往普遍化、经济全球化、政治多极化、文化多元化的事实表明，从主体性走向公共性已成为历史发展的大趋势。发展观是对人类社会发展的实践、问题和逻辑的深刻反思和系统把握。判断一种发展观是否具有科学性，标准就在于是否把握、适应和引领社会发展的趋势，而趋势总是指向未来的。当代社会公共主义的发展趋势，在客观上要求人类发展观念由主体性到公共性的转换。因此，提出和倡导一种公共主义发展观，并对这种发展观的出场语境、范式转换、现实基础、实现路径和时代价值加以探讨，就成为当代马克思主义发展哲学的重要课题。

一 公共主义发展观：概念和特征

说到公共主义，首先要从"公共"（the public）这一概念出发。从语言的能指关系看，公共是与私人相对应的，没有私人也就没有公共，反之，没有公共也就没有私人，公共与私人互为能指赋值的前提。从语言的具体语境看，公共既可以指人与人、人与社会、社会与国家、国家

---

* 本章与桑明旭合作，原载《中国人民大学学报》2016年第6期。

与国家之间具有关联性的空间和领域，也可以指判断人与人、人与社会、社会与国家、国家与国家的关系具有关联性的尺度或标准。前者是公共的内容含义，后者是公共的形式含义。

作为"公共"的衍生概念，"公共性"一方面是指衡量主体间的空间和领域是否为公共空间和公共领域、主体间的关系是否为公共关系的形式化判断标准；另一方面是指公共参与者共同创造出来并可以被公共主体分享的社会属性。随着人类社会的发展，公共性已成为人类经济、政治、文化生活的重要价值诉求。这种价值诉求上升为一种理论主张和社会学说，便出现了哲学意义上的公共主义。"在社会生活中，重视和强调社会存在与社会意识的公共性的思潮可以称之为公共主义。公共主义既是一种社会理想观念，又是一种社会理解方式，进而也是一种社会实践主张。"[1]

作为一种理论主张，公共主义在不同的历史时期和社会形态中表现为不同的学说。在古代中国有"天下大同"思想，在近代中国有"三民主义"，在近代西方有空想社会主义，在社会主义运动中有蒲鲁东、拉萨尔等人的社会主义观点。马克思、恩格斯通过扬弃人类思想史上的公共主义思潮，创立了科学社会主义。这种主张"土地、工厂都是公共的，实行共同劳动"[2] 的科学社会主义，是一种真正意义的公共主义理论。

哲学意义上的"发展"是与"运动"紧密联系的概念。关于自然界和人类社会是否发展、怎样发展，以及发展的本质、主体、动力、过程、目标、理念、方法、规律、尺度等观点和学说构成了发展观。概念清晰、逻辑完善、理论完备的发展观表达，也被称为发展哲学。在人类思想史上，发展观和发展哲学的数量和类型很多。在发展的本质及其基本问题上持公共主义立场的发展观，可以称为公共主义发展观。当代公共主义发展观既不同于西方价值体系中的个人主义发展观，也不同于传统意义上的集体主义发展观，而是以积累和创造社会公共性为目标、以符合和发展社会公共性为尺度的社会发展观念。创造和符合公共性是公

---

[1] 郭湛：《公共主义的核心价值观念》，《理论视野》2011年第12期。
[2] 《列宁选集》第4卷，人民出版社2012年版，第293页。

共主义发展观的判断标准。

第一，发展主体和动力的公共性。处于社会关系中的"现实的人"是社会发展的主体，无数"现实的人"的活动推动了社会的发展。历史创造的最终的结果，是从许多单个意志的相互冲突中产生出来的。推动社会发展的动力不是单个人的"私力"，也不是单个人"私力"的简单叠加，公共主体的"公力"才是推动社会发展的根本动力。

第二，发展过程的公共性。发展是动态的过程，过程中每一阶段发展的公共性都会影响整体发展的公共性。同时，公共性本身也是一个历史发展过程，承载于社会发展的过程性之中。发展过程的公共性包含两层含义：在时间序列上，发展的各个环节间具有公共性；在空间序列上，处于发展过程中的各个组成部分之间具有公共性。

第三，发展目的的公共性。人的实践活动是有目的的活动，"历史不过是追求着自己目的的人的活动而已"①。目的性使人类区别于动物，社会发展区别于自然运动。在发展过程中，发展的目的会影响和制约发展的方向，而发展的方向则直接决定发展的结果。公共主义发展观强调发展目标是实现人的自由全面发展，强调每个人的解放与其他人的解放的关联性和一致性，这无疑是一种公共性。

第四，发展方式和手段的公共性。社会发展是人类自觉对现实世界进行改造的过程。人类对自然、社会及人自身的改造活动呈现一定的方式，这种方式也就是人类社会发展的手段。在社会发展中，手段的公共性直接影响结果的公共性。公共主义发展观反对以损害自然界和他人利益为代价"不择手段"的发展方式，主张维护公共利益、创造公共条件、提供公共服务、促进公共发展的手段和方式。

公共主义发展观是马克思主义基本理论与当代发展实践相结合的产物，是马克思主义发展思想的时代体现。作为一种发展哲学的核心观念，公共主义发展观是在历史唯物主义基础上提出的。它的基本观点遵循了马克思主义唯物辩证的历史观的基本立场和原则。同时，公共主义发展观又是在反思当代社会重大发展问题基础上提出的，反映、把握、

---

① 《马克思恩格斯文集》第1卷，人民出版社2009年版，第295页。

顺应和引领了当代社会的发展趋势,是新时期时代精神的精华。

二 公共主义发展观的出场语境

公共主义发展观的当代出场,是对思想史上既有发展观的扬弃和发展。在以往的发展观中,现代主义发展观和后现代主义发展观是最具影响力和代表性的两种观念。思想界这两种对立观点的激烈争论,以及超越这两种观点的理论探讨,构成了公共主义发展观的出场语境。

现代主义发展观是与前现代主义发展观相对应的发展观念,其概念和内涵在与前现代主义发展观的比较中得以显现。在发展主体上,前现代主义发展观认为,发展的主体是神、上帝或"天";现代主义发展观认为,发展的主体是人。在逻辑思维上,前现代主义发展观贯穿的是信仰逻辑;现代主义发展观的思维方式是科学逻辑。在发展动力上,前现代主义发展观认为,发展的动力是神、上帝或"天"的意志;现代主义发展观认为,发展的动力是人的理性。在发展目标和手段上,前现代主义发展观认为,天国、彼岸或来世是目标,人是手段;现代主义发展观认为,人是自在的目的本身。所谓现代主义发展观,就是近代以来弘扬人的理性,以科学主义为指导、以人的存在与发展为中心和目的的发展观念。

自人类社会进入资本主义时代以来,现代主义发展观成为主导的发展理念,在社会发展过程中发挥了重大作用。随着现代社会生产力的发展,人的物质生活水平和交往的深度、广度得到极大改善和提高,人类逐渐摆脱了对自然界和宗教的崇拜和迷信,人的主体性得到显著增强。在这个意义上可以说,现代主义发展观适应了人类社会发展的趋势,指导并推动人类建立了现代文明。作为现代性发展观念,现代主义发展观也是一把双刃剑,在发挥巨大历史推动作用的同时,也给社会发展带来了诸多严重的问题。

第一,现代主义发展观在弘扬人的理性、主体性的同时,走向了极端的人类中心主义。一般意义上的人类中心主义是合理的,在人类活动的空间和范围内，人类理所应当具有主体地位。现代主义发展观的负面作用不在于主张以人类为中心，而在于将人类中心主义推向极端，在弘扬人的主体性的进程中，将自然界及其所中介的其他主体（个人、民族或国家）作为征服、宰制、掠夺的客体，造成资源破坏、生态失衡、民族冲突、国家战争等灾难。

第二，现代主义发展观在弘扬科学理性的同时，忽视了人文主义，使得科学技术成为统治人的意识形态。科学技术是推动人类历史前进的巨大杠杆。现代主义发展观的问题不在于承认科学技术的重要作用，而在于将科学技术的作用无限放大，以至于发展成为一种祛除人文主义的极端科学主义。

第三，现代主义发展观在强调经济发展基础作用的同时，产生了单向度经济主义倾向。这种经济主义是一种将 GDP 增长作为考量社会发展唯一尺度的思想观念。单向度经济主义既漠视人，又漠视生态环境，在政府层面表现为片面的政绩观，在人的精神生活层面表现为价值共识危机。

第四，作为一种宏观发展理念，现代主义发展观在资本主义社会的主要表现形式是自由主义发展观和新自由主义发展观。新旧自由主义发展观尽管内容有所不同，但都强调市场、私有制、全球化在社会发展中的决定性作用，在价值和逻辑层面呈现出典型的西方中心主义，在实践层面表现为西方发达国家对发展中国家的技术殖民和经济掠夺，致使全球发展出现了一系列问题。

在深度反思现代主义发展观的内在悖论和负面效应的基础上，后现代主义发展观应运而生。后现代主义发展观的基本理论观点包括：在发展主体上，反对主体性和大写的人，注重发展主体的差异性。在思维方式上，反对科学主义，倾向虚无主义。在发展动力方面，反对启蒙理性，重视非理性和无意识。在发展目标上，反对人类中心主义，强调不能把人类的发展凌驾于其他物种发展之上。

相比于现代主义发展观，后现代主义发展观并没有形成完整的理论体系，其主要目的在于批判和否定，在于解构而不在于建构。尽管如此，后现代主义发展观在限制极端经济主义、极端人类中心主义、极端发展主义和极端科学主义方面发挥了重要作用,在一定程度上推动了人类社会发展由单一模式转向多元模式、由工业社会转向后工业社会、由工业文明转向生态文明的历史进程。

正如现代主义发展观走向发展的一个极端一样,后现代主义发展观走向了发展的另一个极端,主要表现在非理性主义、虚无主义和复古主义三个方面。后现代主义发展观崇尚非理性,认为社会历史发展是无意识的过程,社会如何发展、向何处发展都不具备确定性;后现代主义发展观否认发展的价值和意义,认为人类的幸福和解放不是由发展带来的,社会是否发展、如何发展取决于差异性主体的多元解读方式,导致发展变得虚无而无意义。一些持后现代主义发展观的学者认为,摒弃现代性的方式就是回到前现代,采取浪漫主义、复古主义的逆向发展方式,让人类回到人与人、人与自然没有现代性冲突的古代社会。显然,这种观点是不可行的。

现代主义发展观强调人的主体性、理性和科学主义,强调以人的发展为中心,但一进入实践领域即资本主义生产活动中,人的主体性变成了资本的能动性,科学逻辑变成了资本逻辑,以人为目的变成了以获取剩余价值为目的。在这种意义上可以说,现代主义发展观是反映资本逻辑的现代形而上学;后现代主义发展观反思现代主义发展观的危机,实质是反思资本主义生产方式和资本逻辑的现代危机,目的在于为资本发展寻求救赎之路。后现代主义发展观依然是反映资本逻辑的现代形而上学,并没有真正跳出现代性和形而上学的泥潭。因此,一种可以超越现代主义发展观和后现代主义发展观的公共主义发展观的出场,也就成为历史的必然。

三 发展观上的基本范式转换

公共主义发展观对以往的发展观的超越,在于适应了时代和历史的发展趋势,具有发展范式转换的意义。这种发展观上的基本范式转换,主要体现在以下几方面。

在发展主体上，实现了"上帝——大写的人——公共的人"的转换。在前现代时期，上帝或"天"成了社会发展主体。现代主义发展观实现了对上帝或"天"的祛魅，在启蒙理性推动下，将具有主体性和理性的"大写的人"作为发展主体。在资本主义发展中，"大写的人"的单一主体性彰显，导致了现代性的负面后果，成为后现代主义发展观的批判对象。"大写的人"之所以导致现代性危机，原因在于他是植根于资本主义私有制的被资本逻辑主导的"私人"。公共主义发展观所强调的发展主体，是具有公共性的"公共的人"。这里的区别在于，"大写的人"强调基于私有制的私人性和排他性，"公共的人"强调一种基于公有制的公共性，强调"每个人的自由发展是一切人的自由发展的条件"①。

在发展目标上，实现了"切好蛋糕——做大蛋糕——既做大又切好蛋糕"的转换。在人类社会之初，生产力水平低下，物质产品贫乏。人们对社会产品的关注，主要在于其共同性。能否将社会产品这个蛋糕切好，关乎社会共同体的存亡。随着原始社会解体，人类步入私有制社会。如何将社会产品这个蛋糕做大，开始成为发展的主要目标。进入现代社会后，资本力图通过扩大再生产实现价值增殖的本性，决定了发展必然采取"滚雪球"的方式。在做大蛋糕的发展目标指引下，人类社会创造了前所未有的物质文明和精神文明。但在蛋糕越做越大的同时，蛋糕的分配却越来越不均衡。人数较少的资本占有者掌握了社会绝大多数财富，而占大多数的劳动者除劳动力外一无所有。当社会化大生产和生产资料私人占有的矛盾愈演愈烈时，超越仅仅"做大蛋糕"的生产方式，采取社会主义的生产方式就成为历史发展的必然。既做大又切好蛋糕，是公共主义发展观的发展目标。

在发展方式上，实现了"前工业化——工业化——新型工业化"的转换。在前工业化时期，社会生产主要采取从自然界简单获取的方式，农业及相关产业是这一时期生产发展的主要方式。近代以来，随着生产力的发展，以机器的使用和分工制度的实施为标志的工业化，逐渐

---

① 《马克思恩格斯选集》第 1 卷，人民出版社 2012 年版，第 422 页。

成为社会发展的主导方式。工业化极大促进了生产力的发展和交往的普遍进行,但这种要求自然界的一切领域都服从生产的工业化发展方式,也给人类社会带来严重危害,生态危机等现代性问题不断凸显。公共主义发展观提倡超越传统工业化,实行以信息化为牵引力的新型工业化。与传统工业化相比,新型工业化所创造的不仅是生产规模化、高度机械化的工业文明,而是既要金山银山又要绿水青山的生态文明。

在分配方式上,实现了"按人分配——按资分配——按劳分配"的转换。人类社会早期,按人分配是社会的主要分配方式。原始公社实行按人分配,是由当时还未解体的原始公有制决定的。随着分工和私有制产生,人类进入阶级社会,按人分配这种平均主义的分配方式逐渐被财产所有权(奴隶、土地、资本等)所主导的广义按资分配方式取代。奴隶社会和封建社会分别按照奴隶和土地的数量分配社会产品。进入资本主义社会,私人财产逐渐以资本的形式进入商品生产过程,按资分配成为社会的主要分配方式。公共主义发展观强调根据劳动"这张凭证从社会储存中领得一份耗费同等劳动量的消费资料"[1]的按劳分配,进而实现了分配方式的范式转换。

发展观是发展哲学的核心观念,发展哲学是发展观的系统表述。公共主义发展观除了实现发展范式的转换外,还推动了发展哲学的创新。资本逻辑和现代性的双重效应,使得以发展为主要研究对象的发展哲学和以公正为主要研究对象的政治哲学之间的争论,成为当代哲学研究的焦点。公共主义发展观的哲学表达,形成了融合发展哲学和政治哲学的公共主义哲学。公共主义哲学打通了发展哲学和政治哲学的逻辑通道,将发展、公平及其辩证关系纳入研究范围,有助于哲学的创新发展。

四 公共主义发展观的现实基础

公共主义发展观的现实基础是社会公共性,社会公共性的发展程度

---

[1] 《马克思恩格斯选集》第3卷,人民出版社2012年版,第363页。

决定了公共主义发展观实施的可能性。在审视社会公共性发展程度时，必须抓住社会发展的主要矛盾和矛盾的主要方面，即把握社会发展的主流，从主要的趋势和事实来分析社会公共性的发展水平。

当代社会公共性的发展程度，主要体现在以下几个方面：经济方面，随着经济全球化进程的推进，世界范围内的经济共同体不断形成，民族和国家间的经济交往日渐深化，主体间的依赖性和共享性日益增强。尽管在世界经济中依然存在着剪刀差和贸易壁垒等问题，但经济公共性已发展到一定水平是不争的事实；政治方面，尽管小范围的地缘政治冲突仍时有发生，但全球发展已经走出了民族和国家的主体性不断彰显、膨胀和释放的历史时期，政治多极化格局和全球范围"命运共同体"逐步形成；文化方面，随着各民族和国家间经济、政治交往的深化，文化在主体性和公共性之间的张力趋向均衡，文化公共性程度不断增强。文化的主体性建设也是一种公共性建设。在文化建设中，合理的主体性与公共性不是相互冲突，而是相互促进的关系。

社会公共性的发展表现为经济、政治、文化等方面公共性的发展程度，但在根本上取决于社会生产力和生产关系，即生产方式的发展程度。对公共主义发展观现实基础的考察，出发点依然是生产力和生产关系的辩证运动。前现代主义和现代主义发展观，之所以在很长历史时期内持续存在并产生广泛影响，是因为它们与所处时代的生产方式相适应，具有实施、应用和推广的时代条件和现实基础。前现代主义发展观的现实基础是前资本主义生产方式，即以手工劳动为主的生产力和简单化分工的生产关系；现代主义发展观的现实基础是资本主义生产方式，即在工业革命推动下以机器大工业为主的生产力和分工精细化的生产关系。

在当代，尽管资本主义生产方式依旧是世界范围内的主导生产方式，但这种生产方式一些新的变化和发展已初现端倪，主要表现在以下三个方面。

首先，随着科学技术的发展，社会生产进入了互联网信息化时代，生产力发展水平得到极大提高。在信息化时代，社会生产的构成要素更加多元，知识、技术等资本形式在生产要素中的重要性不断增加。尽管这并没有从根本上改变社会化大生产过程中生产资料私人占有的局面，但在客观上使得占有生产资料的主体更加多元。

其次，走生态经济和循环经济的道路，建设生态文明，已逐渐成为当代社会发展的主要趋势。与以往生产方式相比，生态文明的生产方式发生了显著变化。在生态经济和循环经济中，生产资料不再是无条件、无限制地从自然界中获取，人与自然的关系得到改善，自然界和社会生产的公共性得以增强。

最后，随着社会生产力水平的不断提高和生产结构的不断调整，人的社会交往条件得到改善，普遍交往成为主体间关系的重要形式。"普遍交往，一方面，可以产生一切民族中同时都存在着'没有财产的'群众这一现象（普遍竞争），使每个民族都依赖于其他民族的变革；最后地域性的个人为世界历史性的、经验上普遍的个人所代替"①。作为发展主体的人在普遍交往的情况下，一方面，在经济贸易方面的联系变得更加紧密；另一方面，人的思维和价值观也将逐步由"地域性"向"世界历史性"和"经验普遍性"转变。这也是人从主体性到公共性的转变过程。

五　实现公共主义发展观的路径

公共主义发展观既立足现实，又面向未来。这种发展观的实现路径问题，也就是社会如何按照公共主义发展观来进行发展的问题。推动公共主义发展观在实践中实现自身，需要从当代社会发展中市场和国家的二元关系出发，在市场经济和国家治理中寻求实现路径。

在当代社会，实现公共主义发展观有计划经济和市场经济两种模式。实践证明，在一定历史条件下，平均主义分配方式下的计划经济模式并不能让社会实现健康稳定的发展，因此，采取市场经济模式是公共主义发展观的现实选择。发展市场经济，让市场在资源配置中发挥作

---

① 《马克思恩格斯选集》第 1 卷，人民出版社 2012 年版，第 166 页。

用，一个无法回避的问题就是如何看待资本，也就是资本在公共主义发展观的实现路径中发挥什么作用的问题。马克思深刻揭示了资本的双重效应，即"资本来到世间，从头到脚，每个毛孔都滴着血和肮脏的东西"①，但同时，"资本的文明面之一是，它榨取这种剩余劳动的方式和条件，同以前的奴隶制、农奴制等形式相比，都更有利于生产力的发展，有利于社会关系的发展，有利于更高级的新形态的各种要素的创造"②。

资本作用的这种二重性，决定了在公共主义发展观的实现过程中，必须对资本采取三种措施。一是承认资本的合法性地位。既然已经承认了资本的重要推动作用，同时又采取了商品经济、市场经济的发展模式，那么就要承认资本的合法性，让资本成为当代社会发展的基本动力。二是要限制资本的负面作用。资本的本性在于实现价值增殖，为了追求剩余价值有时甚至不惜铤而走险、践踏法律乃至鼓励战争。资本的负面作用与公共主义发展观背道而驰：资本的积累原则与经济公共性相冲突，资本的越轨原则（资本与权力勾结）与政治公共性相冲突，资本的物化原则与文化公共性相冲突，资本的实用原则与生态公共性相冲突。限制资本的负面作用，是公共主义发展观实现路径中的重要内容。三是充分发挥资本的正面作用，尤其是资本创新的作用。资本为了实现价值增殖，除了会采取铤而走险、践踏法律的方式之外，还会千方百计采取创新（创造新技术、开发新产品等）的形式。在公共主义发展观实现过程中，要充分发挥资本的创新作用，让资本更多流向绿色经济、循环经济，让资本在推进公共服务建设、生态文明建设方面发挥积极作用。

公共主义发展观的实现，除了需要借助市场经济和资本力量外，现代化国家治理也必不可少。这里的关键在于理解国家和公共利益的关系。在以往的讨论中，尽管互有分歧的理论观点众多，但总体上可以分为两类。一类是基于私有财产权的资产阶级国家观，认为国家权力是主体基于契约关系让渡出来的公权力，维护的是社会的公共利益；另一类是马克思主义国家观，认为国家是服务于阶级统治的社会权力的组织形

---

① 《马克思恩格斯全集》第 44 卷，人民出版社 2001 年版，第 871 页。
② 《马克思恩格斯全集》第 46 卷，人民出版社 2003 年版，第 927—928 页。

式，代表的是统治阶级的利益，并不代表社会的公共利益。马克思主义国家观是正确的，本书所坚持的正是这种国家观。由此产生的问题是，既然国家并不代表全社会的公共利益，那么国家治理现代化与公共主义发展观又有何关系呢？

在这里，很多研究者把公共利益抽象化了，将抽象意义上的公共利益等同于具体的、历史的、一定范围内的公共利益或一定阶级的公共利益。在存在着阶级的社会里，公共利益总是属于一定阶级的。国家是阶级统治的工具，代表的是统治阶级的公共利益。资本主义国家代表资产阶级的公共利益，社会主义国家代表无产阶级和广大群众的公共利益。二者的区别在于，资本主义国家代表的是少数人的公共利益，而社会主义国家代表的是多数人的公共利益。公共主义发展观以多数人的公共利益为发展目标，与社会主义国家治理的目标是一致的。

在马克思看来，可以代表和维护更多公共利益的国家治理需要符合两个条件：（1）无产阶级作为国家治理的主体；（2）实行公有制为主体的所有制结构。这两个条件也构成本书探讨国家治理现代化的理论前提。在这种意义上，大力推进国家治理现代化，推进公共主义发展观的实现，除了要在微观上稳步促进各种治理措施的改进和实施，在宏观上应主要从治理体制、治理方式和治理主体三方面着手。

一是基于市场经济和资本在发展中的辩证作用，通过政治、经济、文化体制改革，既为市场经济和资本发展创造良好的公共条件，又通过"看得见的手"对"看不见的手"的监管，限制市场经济和资本对社会公共性的负面影响，完善治理体制的公共性；二是基于治理方式的时代境遇，推动社会法制化进程，以法治形式限制资本逻辑、权力逻辑及其他因素对社会公共性的侵蚀，完善治理方式的公共性；三是基于当代国家治理实践中政党的特殊作用，将对执政党的治理纳入国家治理大体系中，使政党这一"旨在执掌或参与国家政权以实现其政纲的政治组织"[1]，在治国理政中能最大程度发挥其所代表的公共性，增强社会公共性，完善治理主体公共性。治理体制、治理方式和治理主体是相互依

---

[1] 高放：《政治学与政治体制改革》，中国书籍出版社2002年版，第351页。

赖、相互影响的有机整体，三者的公共性形成了国家治理的公共性。具有高度公共性的国家治理也就是现代化的国家治理。

六 公共主义发展观的时代表达

在人类文明史上，思想和精神总是呈现为一定的观念形态，以一定的话语体系形式表达出来。公共主义发展观作为新时期社会发展的一种精神理念，也需要概念清晰、逻辑严密、内容完备同时又具有时代感的话语体系来表达。中共十八届五中全会提出的"创新、协调、绿色、开放、共享"的新发展理念，就是公共主义发展观的时代表达。这种新发展理念具有广阔的公共主义情怀，深刻的公共性意蕴，全面涵盖、反映了公共主义发展观的价值诉求。

创新发展注重解决的是最具公共性的发展动力问题。社会的发展是重复性与创造性、外延增长与内涵增长、量的增加与质的提升的统一。发展不只是量的增长，更是质的飞跃。质的内涵式的增长就是创新。在当代社会发展中，模仿、借鉴他人经验的发展是重复性、外延性的量的发展，这种"重复的主体性"也是建设性的。但对于发展更有意义的是"创造的主体性"[①]。创新更符合现代社会发展的要求。创新重在创优，旨在解决人类生存和发展中具有普遍性的问题。创新发展的公共性价值，在于实现发展的动力机制转换。由以往的拼资源、拼要素的发展转向创新驱动引领的发展，对于中国跨越"中等收入陷阱"意义重大。

协调发展注重解决的是发展的不平衡问题，是社会有机体系统关系的处理方式。对于系统整体关系来说，协调体现其自我控制的公共性。人类社会是生产力与生产关系、经济基础与上层建筑、人与自然、人与社会、人与人等关系的有机整体。这些关系在相互作用中协调发展，社会就能实现平稳有序的进步。如果说创新是社会发展的动力源，那么协调就是社会发展的平衡器。协调既意味着主体间的共同发展，也意味着

---

① 参见郭湛《论建设和创造的主体性》，《教学与研究》1993年第5期。

经济、政治、文化、社会、生态"五位一体"的协同发展，本质都在于其中的公共性，体现了公共主义发展观的基本要义。

绿色发展注重解决的是人与自然的和谐问题，提倡尊重自然、顺应自然、保护自然，坚持走绿色、低碳、循环、可持续发展之路，建设生态文明。自然界是人类的公共性存在，"我们只有一个地球"。人类物质生产活动的无限性与自然界可利用资源的有限性的矛盾，是人类社会始终要面对的。经过几个世纪的工业化进程，自然界被高度开发利用，生态平衡遭到破坏，出现了严重的生态危机。现有的生态环境已不能支撑传统工业化持续发展，绿色发展成为人类摆脱生态危机的唯一选择。绿色发展的公共主义意蕴在于：其一，维护了同一时代主体间的公共性，避免一部分人对自然界的过度开发损害另一部分人的利益；其二，维护了代际之间主体的公共性，避免前代人对自然界的过度开发损害后代人的利益。

开放发展注重解决的是发展的内外联动问题。由封闭到开放是人类社会发展的基本趋势，这一趋势是不可逆的。在今天，任何试图通过关闭国门搞封闭发展的模式已不再可能。实践表明，坚持开放发展的民族和国家，大多经济都取得较快发展，民生得到显著改善。与封闭发展代表私人性相反，开放发展本身就蕴含公共性，主体间只有相互开放才能获得交往的普遍性，进而获得有利于发展的社会公共性。

共享发展注重解决的是社会公平正义问题。共享是就结果而言的公共性，过程的公共性应当导致结果的公共性。共享发展强调发展成果由主体共同享有，强调分配上的公平正义。公平正义是社会公共性的重要维度，也是公共主义发展观的核心价值及衡量标准。共享发展的公共主义意蕴体现在：首先，共享的主体是人民。发展的目的在于人，必须坚持发展为了人民，发展依靠人民，发展成果由人民共享。其次，共享发展强调消除贫富差距，实现共同富裕。当然，共享发展不是平均主义，不能以平均主义的尺度来衡量。最后，共享的前提是共建、共创。要想拥有和享有财富，必须首先通过劳动、生产和经济社会文化的发展创造财富。共享推动共创，共创也促进共享。

新发展理念作为公共主义发展观的时代表达，是马克思主义发展理念与当代中国具体实践相结合的观念创新，致力于解决中国经济社会发展的根本问题。新发展理念对于当代中国发展的意义是不言而喻的。而中国发展遇到的问题不仅在中国存在，很多问题也具有世界普遍性。中国发展所要达到的目标，与全人类的发展目标相一致。人类越来越成为一个依赖其公共性而存在和发展的命运共同体。人类社会从主体性到公共性的发展进程，需要公共主义发展观的引导，需要坚持"创新、协调、绿色、开放、共享"的发展理念。因此可以说，中国的新发展理念不仅具有鲜明的中国意义，而且具有广泛的世界意义。

第十四章

人类命运共同体：坐标、基础与意义*

习近平在十九大报告中明确提出："坚持和平发展道路，推动构建人类命运共同体。"人是一种社会存在物，自人类从动物中走出来那一刻起，就过着一种共同体的生活。人只有在共同体中才能生存和发展。当前推动构建人类命运共同体，首先需要回答如下三个问题：一是人类命运共同体的历史坐标在哪里，与以往各类共同体有什么样的区别？二是现阶段构建人类命运共同体的现实基础是什么？三是构建人类命运共同体与以往全球治理方案有何本质区别，有什么样的世界意义？这些问题是基础性的，直接关乎对构建人类命运共同体的时代性、可行性和必要性的看法，需要给予足够的关注。

一 人类命运共同体的历史坐标

马克思在其相关著作中使用过多种共同体概念，如真正的共同体、现实共同体、虚幻的共同体、自然形成的共同体、共产制共同体、古代共同体、劳动的共同体、原始共同体、部落共同体、天然的共同体、民族共同体、社会共同体、货币共同体等。在马克思那里，这些概念的划

---

* 本章前三部分与桑明旭合作，原载《光明日报》2018年2月26日。

分标准和使用语境各不相同，很多不同概念指向同一种共同体形式，并不能表明历史上出现过如此多的共同体形式。但在马克思诸多共同体概念中，一些概念是按照历史维度划分的，这些概念构成了共同体历史发展的时间轴线。

马克思对共同体的历史考察，集中体现在《政治经济学批判（1857—1858年手稿)》中。在这里，马克思以人和共同体的关系为标准，以使用价值和交换价值的关系为主线，将共同体划分为依次递进的三种类型：第一种是自然形成的共同体或天然的共同体，主要指亚细亚的所有制形式、古代的所有制形式、日耳曼的所有制形式、奴隶制的所有制形式、农奴制的所有制形式等阶段的共同体形式。在自然形成的共同体中，人们以生产使用价值为目的，人与人之间的关系主要受到血缘关系、地缘关系、宗法关系的制约，呈现出一种人身依赖关系。第二种是抽象共同体，即货币共同体颠倒而成的资本主义共同体形式。在抽象共同体中，人们以生产交换价值为目的，人与人之间一切"温情脉脉的面纱"都被撕掉了，取而代之的是"纯粹的金钱关系"或物的依赖性关系。第三种是自由人联合体，即共产主义阶段的共同体形式。在自由人联合体中，人们摆脱了交换价值的抽象统治，摆脱了对物的依赖，实现了全面发展和自由个性。

可见，在马克思诸多共同体概念中，自然形成的共同体、抽象共同体、自由人联合体这三类社会共同体，构成了共同体发展历史坐标中的三大节点。当前中国推动构建的人类命运共同体，显然处在由抽象共同体向自由人联合体过渡阶段。只有意识到这一点，才能正确把握唯物史观中人类命运共同体与其他共同体之间的关系，防止各种概念的混淆。

在马克思看来，正如从自然形成的共同体发展到抽象共同体需要相当长的历史时期一样，抽象共同体过渡到自由人联合体也不是一个短期的过程。因此，将人类命运共同体的历史坐标定格在抽象共同体和自由人联合体之间虽然正确，但仍然显得过于宏观。构建人类命运共同体是一项世界性的历史活动，只有在人类历史发展到"世界历史"阶段之后才有可能。所以，人类命运共同体的历史坐标点，必然在"世界历史"形成之后。

按照历史唯物主义的逻辑,"世界历史"发展到今天经历了三个阶段。第一个阶段是"世界历史"的开辟和形成时期,即商品全球化阶段。第二个阶段是"世界历史"的快速发展时期,即资本全球化阶段。第三个阶段则是"世界历史"的转型时期,即当今的新全球化阶段。与前两个阶段相比,这一阶段的"世界历史"发展呈现出一些新特征。

如果说在前两个阶段资本逻辑主导的现代性获得了确证并快速崛起的话,那么,第三个阶段则是现代性后果集中爆发的阶段,经济危机、生态危机、文化危机日益严重化和普遍化,使得过去那种商品输出、资本输出、战争输出的方式难以维系。如果现代性的发展还像之前那样依靠"输出",在追求本国利益时不去兼顾他国的合理关切,那么,每个国家都会陷入现代性的泥潭中,无法独善其身。

历史已经无数次表明,任何方案只有顺应时代发展现状和趋势,才能真正得到实施和推广,反之则必然被视为乌托邦式的空想。康德在《永久和平论》中的构想不可谓不伟大,但在那个现代性崛起和快速发展的阶段却不能产生实际作用。习近平倡导构建人类命运共同体,得到国际社会一致赞同和支持,其原因正在于顺应了时代的发展。在这种意义上可以说,人类命运共同体的历史坐标就在资本全球化转向新全球化阶段,就在现代性后果严重化、普遍化并且依靠单一国家无法解决的阶段。只有意识到这一点,在理论上对构建人类命运共同体进行探讨,才具有现实意义。

二 构建人类命运共同体的现实基础

发展面临的困境和时代提出的普遍性问题,唤醒了世界各国携手构建人类命运共同体的意识。但是要想真正走出历史困境、解决时代问题,仅有意识和构想是不够的。现阶段是否具备构建人类命运共同体的现实基础,才是更具有决定性的因素。准确把握这一现实基础并促进其发展壮大,是构建人类命运共同体的基础工作。

正如马克思所言:"物质生活的生产方式制约着整个社会生活、政治生活和精神生活的过程。"① 因此，寻找构建人类命运共同体的现实基础，首先要着眼于现时代的物质生产方式。如果当前生产方式的发展和转换能够支撑人类命运共同体的构建，那么这一构建任务就一定具有可行性。诚然，当今世界的主导生产方式仍处在现代性阶段，但不容忽视的是，在很多方面已经悄然发生了变化。人类命运共同体首先是一个发展共同体。在其中，任何一个共同体成员如果得不到发展，必然会退出和反对这一共同体。现代性意义上的发展，是需要很多客观条件的。在传统意义上，全球范围内供发展支配和使用的客观条件是有限的，而发展的需求是无限的，二者之间的冲突势必形成"增长的极限"。发展条件此消彼长的分配格局，必然带来国家间的激烈争夺，进而导致一系列国际战争和冲突。如果不能解决全球发展所需条件的有限性问题，人类命运共同体就无法真正构建起来。

历史发展不仅是一个不断提出问题的过程，而且在其发展中就已经蕴含着解决问题的答案。这集中体现在当前生产方式新变化与全球发展所需条件有限性矛盾的缓解和克服等方面。当前生产方式的新变化表现在很多方面，比如原材料需求量和需求形式的变化。更为重要的是，当代发展所需要的空间，逐渐从传统地理学意义上的空间向网络虚拟空间倾斜。正如卡斯特所描述的那样，网络空间具有"开放的结构，能够无限扩展，只要能在网络中沟通，亦即只要能够分享相同的沟通符号（例如价值或执行的目标），就能够整合入新的节点"②。网络虚拟空间的出现，使得生产摆脱了地理空间有限性的限制，获得了更加开放的发展潜力。

之所以指认当前全球发展具备构建人类命运共同体的现实基础，除了基于生产方式发展的新变化之外，不同国家现代化进程的差异性也是重要原因。马克思明确反对人们将其"关于西欧资本主义起源的历史概述彻底变成一般发展道路的历史哲学理论"，并认为将"一切民族，不管它们所处的历史环境如何，都注定要走这条道路"的观点强加给他，

---

① 《马克思恩格斯选集》第 2 卷，人民出版社 2012 年版，第 2 页。
② [美] 曼纽尔·卡斯特:《网络社会的崛起》，夏铸九译，社会科学文献出版社 2001 年版，第 570 页。

会给他带来"过多的侮辱"。① 历史证明马克思的观点是对的。

不同国家的现代化进程不同，后发展国家完全可以站在现有人类文明成果基础上，大大缩短工业化和工业文明的进程。中国改革开放40年的发展经验充分证明了这一点，也表明一切后发展国家可以减轻甚至跳过现代性的后果和困境，快速走上一条可持续发展的生态文明道路。由此可见，尽管当前不同国家现代化状况有所不同，但都可以加入人类命运共同体的行列之中，在人类命运共同体中实现自身的发展。

三　构建人类命运共同体的世界意义

近代以来，为了应对国际战争和冲突，构建持久稳定的国际秩序，一系列全球治理方案接踵而出，方案的类型不可谓不多，但总体上收获甚微。这不禁令人反思一个重大问题：构建持续和平稳定发展的国际秩序是否可能？

依照黑格尔在《法哲学原理》中的理解，构建持续和平稳定发展的国际秩序是不可能的。在他看来，战争是伦理发展的必然环节，是保持各民族伦理健康的必要手段，"持续的甚或永久的和平会使民族堕落"②。应当说，在黑格尔所处的现代性发展阶段，这种理解不仅是正确的，还是相当深刻的。因为黑格尔把握了那个时代主体间、国家间关系的本质，即"一切人反对一切人的战争"。正如前文所述，在各个国家为了实现自我发展而激烈争夺有限的发展条件时，战争和冲突是不可避免的，暂时的和平不过是弱小国家面对大国霸权的无奈选择，或多个大国之间的短期相互制衡。在这种情况下，一旦某一国家在发展中获得更大的优势和力量，平衡便必然会被打破，"弱肉强食"的国际秩序仍将继续。

但问题在于，当今世界已经远不是黑格尔所处的那个现代性起步和快速发展的时代，而是处于现代性发展的新的历史阶段。今日世界现代

---

① 《马克思恩格斯选集》第3卷，人民出版社2012年版，第730页。
② ［德］黑格尔：《法哲学原理》，范扬、张企泰译，商务印书馆1961年版，第387页。

性问题的严重化和普遍化,并不是靠丛林法则就能根本解决的。对外战争不能确保自身和平,限制他国发展不能确保自我发展。不合作就不能发展,不共赢就不能单赢,这已经是时代发展的大趋势。这时候再抱着传统现代性全球治理方案不放,显然就不能适应时代发展了。时代发展呼唤新的全球治理方案。在这种背景下,习近平总书记准确把握时代的新特点和新趋势,积极推动构建人类命运共同体,倡导共商共建共享共赢的全球治理方案。中国在世界历史发展中首次突破和超越了传统现代性全球治理方案的单一主体性思维,在主体性基础上强调公共性,开启了全球治理的崭新篇章,具有里程碑意义。

现代性发展的新阶段和新特点,是所有国家都居于其中的历史境遇。那么,为何唯有中国能够率先提出超越传统现代性的全球治理方案呢?这并不是出于偶然,而是由中国道路和中国文化决定的。中国道路不同于西方发达国家的发展道路,其根本原因在于,中国现代化道路从来就不是个人主义或自由主义式的发展道路,而始终是一种集体主义或公共主义式的发展道路。这使得中国的现代性从其开启之日起,就与西方经典现代性存在本质区别。西方的市民社会、原子化的个人、"一切人反对一切人的战争",在中国道路中没有生根发芽的土壤。

由此可见,习近平积极推动构建人类命运共同体的世界意义,不仅体现于提出一整套具体的、可操作的方案,而且做到了准确把握现代性发展的新变化和新特点,成功提出一种超越传统现代性全球治理观和发展观的新方案。其最根本、最重要的世界意义在于,中国发展道路的拓展和中华民族复兴进程的推进,为这种新方案的实施提供了充分的证明和鲜活的示范,昭示着这种新方案必将成为全球发展和全球治理的时代之选。

四 治理的根本:共同体、公共性及其发展理念[*]

在当代中国和世界发展中,社会认识和国家治理是一个非常重要的

---

[*] 本节原载《华中科技大学学报》(社会科学版)2018 年第 4 期。

课题。从马克思主义哲学角度来思考这个问题，有几个根本性的概念或理念，有助于我们探究和回答社会认识和国家治理之实质所在。

首先，是社会的共同体问题。我们讲人的社会、社会关系、社会性，到底社会、社会关系和社会性最重要的内容是什么？应当说主要是人群共同体。人类在不同形式的共同体中生活，共同体是人类存在的社会条件。因此可以说，正是社会各种形式的共同体，构成社会的人存在的基本内容。从这个意义上看，我们在理解历史唯物主义关于社会存在和社会意识关系时，应该把它向前推进一步，推进到社会的公共存在和公共意识的关系。因为这是社会存在和社会意识关系中最重要的内涵。

其次，对于共同体的理解，最重要的是公共性问题。我们讲依法治国，其实法的问题就是社会和国家的公共性最重要的方面。如果社会和国家建立不起一种适合其存在和发展的法的公共性，它是不能维持和发展的。与此相关，还有经济政治、规范伦理的公共性，各种观念文化的公共性，都是社会和国家得以维系和发展最重要的条件。所以，社会、国家作为公共存在的公共性，无疑是其中最为核心的东西。社会的管理和国家的治理，都是某种公共性的实现方式，它要建构起相应的公共性，并且推动共同体公共性的发展。

就人类社会的历史过程来看，其中最重要的一个发展线索，就是共同体的公共性问题。从有人类社会开始，就有了一定程度的公共性。随着社会的发展，社会及国家的公共性有了进一步的发展。进入现代资本主义社会，随着经济的市场化、全球化，社会的公共性包括国家的公共性，都有了巨大的发展。从当代社会来看，我们的社会进步在很大程度上是社会共同体公共性的进步。现代社会同传统社会相比，它的公共性的发展是最重要的内容，表现在经济、政治、法律、科学、技术和文化等各个方面。公共性是社会发展的核心内容，也是衡量社会发展程度最重要的尺度。

资本主义现代社会一个很大的问题就是它的私有制。私有制也是现代社会公共性的一种形式，它促进了商品经济、市场经济的发展。但是，私有制的局限性使它在社会的进一步发展中带来很多问题，这些问题我们都切身感受到了。当代资本主义所面临的很多问题，从根本上说，还是其生产的社会性即公共性与占有的私人性之间的矛盾。我们以公有制为主体的社会主义经济形态乃至整个社会形态，同资本主义国家纯以私有制为经济基础的社会形态相比，有了更多公共性的成分。在历史发展中，社会主义社会公共性的发展，明显会高于资本主义社会的公共性水平。

正因为如此，马克思强调社会主义和共产主义代表着人类社会的未来，主要原因就是社会主义、共产主义社会的公共性程度将超越资本主义社会的局限，它能够更好地解决社会作为公共存在需要解决的公共问题。社会作为一种共同体，当然有其公共性问题需要解决。当代社会的公共性问题，对于中国来说，有内部的公共性和外部的公共性两个方面。所谓内部的公共性，主要指中国或中华民族共同体内部的公共性问题。我们国内各个区域、各个领域、各个层面所要处理的各种关系，都是属于中华民族共同体内部的公共性问题。

面向世界，则有我们与其他民族国家之间的关系，这是各民族国家共同体之间的关系。国家之间的相互关系，如两国或多国之间的合作关系，中国所参与的上海合作组织、"一带一路"国家间的合作等，都有形成某种意义共同体发展的愿景。最终我们要建构的人类命运共同体，则是最大范围的全球共同体。

所以，当今中国和世界的共同体问题，突出地表现在两个大的共同体：一是中华民族共同体，这是我们实现中华民族复兴的主体；二是人类命运共同体。在这两大共同体之间，还可以有各种类型中间状态的共同体。因此，共同体问题是当代社会科学各个领域都特别关注的问题，在政治学、经济学、社会学等学科中，共同体的问题是一个突出的问题。哲学当然也应该关注共同体及其公共性的问题。

最后，对于共同体而言，最重要的是发展。发展是共同体生存的硬道理。而发展要成为自觉的行动，就有一个核心理念或发展观的问题。我们提出中国的新发展理念：创新、协调、绿色、开放、共享，也可以说是我们的新发展观。这种新发展理念的核心内容，是一种共同体的发展观，是中华民族共同体所应该坚持的发展观，具有公共性的根本特征。人类命运共同体作为全球共同体，它的发展理念和中国当代发展理念，实质上是一致的。这两大共同体，在发展观上应该是一个，就是公共主义的发展观。

中国面向未来的发展观，本质上是公共主义发展观。关于共同体发展观的性质，可以有不同的提法，比如说共同体主义、共和主义、社群主义、公共主义，等等。我们觉得公共主义这个提法似乎更贴切，能够抓住共同体的公共性这个核心内涵。要建构和发展共同体的公共性，应该秉持一种公共主义的发展观。我们筹划中华民族共同体和人类命运共同体的发展，从基本思路中，明显地体会到公共主义的发展理念。所以，共同体、公共性和公共主义发展观，可能是从哲学高度关注当代中国和世界发展具有核心意义的问题。

第十五章

社会进步中当代中国人的发展

社会进步是社会逐渐由低级向高级的发展，这是我们已知的和预见的人类历史演进的基本趋势。它既表现为物质生产力的发展、社会形态的更新和精神文明程度的提高，也表现为作为社会主体的人的日益全面的发展。人向全面性方向的发展，是通过创造全面的现实关系和观念关系来达到的。通过社会实践创造全面的社会关系，人才能全面地创造自己的本质。人的社会实践作为能动的创造性活动，在创造人化的对象世界的同时也创造人自身，发展人自身。实践是人的本质力量对象化的活动。实践的发展也就是人自身本质力量的发展，是人的创造能力的发展。

实践活动的历史积累使人生活在由人创造的社会环境中。社会环境是人实践创造的产物，反过来又塑造人，使人结成特定的社会关系，获得特定的社会规定性。社会环境、社会关系是既定的，又是为人的实践所改变的。人类在物质生产实践的基础上发生着越来越多样化和扩大化的交往活动，从而形成越来越丰富的交往关系即社会关系。在日益丰富的社会关系中，人会获得多方面的社会规定性，成为越来越具有全面性的人。

一 社会进步与人的发展

社会进步主要取决于三个方面的原因：生产力的推动；需要和利益

的驱动；人的能动性创造活动。社会生产力不断发展，引起社会关系的更新和社会形态的更替，于是有人民群众物质生活水平和精神文明水平的提高。而生产力的不断发展，又是由人的需要、利益和能动的创造活动造成的。人的需要、人的素质和人的全面发展，是社会进步的推动力量。

人的全面发展的思想由来已久。中国古代学校把"六艺"，即礼、乐、射、御、书、数作为教育的内容。孔子说："六艺于治一也，《礼》以节人，《乐》以发和，《书》以道事，《诗》以达意，《易》以神化，《春秋》以（道）义。"（《史记·滑稽列传》）柏拉图在《理想国》中提出了体育、智育、德育的思想。亚里士多德则进一步提出了智育、德育和体育等多方面发展的主张。卢梭认为，人在生理上和精神上都应是全面发展的。

黑格尔也说过，在他那个时代，已经有许多人希望"社会和国家的目的在于使一切人类的潜能以及一切个人的能力在一切方面和一切方向都可以得到发展和表现"。问题在于，"有什么统一体能把这些复杂的构造集中起来呢？它们应该有怎样的单一的目的作为它们的基本的概念和最终的目的呢？"[1]

圣西门在临终遗言中说："我终生的全部劳动的目的，就是为一切社会成员创造最广泛的可能来发展他们的才能。"[2] 欧文强调，对儿童从小就要"培养他们的智、德、体、行方面的品质，把他们教育成全面发展的人"。近代中国教育家蔡元培也提出了德、智、美全面发展的思想。马克思、恩格斯把人的解放和社会革命、人的全面发展和社会的全面进步紧紧结合在一起，为人的发展和社会进步从理想变为现实指明了道路。

近代以来世界经历的现代化过程首先表现为经济发展的过程。随着工业革命的开始，物质生产和科学技术的进步成为这个时代的首要标志。"科学的成长或多或少直接地转变成物质的进步。能够了解与预测

---

[1] ［德］黑格尔：《美学》第一卷，朱光潜译，商务印书馆1979年版，第59页。
[2] ［法］圣西门：《圣西门选集》下卷，何清新译，商务印书馆1962年版，第286页。

自然的运作,意味着人类可以让自然为自己服务。"① 社会现代化不仅仅是物质生产和科学技术进步的过程,它同时也是人的发展即人的现代化的过程。这是两个大体上同步的发展过程。人的发展与社会进步相互依赖、相互作用,既相互制约,又相互促进。社会主体由传统社会的人向现代社会的人的转变,是比社会物质生产和科学技术进步更为深刻的变化。

社会现代化的过程同时也是人的现代化的过程,社会现代化是依靠人和为了人的现代化。社会现代化的实现不能单纯以国民生产总值的人均水平为依据。是否把社会现代化看作是物质生产力的提高和人的全面发展的统一,是否把人的现代化看作是社会现代化的主体和目的,对于衡量和判断一个国家的社会性质和发展水平具有重要意义。

传统发展理论认为,经济增长即是发展。这种发展理论的片面性及其弊端日益显露出来,因而受到了严厉的批评。现代发展理论认为,真正的发展必须是经济、技术、政治、文化与人的综合发展。在现代社会条件下,人的发展在整个社会发展中越来越占有突出的地位。因为当代科学技术的迅速发展和广泛应用,使劳动者从主要运用体力、经验和技巧直接参与生产过程转向主要运用智力、理性和知识来控制生产过程,这就要求劳动者具有科技知识、创造精神和适应现代生产发展的能力。丰富复杂、多姿多彩的社会生活,需要多方面发展的高素质的社会主体。

当代科学技术进步极大地推动了社会生产力的发展,加快了工业化、城市化的进程,同时也在全球范围内出现了自然资源的破坏和环境的污染,导致严重的生态危机。人们越来越意识到,必须从全球人类可持续发展的高度来看待与处理各个国家、组织和群体所面对的一系列问题,也必须从同样的高度来协调和解决人自身的发展问题。人与自然的和谐发展是以人自身的全面发展为前提的。为了对人与自然的关系进行有效调节,人们必须优化自己的知识结构,发展和完善自己的技术手段,使思维方式更加科学化,使价值观念更加合理化。

---

① [美]欧文·佩基:《进步的演化》,蔡昌雄译,内蒙古人民出版社1998年版,第41页。

人是社会生活的主体，人的发展与社会进步是同一实际过程的两个侧面。社会的进步依赖于人的发展，涵盖着人的发展，为人的进一步发展创造条件，开辟新的可能性。而人的发展又不断为社会进步提出更高的要求，以更强的主体能力和主体实践实现社会的发展，推动社会的进步。从根本上讲，人之认识和实践无穷的创造力是社会进步浪潮真正的源头，没有人的持续而全面的发展，就没有社会持续而全面的发展。

二 人的依赖关系占统治地位阶段

现实的人的发展是一个漫长的历史过程。根据社会关系的历史发展和人的发展的内在联系，马克思把人的发展过程概括为三个基本的历史阶段。这三个历史阶段即人的依赖性、人的独立性和人的自由个性，构成人的发展由低级向高级演进的三个历史形态。

人的发展的第一个历史阶段：人的依赖关系占统治地位阶段。这种最初的社会形式完全是自然发生的。在这一阶段中，个人没有独立性，直接依附于一定的社会共同体。人们之间的社会联系只限于共同体内部，只是在孤立的地点和狭窄的范围内发生的地方性联系。在这种原始的社会关系中，无论个人还是社会都不可能有自由而充分的发展，因为这样的发展是同个人和社会之间的原始关系相矛盾的。这是人的发展的第一个历史形态。

在这一历史形态的最初阶段，没有明确的社会分工，人的一切活动都紧紧围绕着满足自己最基本的生存需要来进行。早期社会生产力水平低下，人的各种活动天然融合在一起，社会共同体中每个有活动能力的成员都必须参与获取生存资料的活动。由于所有这些活动都需要人们协同合作来进行，因而每个社会成员都必须参加多种活动。人类文明早期的生存方式，使每个人基本上能够为自己拥有的刚刚超出动物式本能的多种力量找到表现和发挥的渠道。这是一种原始的丰富性，表明最初的人也是具有某种完整性的人。

随着生产力水平的提高和社会财富的增加，特别是有了剩余产品以后，社会上一部分人逐渐脱离生产过程，专门掌管公共事务、宗教、教育、艺术等活动，而其他人则成为繁重的物质生产活动的承担者。人类的物质活动和精神活动、体力劳动和脑力劳动由此分化乃至分离，随之而来的是阶级、国家和私有制的产生。

在物质活动和精神活动、体力劳动和脑力劳动分离的起始阶段，人的原始的丰富性和完整性还没有遭到严重的破坏。商业不发达、城市之间联系不紧密、居民分散稀少和需求有限、城市中各行业间原始性的分工，使劳动者仍然停留于自给自足的自然经济状态。在这种状态下生活的人们主要靠自己生产所需要的生活资料和生产工具，必须熟悉生产的全过程并通晓多种劳动技能。

自然经济的社会生产力水平的低下，决定了人对自然界狭隘的、严重的依赖关系。自然界对于人仅仅是满足自己粗陋的肉体生存需要的对象。自然物外显的有用性即使用价值，成为人的索取的唯一对象。人作为对象性的存在物，由于不能发现对象丰富的属性，因而也就不能发展和确证自身更加丰富的属性。

人对自然界狭隘的、严重的依赖关系，还决定了人与人之间狭隘的、严重的依赖关系。人类在自然面前软弱无力，只有结成某种共同体才能生存下去。最初是以血缘联系为基础的原始共同体，如原始社会的氏族、部落等。随着分工和交换的发展，出现了各种地域共同体，如奴隶社会和封建社会的农村公社和城市公社。

在这种共同体内部，"人都是互相依赖的：农奴和领主，陪臣和诸侯，俗人和牧师。物质生产的社会关系以及建立在这种生产的基础上的生活领域，都是以人身依附为特征的"[①]。人们的物质活动和精神活动，人们之间的物质交往和精神交往，只能在单个共同体的狭小范围内进行。社会的主导意识是权威主义，人们崇拜偶像、神灵和各种世俗权力。小范围的、直接的社会关系具有浓郁的人情味，而个人则缺乏独立性和自我意识。

[①] 《马克思恩格斯全集》第44卷，人民出版社2001年版，第94—95页。

三 以物的依赖关系为基础的人的独立性

人的发展的第二个历史阶段：以物的依赖关系为基础的人的独立性阶段。在这一阶段中，社会形成了普遍的物质交换、全面的关系、多方面的要求以及整体的能力的体系。由于社会关系以异己的物的关系的形式同个人相对立，人的发展依然受到社会关系的束缚和压抑。然而，它"在产生出个人同自己和同别人相异化的普遍性的同时，也产生出个人关系和个人能力的普遍性和全面性"[①]，从而为更高历史阶段的到来创造着条件。就社会的经济形态而言，这是商品经济的发展阶段，是人的发展的第二个历史形态。

随着自然经济转变为商品经济，原始的社会共同体瓦解了，原来社会形态中人与人之间狭隘的、严重的依赖关系被打破了。个人作为商品生产者和交换者，摆脱了各种自然发生的和传统的社会联系，摆脱了对直接共同体的隶属或依赖，获得了形式上的独立性。形式上的个人独立是商品经济的必然结果，也可以说是商品经济的人格化表现。作为商品生产者和交换者，人们的各种劳动以及由劳动职能形成的社会地位在质上都是等同的，差别仅仅是量上的。商品经济按其性质来说是平等和自由的。如果说商品生产确立了人们之间经济职能的平等，那么，商品交换又确立了人们之间经济行为的自由。商品交换以独立的所有权为前提，以自由竞争为条件，本质上是一种契约关系，要求意志和行动的自由。

在商品经济的平等和自由的基础上，人的个性获得了独立，或者说形成了相对独立的人格。在商品经济关系中，个人和个人利益是整个社会生活运行的轴心，也是社会前进的推动力。共同的社会利益只是作为总的运动结果在事后体现出来。个人独立的自我意识发展起来，个人的独立性得到社会的承认，并以政治、法律的形式固定下来。

[①] 《马克思恩格斯全集》第 30 卷，人民出版社 1995 年版，第 112 页。

个人的这种独立性仅仅是形式上的，而不是实质内容上的，因为这种独立性是建立在人对物的依赖性或依赖关系基础上的。人对物的依赖性或依赖关系，从外观上表现为社会关系的客体化或物化，人受物的统治，其实质是以商品交换的形式表现出来的劳动的社会关系。在这种社会关系中，个人进行的生产活动只是作为整个社会生产的一个环节而存在。生产的产品不是为了满足生产者自己的需要，而是为了满足通过市场表现出来的其他社会成员的需要。商品生产者自身需要的满足，又依赖于其他商品生产者的生产。因此，物的依赖关系中人的独立只是形式上的，商品经济条件下人的独立性外观掩盖着更为广泛的、内在的人对人的依赖性。

从人本身的发展状况看，在物的依赖关系中，个人几乎完全受物的统治。交换价值作为整个生产制度的客观基础，从一开始就包含着对个人的强制。个人完全是由社会所决定的，并且只有作为交换价值的生产者才能存在。物对人的统治首先表现为货币对人的支配或人对金钱的崇拜。商品经济中物的依赖关系是货币权利的专制王国。货币是一切物质财富和具体劳动的共同代表，人们只有占有货币，才能获得物质财富和劳动服务。人的社会地位、人和他人的关系、甚至人自身的价值，常常不是取决于实际的能力和作为，而是取决于拥有货币的多少。

个人受社会总的生产条件的摆布，也是物对人的统治的表现。在商品经济中，个别劳动只有实现其交换价值，才能取得社会性质，成为社会所需要的有用劳动。而个别劳动所创造的商品要转化为货币，又必须在商品流通和交换过程中实现。劳动的社会联系，社会的生产、流通和交换的总过程瞬息万变，似乎有一只"看不见的手"在摆布人们的命运。

造成物对人的统治的根本原因，在于人奴隶般地服从社会分工，受劳动方式的束缚。社会分工既是商品生产产生的原因，也是它的结果。随着商品生产的发展，分工越来越细，越来越多样化和专门化。每个人被牢牢固定在一种分工上，从事一种操作，重复同样的动作，单纯地运用自己身体的某一局部功能。

固定的分工不仅造成了人的片面性，也改变了劳动的性质。人的物质活动和精神活动或体力劳动和脑力劳动的分离与对立,由于分工的发展而达于极端。有分工就要有协作,有协作就要有管理和指挥。固定的分工剥夺了劳动者对劳动过程应有的判断力、意志力和审美力等精神因素,把它赋予劳动过程之外的管理和指挥者。随着精神性因素逐步从劳动中分离出来,劳动最终变成了重复被动、单调乏味的只是为了谋生才不得不从事的活动。

片面化的分工还加剧了人的劳动和享受之间的分裂。通过分工而创造了众多的社会财富,使越来越多的人得以从体力劳动中解放出来,从事管理、政治、科学、艺术、教育等社会的、精神的和文化的活动。而体力劳动者则迫于生计,被牢牢束缚在物质生产过程中。这种分工实际上把人的完整的生命活动分割开来,使诸如物质活动和精神活动、社会生活和个人生活、科学和艺术、劳动和享受这些本是个人完整生命活动和存在的不同方面,由不同的人、阶层或阶级分担。分工的每一步发展都是对人的进一步分割,把人限定在越来越狭小的领域中,使人成为单向度的片面的人。

分工所造成的个人与社会的矛盾对立达到顶点,解决矛盾的条件也随之趋于成熟。一方面,源于分工的无数单个人的片面能力的综合,形成了强大的人类全面能力体系。由此发展起来的科学技术及其在社会生产中广泛而又深入的应用,极大地推动了社会生产力的发展,增加了社会的物质财富和精神财富。另一方面,分工使人的活动变得愈加片面,也就使人的需要变得愈加全面。商品经济使人们互相交换一切活动和产品,任何人都不能不依赖同他人的交往而生活,从而导致了前所未有的普遍的社会关系的产生。这种社会物质条件一旦成熟,人的发展的新的历史阶段就到来了。

四 自由人联合体中的自由个性阶段

人的发展的第三个历史阶段:自由人联合体中的自由个性阶段。这是"建立在个人全面发展和他们共同的、社会的生产能力成为从属于他们的社会财富这一基础上的自由个性"① 的阶段。在这个阶段中，社会关系不再作为异己的力量支配人，而是置于人们的共同控制之下。人们将在自觉调节的丰富而又全面的社会关系中获得自由、全面的发展，成为具有自由个性的人。"在那里，每个人的自由发展是一切人的自由发展的条件"②。这是人的发展的第三个历史形态。

从社会经济制度来说，这一历史阶段的社会形态就是马克思所设想的共产主义社会，特别是它的高级阶段。关于这个历史阶段的特征，马克思曾通过对资本主义社会基本矛盾解决途径的分析作过全面的预测，如物质财富的充分涌流，工农差别、城乡差别、脑力劳动和体力劳动差别的消灭，社会劳动的各尽所能和消费品的按需分配，等等。在所有这些因素中，对人的发展最有决定意义的是以下几方面：

其一，旧式分工的消灭。旧式分工泯灭人的大部分才能，只使极小部分的才能得到片面、畸形的发展。旧式分工包括三种类型的差别：劳动操作方式的差别、劳动部门的差别和劳动产品的差别。事实上，主要是劳动操作方式的不同造成了人的片面发展。旧式分工消灭了，代之而起的新的分工只有劳动部门、劳动产品的差别，而没有劳动操作方式的差别。这是在全自动化操作方式普及基础上的社会分工，脑力劳动和体力劳动的差别不复存在。在未来的生产过程全部实现自动化之后，机器不但会完成原来由人手完成的加工动作，而且会承担原先由人脑承担的大量管理、指挥生产的职能。把人力从直接的物质生产过程中完全解放出来，也就从根本上消除了限制人全面发展的障碍。

其二，自由时间的充裕。自由时间的充裕对人的发展具有多方面的意义。对于人来说，时间就是生命本身，是人的积极的存在，它不仅是人的生命的尺度，而且是人的发展的空间。人们拥有了充裕的自由时间，就意味着拥有了发展和发挥自己的兴趣、爱好、力量和才能的充分的可能性。在这个自由的天地里，人不再为谋取物质生活资料奔波操劳，而是以自身的能力和个性的全面发展为目的。

其三，劳动的自主性。随着劳动者基本上退出直接生产过程以及旧

---

① 《马克思恩格斯全集》第 30 卷，人民出版社 1995 年版，第 107—108 页。
② 《马克思恩格斯选集》第 1 卷，人民出版社 2012 年版，第 422 页。

式分工的消灭，劳动性质将发生深刻的变化：由谋生手段转变为生活目的，转变为自由自觉的活动即自主劳动。自主劳动是由人们的创造性需求驱使的、无外在强制的活动形式。"劳动是积极的、创造性的活动。"① 创造是人的天性，也是人的乐趣、幸福和生命的意义所在。在未来社会中，生产条件受联合起来的劳动者共同支配，生产以社会的方式进行。科学技术在物质生产过程中的充分运用，使劳动不再成为艰难沉重的负担。劳动者摆脱了旧式分工的限制，作为具有多方面的知识和能力的主体，活跃在各个生产领域。劳动成为人的本质力量的积极实现，充满着创造的自由和乐趣。

人的发展的基本历史过程表明，人的发展经历着与生产力和社会关系发展紧密相关的由低向高的进步过程。如今，人的依赖关系占统治地位的历史形态已成为过去，现代社会处于人的发展的第二个历史阶段，即以物的依赖关系为基础的人的独立性阶段。这一历史形态的充分发展，孕育着人的发展的新的历史形态——"自由人联合体"中的自由个性。

五 自由时间：人的发展的自由空间

个人发展的前提是自己支配的自由时间，自由时间是个人得到自由发展的时间。自由时间是在必要劳动时间之外可以供人随意支配的时间。从时间上划分人的生命活动，总的说来可以分为劳动时间和自由时间两大部分。在生产力发展水平较低的历史阶段，人们的大部分时间要用于生产必要的物质生活资料，自由时间很少。这时，社会的财富主要表现为物质产品，而劳动时间则是衡量财富的尺度。在生产力高度发展的历史阶段，生产物质产品的时间被缩减到最低限度，自由时间增多。那时，自由时间的多少及其利用的程度，就成为衡量财富的尺度。

以剩余劳动为基础的自由时间的出现，对于人类的自由发展具有决

---

① 《马克思恩格斯全集》第 30 卷，人民出版社 1995 年版，第 618 页。

定性的意义。"整个人类的发展，就其超出人的自然存在所直接需要的发展来说，无非是对这种自由时间的运用，并且整个人类发展的前提就是把这种自由时间作为必要的基础。"① 有了自由时间，才有人类能力的全面发展，才有整个文明的发展。

在以往长期的历史过程中，人类不得不把更多的时间花费在物质生活资料的生产上，能够腾出的自由时间十分有限，因而不能保障全体成员的自由发展。社会中一部分人通过占有剩余劳动，从物质生产领域中摆脱出来。他们占有了剩余劳动，也就是占有了社会的自由时间。另外大多数人则被迫承担整个社会的劳动重负。他们创造了自由时间，却不能享有自由时间，他们可支配的时间都变成了劳动时间，成为"人格化的劳动时间"。上层社会由于独占了自由时间而把持了人类能力发展的垄断权，下层社会即广大劳动者则因此而"丧失了精神发展所必需的空间，因为时间就是这种空间"②。

劳动时间和自由时间的对立，在资本主义社会获得了更完全、更典型的形式。资本在追求剩余价值的角逐中提高了社会生产力，缩短了工人的必要劳动时间，为社会创造了大量的自由时间。在发达的资本主义国家中，随着科学技术的进步和劳动生产率的提高，社会的劳动时间和自由时间的比例有了明显的变化。劳动时间在缩短，自由时间在增加，人们的闲暇时间增多了。同时，由于生产过程日益科学化，创造性的脑力劳动逐步占据主导地位，对劳动者的素质提出了新的要求，因而社会所游离出来的自由时间不得不越来越多用于发展劳动者的能力。这种发展仍然服从于资本的目的，是在现代科学技术革命条件下发展资本主义生产的需要。劳动时间与自由时间的对立并没有消失，而只是采取了新的形式。

马克思说："时间是人类发展的空间。"③ 社会进步的一个重要特征，是在必要的社会劳动时间之外，为整个社会和社会的每个成员创造大量可以自由支配的时间。代表着人类发展未来的社会主义、共产主义

---

① 《马克思恩格斯全集》第32卷，人民出版社1998年版，第215页。
② 同上书，第343页。
③ 《马克思恩格斯选集》第2卷，人民出版社2012年版，第61页。

社会就具有这样的特征。利用自由时间而获得自由发展的个人，增长了知识、能力、品质、自觉性、能动性和创造性等综合素质，为个人发展充分的生产力，因而也为社会发展充分的生产力开辟了更为广阔的空间。人在自由时间中获得的全面发展，反过来又推动了社会物质生产条件的改善，甚至改变了原有劳动的性质，推动着社会的进步。

社会进步的一个重要途径，是人们通过交往、交流而相互了解，取长补短。人们之间相互学习乃至模仿，意味着经验、知识、文化资源的共享，这对于人类文明的进步是至关重要的。每个个人、群体、民族或国家都有自身在空间上和时间上的局限性。如果在空间上始终保持自身封闭的状态，一切文明的进步都要完全靠自己独立完成，那么就得以漫长的时间付出为代价。

个人、群体、民族或国家之间的学习乃至模仿，突破了主体自身空间上的界限，等于扩展了自己文明发展的空间，其结果是赢得了自己文明发展的时间。通过向先进文明的学习或模仿，可以大大缩短自身文明进步所需要的时间。在这个意义上，马克思所说的"时间是人类发展的空间"这个公式，似乎也可以做逆向表述："空间是人类发展的时间。"在人类的存在和发展中，时间与空间在一定意义上是可以互换或补偿的。不但人类存在的时间可以转化为发展的空间，而且人类发展在空间上的扩展也可以导致所需时间的缩短。而人的必要活动时间的缩短，也就意味着自由活动时间的延长。

个人、群体、民族或国家文明发展的时间可以用空间来变换或补偿，这可能是人类文明迅速发展的奥秘之一。人类似乎早已发现了这个秘密，他们相互学习，相互模仿，分享彼此的文明成果，极大地加速了整个人类文明的进步。

六　当代中国人的发展与历史使命[*]

人是一种现实历史的存在。我们共同生活在当今这样一个历史时

---

[*] 原载《前线》2014 年第 2 期。

代，共处于这样一个社会和自然环境中。这是一种历史的机缘。在当代中国历史条件下，风云际会，我们应该做什么和能够做什么？每一个有历史感的中国人都会想到这个问题。李瑞环说："历史的人必须承担历史的责任，但历史的人只能办历史的事。"① 作为历史的人，我们要能够自觉地参与历史创造，就要有自觉的历史意识。这是历史的人的历史自觉。有这种历史自觉，可以使我们在实践中更准确地把握现实历史过程，做好我们该做并能做的事。

现实的人的历史自觉包括两个大的方面：其一，外向的对于客观历史环境和条件的自觉；其二，内向的对于主体自身能力和使命的自觉。这两个方面汇集在一起，有一个问题突出出来，就是当代中国的历史坐标在哪里？这个问题的实质是要表明，我们依托怎样的时空条件，在做怎样的历史事业。通常人们在回答这个问题时，就是一句话："中国处于并将长期处于社会主义初级阶段。"这个回答在总体上是正确的。

以中国长期处于一个"阶段"来回答当代中国历史坐标，为什么在"总体"上是正确的？因为通常所说的"当代"不是一个时间节点，而是当今这个历史时代。作为历史时代的"当代"是一个很长的历史阶段。就中国社会性质而言，这个历史阶段是社会主义初级阶段。这也是我们党经过长期曲折的实践，在深刻认识当代中国国情和社会发展规律的基础上得出的正确结论。

在此基础上，党的十八大报告列出"两个百年"奋斗目标：在中国共产党成立一百年时，全面建成小康社会；在中华人民共和国成立一百年时，建成富强、民主、文明、和谐的社会主义现代化国家。就是说，到2020年左右，中国将全面建成小康社会；到2050年左右，中国将达到中等发达国家水平，基本实现现代化，并在此基础上向社会主义发展的更高阶段迈进。

可见，说当代中国的历史坐标是"中国处于并将长期处于社会主

---

① 李瑞环：《务实求理》，中国人民大学出版社2010年版，第490页。

初级阶段",指的是从 1950 年至 2050 年的一百年间。在历史的长河中,一百年是很短的一段时间。但对于生活在当代的我们来说,一百年是整整一个世纪。我们对于历史坐标的认知,不但要有跨越百年的"坐标段",而且应有更为明确的"坐标点",甚至一系列"坐标点"。当然,这些"坐标点"是在"坐标段"中移动的。

如果说,"中国处于并将长期处于社会主义初级阶段",这个判断是对于当代中国历史"坐标段"的描述;那么,我们还可以进一步聚焦当下最近的历史的三个"坐标点"。"坐标点"之一,2020 年是中国全面建成小康社会的历史"坐标点"。"坐标点"之二,2050 年是中国达到中等发达国家水平,基本实现现代化的历史"坐标点"。完成这两个历史"坐标点"的推移,意味着中华民族伟大复兴的初步实现。而要真正实现中华民族的伟大复兴,使在历史上曾经走在世界前列的中华民族再度居于世界前列,还需要奔向下一个"坐标点"。因而"坐标点"之三,2050 年以后是建设中级和高级阶段社会主义社会的历史"坐标点",实现更高阶段的建设目标需要几代、十几代乃至几十代人的努力奋斗。如果中国社会的航船不因种种原因发生目标或方向大的偏差,也许真的可以在未来迎接"中国世纪"。

这就是当代中国的一系列历史坐标。我们知道,"当代"本来就是一个在历史过程中向前推移的概念,人们所理解的"当代",大体以自己所生活的"当下"为原点,向前后各延续 50 年左右。也就是说,过去半个世纪加上未来半个世纪,共计一个世纪时间,是人们对"当代"的感觉。而人的当代感,显然与一个人对于自己人生长短的感觉相吻合。古诗说:"人生不满百,常怀千岁忧。"(《汉乐府·西门行》)人们关注的历史背景时间,大体上是人生现实时间的 10 倍左右,自然也在情理之中。

我们的历史是我们创造的。面对这样的一系列历史坐标点,我们要做的最重要的事情,概括说来,一是发展,二是改革,三是创新。

发展始终是硬道理。就我们的事业而言,发展是第一要务。中国是发展中国家,靠发展改变落后面貌,首先建成小康社会,然后建设中等发达国家,进而成为高度发达国家。发展应该说是全面的,是经济、政治、文化、社会、生态各方面的发展，同时也应该是协调和可持续的发展。这种发展是社会的全面发展，同时也是人的全面发展。对发展整体的、总的观点构成发展观。当代中国社会整体的、系统的、动态的性质，要求我们树立科学发展观，坚持全面、协调、可持续发展。发展当然会遇到新问题，甚至带来新问题；但发展也能解决问题，或者为解决问题创造条件。

改革是解决发展问题的关键。改革是人的活动方式的改变，是一定程度的革故鼎新。原有的生产方式、交往方式、生活方式、管理方式、思维方式等，一旦不能适应新条件、解决新问题，改革便不可避免，不改革就会停滞。从根本上说，改革就是解决社会基本矛盾，使生产关系适应生产力，使上层建筑适应经济基础。改革是在历史的坐标中探索和把握社会发展的方向，在整体社会关系的处理中调试社会运行。全面深化改革需要合理的顶层设计，而这种顶层设计要在实践中不断调适。旧的问题解决了，新的问题随之产生，又要调适、修正原有设计。改革是一个不断进行的系统工程，只有进行时，没有完成时。

创新是发展和改革的灵魂。发展不只是量的增长，更是质的飞跃。仅有旧的活动方式的重复或加速，不可能有更大更好的发展。发展不只是量的外延式的增长，更是质的内涵式的增长，这就是创新。创新是社会系统生命力的涌动。改革就意味着创新，有创新才有明显的进步。创新的根基在于人的创造力的激发。与传统社会不同，现代社会的突出特点在于创新驱动。现代经济是具有创新活力的经济形态。西方学者埃德蒙·费尔普斯认为："任何创新都既涉及新事物的原创（概念构思和开发），又涉及其试点应用。因此，创新依赖于整个系统。"[①] 中国现代化最重要的标志，应该是现代社会创新机制的建立和完善。

发展、改革、创新，是当代中国最重要的三个理念。这三个理念的贯彻和实现，需要有一个理性的保障条件：尊重客观规律性同发挥主观能动性相统一，也就是尊重历史规律同人民主体地位相统一。在历史规

---

① ［美］埃德蒙·费尔普斯：《大繁荣》，余江译，中信出版社2013年版，第22页。

律性和人民主体性统一的基础上,始终坚持发展、改革、创新,是我们这几代人神圣的历史使命,这将使我们在不懈的努力中迎来中华民族的伟大复兴。而一个充满生机和活力的中国,一个不断发展进步的中国,将给世界带来新的希望。

第十六章

富强：中国特色社会主义的根基[*]

富强是中国特色社会主义的发展目标，也是中国特色社会主义的现实根基。富强观念是社会主义核心价值观最重要的内容。中共十八大报告在阐述加强社会主义核心价值体系建设时明确提出，"倡导富强、民主、文明、和谐，倡导自由、平等、公正、法治，倡导爱国、敬业、诚信、友善"[①]，其中，富强位列为社会主义核心价值之首。中国社会主义核心价值观的提出，既是社会主义价值理论的高度总结，也对社会主义意识形态建设具有重大意义。从根本上说，这不是单纯的理论创造，而是整个国家、民族历史文化发展的结果，是当代中国处于社会主义初级阶段的各个民族、各个阶层价值诉求的集中反映。在全面建成小康社会、实现中华民族伟大复兴的进程中，避免"富强"观念在理论和实践上的一些误区，大力树立和践行科学的社会主义富强观，是当前我国社会发展面临的重要任务之一。

一 富强作为社会主义核心价值的必要性

富强并不是社会主义的专有概念，也不是某种社会制度特有的标

---

[*] 本章与陈琼珍合作，原载《北京航空航天大学学报》（社会科学版）2014年第3期。
[①] 胡锦涛：《坚定不移沿着中国特色社会主义道路前进 为全面建成小康社会而奋斗》，人民出版社2012年版，第31—32页。

签,严格意义上说,它是描述一个国家或社会的经济以及政治状况的词汇。富强自古以来就是中国人的价值追求,也是近代以来中华民族仁人志士和人民群众对中国发展趋势的共同期盼。中共十八大报告将"富强"上升为社会主义核心价值观的首要内容,有其深刻的必要性。

首先,富强是我国社会发展的主要目标,将其确定为社会主义的核心价值,体现了中国社会主义建设的理论自觉。社会主义作为优越于资本主义的社会制度,代表了先进的生产关系,能够极大地解放和发展社会生产力,并与社会化大生产的生产方式相适应,必将创造出比以往社会形态下人们所创造的更为发达的物质文明和精神文明。在经历了"文化大革命"期间社会主义理论和实践的倒退之后,邓小平总结惨痛的历史经验和教训,得出了贫穷不是社会主义的结论。因此,社会主义的本质不是共同贫穷,而是共同富裕,只有民富国强才是社会主义。这是我国社会发展从宏观层面的自觉定位,也是当今中国特色社会主义建设的自觉诉求。在不断推动社会改革的进程中,富强既是社会主义国家所必须达到的一种经济和政治发展水平,也是现今社会主义制度的价值尺度与准则。富强作为一种社会进步的理想,不断激励人们努力实现对于已有现实的超越。在当前中国仍处于社会主义初级阶段的时代背景下,富强观念既来源于现实又高于现实,理所当然地成为社会主义核心价值观的内在规定。

其次,富强还反映了中国特色社会主义道路的时代自觉,是社会主义终极价值目标对当代社会发展的阶段性要求。可以说,"社会主义价值观是基于历史运动、历史规律,以及人们价值实践的一种自觉建构"[①]。我国最基本的国情是处于并将长期处于社会主义初级阶段,我国社会的主要矛盾是人民日益增长的物质文化需要同相对落后的社会生产之间的矛盾。正是这样的基本国情和主要矛盾,决定了富强必然要上升为当前我国社会的核心价值。"富强"是指向改变积贫积弱、超越不富不强的现实的价值追求。在这个历史过程中,需要全社会不断地增强综合国力、改善并提高人民群众物质生活水平、满足人民日益增长的精

[①] 吴向东:《重建现代性:当代社会主义价值观研究》,北京师范大学出版社 2006 年版,第 19 页。

神文化需求，实现社会主义对资本主义在本质上的超越，并为实现共同富裕和"人的自由而全面的发展"创造物质条件。富强、民主、文明、和谐的价值诉求，反映了近代以来中国历史发展的根本要求。倡导建设富强、民主、文明、和谐的社会主义现代化国家，是改革开放新时期以来我们党的基本主张。在当代实现国家昌盛和人民幸福，符合近代以来中国人民寻求民族复兴的共同愿景，昭示着中国特色社会主义事业的美好前景，作为一种价值理想始终鼓舞着中华儿女，是能够凝聚起亿万人民群众智慧和力量的宏伟目标。

最后，富强反映了中国建设者对社会主义价值体系的自觉。资本主义社会的本质决定了其社会制度下的劳动和财富是片面的存在，温情脉脉的外衣下掩盖了其冷酷的剥削本性，工人生产更多反而失去的也更多，"劳动为富人生产了奇迹般的东西，但是为工人生产了赤贫。劳动生产了宫殿，但是给工人生产了棚舍。劳动生产了美，但是使工人变成畸形"[1]。而社会主义作为人类历史上崭新的社会制度，必然孕育着不同于以往社会制度所包含的价值和价值关系。社会主义在扬弃资本主义生产方式的基础上，必然也要创造出一种不同于资本主义的价值观念。在社会主义制度下，财富对于国家、集体和个人来说，不仅仅具有物质财富的外在意义，而且从本质上来看，它也是人的能力存在和发展的确证，同时还是人的自由全面发展的基本保障。富强表现为全体人民的共同富裕和国家的强大，是自由、民主、和谐与文明在现阶段得以确立和发展的现实基础。富强作为社会主义核心价值观的首要内容，它是倡导民主、文明、和谐，倡导自由、平等、公正、法治，倡导爱国、敬业、诚信、友善的前提，并且与这些观念密切联系、相互促进，共同构成社会主义核心价值体系。

在中国特色社会主义的时代语境中，富强彰显了一种对不同于"以阶级斗争为纲"的社会发展道路的价值认同，是对"革命就是解放生产力，革命就是发展生产力"的传统价值定位的超越。富强的价值观念是基于中国现实国情对社会主义发展道路的全新理解，它意味着在新时

---

[1] 《马克思恩格斯全集》第3卷，人民出版社2002年版，第269—270页。

期下，中国特色社会主义建设需要新价值理念的引领。

二 富强作为社会主义价值观范畴的界定

在中国特色社会主义的语境中，富强从一个经济和政治的规定性范畴上升为全民性的价值共识，转化为一种基于社会主义价值关系的价值立场和追求，其内在规定性也必然要发生相应的变化。只有这样，概念内涵才能够充分体现社会主义核心价值观的社会属性，也更能够反映当前中国特色社会主义建设的时代内容。

作为社会主义核心价值的富强，反映了对中国特色社会主义建设的制度优越性价值与国强民富的功利性价值之间关系的新定位。从社会历史发展的普遍意义来说，富强是人类共同的价值追求。中国自古以来就有国强民富的思想。例如，《管子·治国》开篇就指出："凡治国之道，必先富民。"《论语·侍坐章》中所论及的"足民"，实际上就是富民的主张。近代以来，面临鸦片战争后中国积贫积弱的状况，洋务派提出"辅以诸国富强之术"，到维新派提出"变法图强"的主张，再到以孙中山为代表的资产阶级革命派发出"实业救国"的呼吁，中国先进的知识分子开展了一次又一次对富强之路的艰辛探索。

从主体的角度分析，富强作为核心价值，彰显了社会主义社会各类主体的最大价值共识。中国的社会主义社会经历了从计划经济向市场经济的转变，在此过程中，解放和发展了生产力，给人们带来了生产方式的转变以及社会结构的大调整，使得人们的价值取向多元化。特别是自改革开放以来，随着市场经济的发展以及社会转型，社会阶层的分化日益明显，产生了形形色色社会主义社会交往主体，既包括市场经济中"原子化"的个人，也包括社会领域中具有共同体属性的集体。各类主体寻求自身利益最大化而导致社会矛盾趋于尖锐，引发了各类社会冲突，导致社会各界达成价值共识变得越来越难。以富强作为社会主义核心价值的价值观，为当代中国社会共识的凝聚和形成奠定了最重要的基础。

从社会发展的趋向来说，富强是建设中国特色社会主义所追求的核心目标，也是当下中国必须面对的最重大的课题。把中国建设成为一个富强、文明、独立的国家，这是近代以来广大人民孜孜以求的理想，也是社会主义的题中应有之义。与马克思当初所预料的不同，社会主义社会制度最早并不是产生在发达的资本主义国家，而是出现在落后的东方国家。我们是在经济极为落后的情况下开始建设社会主义的。社会主义革命和改革实践中反复遭受的挫折，让人们深刻地认识到：贫穷不是社会主义。经过30余年的改革开放，中国正在迈入中等收入国家的行列，经济与社会发展进入了新阶段。随着经济的发展，社会的新旧问题相互叠加在一起，涉及如社会公正、部分官员贪污腐败、生态环境和精神文化方面等诸多问题。现实中的两极分化、民生艰难、生态危机等问题的积累，引发了具有普遍性的社会不满情绪。从根源上说，发展是解决这些矛盾的根本出路，诚如邓小平的判断："发展才是硬道理。"①

从价值客体的角度看，富强作为核心价值，意味着社会主义社会中新的价值关系定位。在价值关系上，人与自然的关系不能独立于人与人的社会关系之外。把我国建设成富强、民主、文明、和谐的社会主义现代化国家，这里所说的"富强"，其时代语境不能仅仅局限于传统意义上物质财富丰足的意义，而应当看作基于当下现实的对马克思主义理论发展以及中国前途命运的一种展望。把富强提升到核心价值观的高度，意味着这并不是单纯物质财富的追求，而是以一种科学的、最佳的方式妥善处理社会主义社会中人与人、人与社会、人与自然的关系。只有真正处理好这些关系，才能建设真正富强的中国，实现中华民族的复兴以及永续发展。以追求 GDP 增长为唯一目的，并不是真正的富强的内涵所在。在以人的自由而全面发展为最终价值导向的社会主义社会中，始终坚持"以人为本"，其关键在于，任何一种主体在价值关系层面上，都不能以单独的价值客体形式呈现。否则就是把价值主体降低到了作为客体的对象物的水平，而不是作为主体的存在的人的水平。"以人为本"，这是一种处于社会主义基础性价值关系层面上的价值判断和价值

---

① 《邓小平文选》，第3卷，人民出版社1993年版，第143页。

追求。

　　富强是民主文明和谐的基础。当前的中国如果脱离现实国情,在缺乏富强前提的条件下推行资本主义国家的"自由、民主、人权"价值观,势必更难找到自身的位置,继而沦为发达资本主义国家的附庸,并进一步陷入假"自由、民主、人权"的泥潭,最终既谈不上文明,更遑论和谐。所以,中国要继续大力推进社会主义民主政治建设,坚定不移地走中国特色社会主义的政治发展道路;继续大力推进社会主义先进文化大发展与大繁荣,坚定不移地保持中国特色社会主义的文化前进方向;继续大力保障和改善社会主义国家的民生状况,坚定不移地建设中国特色社会主义的和谐的市场经济。实现这些目标,都需要强大的物质基础作为前提。因此,我们要把实现富强放在首位,以经济建设为中心,解放和发展生产力,以富强为核心价值去追求,凝聚最广大人民群众的决心和力量。

　　总之,富强首先是与生产力发展联系在一起的,它既指生产力发展基础上的物质生活的富裕,然而又不仅限于经济层面物质生活资料的充裕,还包括精神文化生活的优裕。在从以阶级斗争为纲向以经济建设为中心的转变过程中,在主体和客体均呈现出价值取向多元化趋势时,要能够最大限度地团结人民群众、凝聚人民群众的力量,就要找到中国社会主体的最大公约数,即最重要的共同利益。富强作为核心价值观念所带来的,并非仅仅是对物质利益及其最大化的功利性追求,也并非单纯从传统自然经济价值观向现代市场经济价值观的转变。富强是作为一种国家整体宏观的时代理念,作为基础性的价值关系的定位,在更深的层面上预示着各类主体具有在更强的独立精神的条件下和更大的自由空间里所得出的价值共识。

三　富强作为核心价值观念的践行误区

　　实现中华民族伟大复兴的过程,也就是实现建设社会主义富强国家的过程,即将富强这一核心价值转变成现实的过程。在这一过程中,

"富强"的价值理念实际上已经不同程度地渗入中国特色社会主义社会经济、政治、文化、生态建设等各个层面，直接或间接地推动物质文明和精神文明建设，具有无可置疑的积极作用和重要意义。但同时，屡见不鲜的负面事件也凸显出我们在建设富强的社会主义国家的过程中，有时会陷入某些对"富强"的价值观念误区。这主要表现为以下几个方面：

第一，无视国富以民富为基础的富强观。社会主义国家的富裕是以国家财富的总量为基础，但增加国家财富的总量并不是富强价值观的唯一追求。富强不仅是某个人或者某一社会集团特殊利益的实现，而是包括全社会与全体人民的普遍利益的实现。随着改革开放的不断深入，国家综合国力显著提升，2013年国内生产总值即已达到51.9万亿元，跃升到世界第二位，公共财政收入11.7万亿元。[①] 中国富起来了。然而，国富不等于民富，只有人民富裕了，一个国家才可能是富强的。在社会主义市场经济体制中，个人对合法权益的追求，成为实现自我的主体性的重要途径。保障个人合法权益，是确保社会主义市场经济平稳运行的必要条件，也是人民认同社会主义核心价值观的基本前提。因此，在市场经济体制下，如何确认和保障个人的合法权益，成为一项重要而艰巨的任务。在人民民主专政的国家里，政府是富强社会的建设者，也是富强价值观的引领者。政府既要保障社会经济、政治、文化、生态体制的良性运作，又要尊重、维护个人的合法权益，为全体人民的富裕创造良好的条件。确立富强社会、富强价值观的规范性、制度性基础，并最终确保真正做到权为民所用、情为民所系、利为民所谋，这是政府对人民、对社会的职责。

第二，无视社会主义共同富裕本质的富强观。"富强"作为中国特色社会主义核心价值，既非封建主义的，也非资本主义的，而是社会主义的，是在中国特色社会主义的历史和时代背景条件下的价值理念。"共同富裕"是社会主义的本质，因此，少数人极端富裕而多数人仍然贫穷就不是社会主义。当然，全体人民的共同富裕并不是平均主义，不

[①] 温家宝：《2013年政府工作报告》，《人民日报》2013年3月6日。

是毫无差别的"同等富裕"。由于地理环境、历史传统、自然的生理条件和文化教育背景等因素造成人的天然的社会差别,不可能有平均的物质生活和统一的精神文化生活。邓小平将是否造成两极分化,看作衡量中国特色社会主义改革成功与否的标准。他认为,"如果导致两极分化,改革就算失败了"[①]。当前中国社会存在发展不平衡的状况,全体人民的共同富裕还远未实现,这也成为社会矛盾频发的主要原因之一。因此,为把我国建设成为富强的社会主义国家,要将更多的精力放在如何实现全体人民共同富裕、实现科学发展的课题上。

第三,无视精神文化生活重要性的富强观。随着改革开放的发展,在社会财富得到极大增长的同时,人们也进入到了一个精神文化相对空虚的时代。作为一种价值观,富强绝不仅意味着物质生活资料的充裕,而且也包括精神生活的多样化和文化品质的提高。如果仅仅注重眼前的物质利益,而不关心人的精神面貌的改善,那就无法造就真正富有而又强大的社会。因为社会以人为本,社会的强大在于人的强大。人的强大不仅仅是财富的积累,更重要的是精神和思想的强大;社会的进步也不仅仅是生产水平的进步,更重要的是社会文化的发达。虽然在当前的精神文化生活领域出现价值观念多元化的局面,但是,社会主义的富强观绝不是对任何价值理念都保持中立宽容、甚至照单全收的态度。社会物质生活和精神文化生活的丰富,并不意味着对内容无所择取。因而,对一切危害社会发展的人、事以及价值观,必须与之进行坚决的斗争。面对西方资本主义国家的"自由、民主、人权"等观念的输入,我们一方面要坚定马克思主义的立场,揭示其虚假的本质;另一方面,我们必须积极应对资本主义价值理念的冲击和挑战,大力建设社会主义先进文化,扩大社会主义文化与价值观在世界范围内的影响。

第四,无视自然生态价值的富强观。以牺牲自然生态和人的生存环境为代价,并不能实现国家真正的富强。社会主义的富强价值观念意味着人与自然新的价值关系的定位。在价值关系上,人与自然的关系是整个人类社会存在和发展的基础。然而,现实中社会经济发展与自然生态

---

① 《邓小平文选》第3卷,人民出版社1993年版,第139页。

环境之间的关系，似乎始终总是一对矛盾体。在社会主义市场经济体制下，作为营利性市场活动的主体，人们以追求利润为基本价值立场和最终价值目标。在经济建设过程中，人们过分追求经济效益，从而忽略生态环境的恶化，甚至恣意破坏自然生态以实现经济增长的现象屡屡发生。西方发达国家已经为曾经的"先发展，后治理"的发展逻辑付出了巨大代价。为避免重蹈西方覆辙，中共十八大报告明确提出，"努力建设美丽中国，实现中华民族永续发展"，这意味着只有实现"美丽中国"，才能真正实现"富强中国"。"美丽中国"的发展目标彰显着社会主义的价值指向。以"美丽中国"为社会发展的目标，体现了中国共产党致力于用最佳方式来妥善处理人与自然的关系、生态环境与社会经济的关系、公平与效率的关系，等等。在以人的自由全面发展作为最终价值导向的社会主义社会中，保护自然生态环境是不可缺少的重要环节。

在全面建成中国特色社会主义小康社会的语境中，"富强"已经从一种一般性追求上升为中国特色社会主义本质性的核心价值观念。在价值观多元化的当前社会，科学地、全面地理解富强价值观，以防落入价值观建设的误区，是一项极为重要而又迫切的任务。

四 富强作为社会主义核心价值观的实现之路

富强是中国特色社会主义核心价值观的题中应有之义。追求富强是对中国特色社会主义理论体系以及现实状况的高度凝练和总结，反映了当代中国发展的核心主题，而它的落实和实现也就成为众所瞩目的焦点。"富强"价值观的实现，需要我们当代人乃至数代人的勤奋开拓，也需要各个领域人们的通力合作。其中，既包括坚持解放和发展生产力、始终以经济建设为中心，也包括坚定社会主义价值立场、坚持走共同富裕道路，还包括坚持维护社会公平正义、建设社会主义和谐社会等任务。只有在此基础上，"富强"才能真正成为中国特色社会主义社会有机体良性运转的内在驱动力，也才能内化为中华民族的精神气质，进而也才能成为社会有机整体的发展趋向，最终成为凝聚全国各民族人民力量的鲜明旗帜。要实现这一宏伟目标，具体来说有以下三条要求：

第一，坚持解放和发展生产力，始终以经济建设为中心。践行"富强"价值观的关键，在于落实生产力的可持续发展。马克思主义认为，物质资料的生产是一切历史的第一个前提，生产力是人类社会发展的决定性力量，是人类历史存在和发展的基础。[①] 对当前中国而言，发展是解决当前中国两极分化、社会矛盾、生态危机等诸多问题的关键所在。坚持解放和发展生产力，把中国特色社会主义事业做大做强，增强社会主义国家的综合国力，扩大中国特色社会主义的国家影响力，为全面建成小康社会、逐步实现人的全面发展奠定坚实的物质基础。由于我国仍处于并将长期处于社会主义初级阶段，该阶段的主要矛盾是人们日益增长的物质文化需要同落后的社会生产之间的矛盾，因而我们必须始终坚持以经济建设为中心不动摇，以科学发展为主题，转变经济发展模式，实现以人为本、全面协调的可持续发展。

第二，坚定社会主义的价值立场，坚持走共同富裕的道路。在思想文化领域，强调"富强"是社会主义核心价值，绝非毫无原则地提倡任何方式的发家致富，而必须坚持社会主义的本质所规定的根本任务与根本目标。社会主义的根本目标就是共同富裕，因此，践行社会主义富强观，走中国特色的富强之路，必须坚定社会主义价值立场，坚定不移地走共同富裕道路，使改革的成果更多、更公平地惠及全体人民，反对少数人或群体将自身的利益建立在对大多数人的剥削的基础上。中国特色社会主义制度"有利于维护和促进社会公平正义、实现全体人民共同富裕"[②]，这也说明，只有将经济发展的成果落实到每一个百姓身上，才能真正显示社会主义制度的优越性。解放和发展生产力是全体人民共同富强的物质基础，然而它并不必然保证实现全体人民的共同富强，实现它还必须靠社会主义制度的保障。因此，一方面，我们需要不断巩固和增强公有制的主体地位，为共同富裕提供制度保障。在社会主义初级阶段，国家建设仍要毫不动摇地巩固基本经济制度，不断发展壮大公有

---

① 《马克思恩格斯选集》第1卷，人民出版社2012年版，第158页。
② 胡锦涛：《在庆祝中国共产党成立90周年大会上的讲话》，《人民日报》2011年7月2日。

制经济，为共同富裕奠定物质基础。另一方面，我们还需要改革分配制度，建立起完善的社会保障体系，切实有效地解决地区之间、部门之间的利益矛盾和社会成员收入分配两极分化的问题。

　　第三，坚持维护社会公平正义，建设社会主义和谐社会。在促进经济富强的同时，国家建设需要把维护社会的公正放在更加突出的位置。由于当前我国处于社会转型期，社会矛盾频发，住房、医疗、教育、就业、食品安全、社会治安等关系群众切身利益的问题较为繁多，因此，我们需要在把蛋糕做大的同时，也要把蛋糕切好，努力维护和实现收入分配的平衡和贫富差距的缩小，让老百姓过上安居乐业、有尊严的生活。由此可见，富强与民主、文明、和谐是密不可分的。换言之，在实现富强的同时，社会发展也要将民主、文明、和谐放在更加突出的位置。所以，政府需要以民主、文明、和谐为价值取向，进行制度设计并以之为实践原则，最终实现政治民主、制度文明以及人与自然的和谐、人与人的和谐、人与社会的和谐、身与心的和谐、生产与消费的和谐等目标，使得富强成为中国现代文明的集中体现，并与人的自由全面发展的原则达成内在的统一。

　　综上所述，富强是人类共同的具有一般性、普遍性的价值追求，更是中国特色社会主义背景下中华民族伟大复兴的核心目标。诚然，在当今全球化时代的条件下，中国走向富强之路会受到来自世界其他国家的影响。但是，我们更应该从自身的实际出发，批判性地审视国外经济腾飞的经验教训，借鉴其中优秀的人类文明的成果，使之为我所用，探索出一条适合中国特色发展国情的富强之路。

第十七章

文明复兴：当代中国问题核心[*]

真正的哲学是思想中的时代，是时代精神的精华。当代中国哲学面对的是怎样的时代，这个时代的核心问题是什么？就世界而言，当今处于和平与发展的时代；就中国而言，我们处于建设中国特色社会主义的时代。这是在世界性的现代化潮流中，中国迅速走向现代化，实现中华民族伟大复兴的时代。在这样的时代中，中国哲学所要面向的"中国问题"的核心，就是中华文明的现代复兴。

当代中国面对的迫切问题很多，贯穿其中的核心问题即"总问题"，可以说就是中华文明的复兴。这就是我们正在做的事情，当代中国哲学关注和研究的主题就在这里。正如习近平指出的，"我国哲学社会科学应该以我们正在做的事情为中心"[①]。明确这一点，对于找准方向，凝聚力量，推动哲学理论特别是马克思主义哲学理论的创新发展，无疑是十分重要的。

一 中华文明历史发展与现实境遇

文化与文明是一个国家或民族生存与发展的根本。文化与文明互为

---

[*] 本章原载《北京日报》2017年2月20日。
[①] 习近平：《在哲学社会科学工作座谈会上的讲话》，人民网（http://politics.people.com.cn/n1/2016/0518/c1024－28361421－2.html）。

表里，文化为里，文明为表。一个国家或民族因文化而致文明。文化既是名词又是动词，其动态意义在于文而化之或以文化之。我们的文明被称为"中华文明"。塞缪尔·亨廷顿列举的世界主要文明有：中华文明、日本文明、印度文明、伊斯兰文明、西方文明、拉丁美洲文明、非洲文明等。

中华文明是中华民族这一历史文化共同体创造的。其深厚渊源被概括为："超百万年的文化根系，长万年的文明启步，五千年的古国，两千年的中华一统实体。"[①] 在现代意义上，其既是以中国大陆为主体、整合台港澳为一统的现代国家概念，也是包括散居世界各地数千万华侨在内的文化哲学概念，或者说是一种中华大文化概念。中华文明，以民族的观点论，体现为"中华民族的多元一体格局"[②]；从文化的维度看，展示了"中华文化的多维向心结构"[③]。

文明始终与社会发展状态紧密相关。在几千年的封建社会中，中华文明在农业经济的基础上达到了高度的自洽，成为维系中国传统社会系统运行的文化支柱。随着现代西方文明的崛起，特别是在明清两朝闭关锁国的政策下，中西文明的力量对比发生了巨大变化。在中国逐渐沦为半封建、半殖民地的过程中，不仅中华文明，而且整个中华民族都陷入了危亡之中。在一百多年救亡图存的民族解放运动中，不仅中国人民经受了巨大的考验，而且整个中华文明也经历着历史的洗礼，开始了向现代转变的进程。作为中华文明主体的中华民族，必须首先获得生存权，中华文明才能得以保存和发展。中国共产党领导的革命的成功和1949年中华人民共和国成立，使中华文明的现代生存根基得以完全确立。

1978年开始的中国改革开放，在中国特色社会主义物质文明和精神文明建设的大潮中，揭开了中华文明当代的绚烂一页——具有中国特色社会主义现代性的中华文明。在这种新的复兴中，中华文明的博大胸怀与和谐视野额外引人注目。有学者认为，中国文化经历了四个生成周

[①] 苏秉琦：《华人·龙的传人·中国人——考古寻根记》，辽宁大学出版社1994年版，第245页。

[②] 费孝通：《中华民族多元一体格局》，中央民族学院出版社1989年版。

[③] 徐国宝：《〈格萨尔〉与中华文化的多维向心结构》，博士论文，中国社会科学院研究生院，2000年。

期——华夏期、夷夏期、中印期、中西期①。如果已有的四个周期可以这样称呼的话，那么，接下来的应该是中华文化的"中（华）世（界）期"，它正在生成之中。在"中世期"，中华文化将在与世界各种文化的全面互动中走向新的复兴。中华文化的复兴即华夏文明的复兴。

二 哲学思想对中华文明演进的影响

在中华文明的演进中，哲学作为精神文明的核心部分，始终贯穿其中。从先秦诸子、两汉经学、魏晋玄学，到隋唐佛学、儒释道合流、宋明理学等学术思想的繁荣时期，大量哲学经典，包含着丰富的思想理论内容、治国理政智慧，"为古人认识世界和改造世界提供了重要依据，也为中华文明提供了重要内容，为人类文明作出了重大贡献"②。中国哲学对于中华文明发展最深刻的影响，在于这种整体性、历史性、批判性、反思性的思维方式，为我们的文明提炼了一系列根本理念。

中国哲学的基本理念是中华文明的核心理念。中华文明现代复兴的一个重要条件，是中华文明理念在继承传统文明理念和立足当代现实基础上的重建。文明的基础和内涵是文化。文化首先是动态的过程，在生成和运动中开出文化的花朵，结出文化的果实，达到文明的状态。人类文明存在着矛盾甚至冲突，这是历史的事实。但矛盾并非不可解决，冲突并非不可化解。化解是动词意义上的"文化"过程，即"文而化之"或"以文化之"。矛盾、冲突在一定条件下可以转化、"文化"为和谐。社会和谐包括世界和谐，归根结底在于社会、世界文化的和谐。

文化的本质即以"文"的方式化解冲突。使冲突"文化"，就是使冲突化解为对立，对立化解为矛盾，矛盾化解为差异即不同。而不同的事物是可以和谐相处、共同发展的，这就是不同而和，即中国古人所说的"和而不同"。文化的本质即有序化，即"以文化解"冲突，使之和

---

① 郭沂：《从文化生成机制看中国文化的形成与演变》，《哲学研究》1989 年第 4 期。
② 习近平：《在哲学社会科学工作座谈会上的讲话》，人民网（http://politics.people.com.cn/n1/2016/0518/c1024 - 28361421 - 2. html）。

谐有序。当今世界各种文明是不同的，但不同并不是"冲突"的理由。超越两极对立的思维方式，寻求对立统一之路，是中华文明核心理念对于当代世界文明发展最重要的价值。同任何文明的核心理念一样，中华文明的核心理念具有哲学的特征。

正如马克思所言，"哲学正在变成文化的活的灵魂，哲学正在世界化，而世界正在哲学化"，"必然会出现这样的时代：那时哲学不仅在内部通过自己的内容，而且在外部通过自己的表现，同自己时代的现实世界接触并相互作用"。[①] 在中国，这是马克思主义哲学中国化的过程，同时也是中国传统哲学现代化的过程，是中国哲学、西方哲学、马克思主义哲学融会贯通，作为当代中国哲学从理论思维高度面向和回答中国与世界重大问题的过程。这些重大问题，归根结底是围绕中华文明的现代复兴而展开的。

三 围绕文明复兴的"中国问题"群

在哲学层面上，围绕中华文明复兴的"中国问题"是一个问题群。当然，一个"群"中的某个问题，在下一个层次上也可以构成进一步的问题群。在我们已经触及并研究了一些问题的基础上，对于这个问题群加以梳理，可以达到一定程度的系统把握。凝聚在这些概括性的话语背后的，是我们多年来通过反复实践和认识获得的基本经验和共识。

过去——现在——未来。中华文明的文化渊源、发展过程、现实状态和未来走向如何，贯穿其中的历史大逻辑和大趋势是什么？五千年从未中断的文明，多次身临险境甚至浴火重生，这种文明的强大生命力在哪里？如果说过去是农业文明，现在是工业文明，那么未来是什么文明？后工业社会的文明是信息文明或网络文明？未来文明的民族性和世界性、主体性和公共性的关系如何？世界文明的未来会失去民族个性而同质化吗？中华文明如何在走向世界并与其他文明交往、交流和互动中

---

① 《马克思恩格斯全集》第1卷，人民出版社1995年版，第220页。

继续走自己的道路?

区域——国家——世界。从空间上看,文明总是从特定地域中发展起来,凝聚为民族国家,进而以此为根基走向世界。中华文明的几大区域整合在当代发展中日趋明朗,势头强劲,这种发展的内在动力是什么?如何认识区域条件和区位优势,把握区域发展规律,确定区域发展战略,推动区域可持续发展?从国家层面支持区域发展,反过来区域发展又成就国家整体发展。中华文明的现代国家形态如何建构?在世界舞台上,中国如何作为一个负责任的大国发挥自己的作用?我们如何与周边国家相处,如何与世界各国,特别是与俄国、美国这样的世界大国处理双边关系?如何建构更好的国际秩序?一种新型的世界性的人类文明应该是怎样的?一个公共性的世界是否需要一种公共主义的文明观?

当代"中国问题"的方面和层面很多,以上只是列举一二。当代中国新发展理念,即"创新、协调、绿色、开放、共享"的发展理念,包含着深刻的哲学内涵。我们对于社会主义核心价值观的概括,无论在国家、社会或个人层面,都凝结着丰富的哲学理性。所有这一切,都属于中华文明现代复兴的精神层面。为了解决问题,先要明确问题。期待社会和学界从梳理问题开始,切实推进中华文明复兴中重大问题的解决。

第十八章

走向现代复兴的中华文明[*]

文化与文明是一个国家或民族生存与发展的根本。一个国家或民族因文化而致文明。文化与文明互为表里,文化为里,文明为表。我们的文明被称为"中华文明"。塞缪尔·亨廷顿列举的世界主要文明有:中华文明、日本文明、印度文明、伊斯兰文明、西方文明、拉丁美洲文明、非洲文明等。在漫长的人类史中,中华文明最伟大的一次复兴之旅正在途中。她面临的机遇前所未有,面对的挑战亦亘古未见。我们立足当代,需要依托历史,面向未来。在这里,中国文化的自觉表现为中华文明的自觉。中华文明经历了怎样的历史道路,这种文明的基本理念和根本使命是什么?世界关注这个问题,我们自己也在思考。

一 "人化"之文化与文明

就词义而言,文化既是名词又是动词,其动态的意义在于文而化之或以文化之。文明多做名词用,做名词时,是文化(开化)到"明"的状态。"见龙在田,天下文明"(《周易·乾》),则是动词,文明行动起来了,天下人文明了。"内文明而外柔顺"(《周易·明夷》),则是形容词,内心很文明,外表很柔顺。"文明以止,人文也……观乎人文,以化成天下"(《周易·贲》),这又是名词,意思是止于文明,止于至

---

[*] 本章与刘克苏合作,原载《延边大学学报》(社会科学版)2016年第4期。

善，明明德于天下，以永续发展的文明为最高目标。

我们"文明以止"，止于越来越高的文明；我们"文明以说（悦）"（《周易·革》），乐于不断变革文明；我们"文明以健"（《周易·同人》），凭文明而刚健有为；我们"大有，其德刚健而文明，应乎天而时行"（《周易·大有》），与天地同心，与时代同行。

我们的祖先自古以"华夏"称族群和国家，亦称"中华"或"中国"。"华"为"花"之原字，以花为名，形容其文化之美。① 疏注曰："夏，大也。故大国曰夏。华夏谓中国也。"陶成章说："我中国自称其国之普通语曰华夏，夏者大也，华者美也，华夏云者，犹言美大邦之义。"② 远古时从尧舜禹到夏商周"三代"，由禅让制向世袭制的转变，标志着这片广袤大地上私有制和奴隶制国家的起源和发展。从夏朝起，中华民族日益壮大，于是有了作为族群的华夏之称。梁启超主张于小民族主义之外，更提倡大民族主义。这一"大民族"，也就是包括汉、满、蒙、回、藏、苗等在内的"中华民族"。中华民族"自始本非一族，实由多数民族混合而成"③。

中华民族历史文化共同体，其深厚的渊源被概括为"超百万年的文化根系，长万年的文明启步，五千年的古国，两千年的中华一统实体"④。在现代意义上，她既是一种以中国大陆为主体、整合台港澳为一统的现代国家概念，也是包括散居世界各地的数千万华侨在内的文化哲学概念，或者说是一种中华大文化概念。中华文明，以民族的观点论，体现为"中华民族的多元一体格局"⑤；从文化的维度看，展示了"中华文化的多维向心结构"⑥。

1978年开始的中国改革开放，在中国特色社会主义物质文明和精神文明建设的大潮中，揭开了中华文明当代的绚烂一页——具有中国特

---

① 参见杨度《杨度集》（一），湖南人民出版社1986年版，第374页。
② 汤志钧编：《陶成章集》，中华书局1986年版，第247页。
③ 梁启超：《饮冰室合集》（八）文集之四十一，中华书局1989年版，第4页。
④ 苏秉琦：《华人·龙的传人·中国人——考古寻根记》，辽宁大学出版社1994年版，第245页。
⑤ 费孝通：《中华民族多元一体格局》，中央民族学院出版社1989年版。
⑥ 徐国宝：《〈格萨尔〉与中华文化的多维向心结构》，博士论文，中国社会科学院研究生院，2000年。

色的社会主义现代文明。在这种新的复兴中，华夏文明的博大胸怀与和谐视野额外引人注目。华夏文明即中华文明，称"华夏文明"更能表明其源头和主流的特征。有学者认为，中国文化经历了四个生成周期——华夏期、夷夏期、中印期、中西期①。如果已有的四个周期可以这样称呼的话，那么我们认为，接下来的应该是中华文化的"中（华）世（界）期"，它正在生成之中。在中世期，中华文化将在与世界各种文化的全面互动中，也即人类命运共同体的创建过程中，走向新的复兴。

中华文化的复兴即中华文明的复兴。中华文明的理念是这一文明的核心观念。中华文明复兴的一个重要条件，是中华文明理念在继承传统文明理念和立足当代现实基础上的重建。中华文明一方面与古希腊文明、古罗马文明、古埃及文明、古印度文明、古波斯文明等遥相呼应，一方面与现代的东亚文明、印度文明、伊斯兰文明、西方文明、拉丁美洲文明、非洲文明等息息相通。目前，中华文明的中西期尚未结束，中世期正在萌芽、生成。

以中华文化长达万年，特别是近五千年灿烂的文明为底蕴，以近代以来浴火重生的千锤百炼为前提，以当代世界东西方文明、南北方文明、中外文明的相互激荡为舞台，我们踏上了中华文明现代复兴之道。这是一种"独立自主，广学师友，人化冲突，和平复兴"的追求。她受恩于历史遗产，执着于不断重建，担荷着世界责任和现代使命。

文化作为"人化"，原本就是对人与人之间矛盾冲突的"文化"，其实质在于对非人的关系的"人化"。"人化"冲突是疏导矛盾，是以人的方式解决人的矛盾，解决矛盾才能避免冲突。"人化"冲突，即以人道的方式化解冲突，这是一种文化力，即一种趋向有序的力量。这是推动人类社会生活有序化，减少无序性、增强有序性的力量。作为序之力的文化力，是在无序与有序的矛盾之中发挥作用的。无序是对有序的否定，有序是对无序的否定；有序可以退化为无序，无序可以进化为有序。作为序与无序的文化与反文化的关系也是这样。文化在与反文化的

---

① 郭沂：《从文化生成机制看中国文化的形成与演变》，《哲学研究》1989年第4期。

矛盾、斗争与转化中发展。反文化可以是文化本有的因素，成为促进文化发展的一种推动力量。

文化冲突的发生，常常是因为一种序被另一种序当作是无序、反序，一种文化被另一种文化当作是没文化、非文化，新序、新文化可以被旧序、旧文化当作是无序、反文化。因此，一种强健博大的文化不但需要理解冲突、包容无序，而且可以真诚欢迎冲突的生成、发展与和解。它的高级形态或境界，就是将一切外部冲突化作自我激励、自我加压、自我批评、自我挑战、自我超越。

文化的真义无非就是这种自强不息、自我文明的过程，就是这种不断反省自己文明之不足，从而不断自我提升文化文明程度的过程。一个人、一个民族、一个国家假如不能通过自我文明的过程来实现自己的文明，那就没有任何力量可以使之文明。反之，一个人、一个民族、一个国家假如可以通过自我文明的过程来实现自己的文明，那就没有任何力量能够拒之于文明大门之外。

二 中华文明及其拥有的理念

"富有之谓大业，日新之谓盛德。"（《周易·系辞》）中华文明有了这种日新月异、自强不息的精神，海纳百川、厚德载物的情怀就油然而生了。"万物并育而不相害，道并行而不相悖"（《中庸》），这种历史遗产的当代表述之一，就是"文化多元，和平共处"。中华文化的复兴即中华文明的复兴。中华文明复兴的一个重要条件，就是中华文明理念在当代的建构和发展。

中华文明复兴在即。这是我们对自己国家、民族文化和文明发展的自我意识，是对历史悠久的中华文明当代走向的反思。中华文明自炎黄时代算起七千年[①]，自"三代"（夏、商、周）算起五千年，几度兴起，几经沉沦，面临着在 21 世纪再度复兴的历史机遇。2000 年第 12 期

[①] 蒋南华：《中华文明七千年初探》，人民出版社2002年版。

《瞭望》杂志编辑部文章,题目是"中华复兴就在百年间",道出了中华文明复兴的历史必然性。

说21世纪是中国的世纪未必正确,因为世界上还有一些国家和民族也面临着重大的发展机遇。但要说中国将在21世纪实现中华文明的伟大复兴,似乎很少有人怀疑。世界是一个大舞台,这个舞台在新世纪的主角不会只有中华民族,但中华民族无疑将是这个舞台上最重要的角色之一。

人们常常谈论中国的"和平崛起"。针对国外有所谓"中国威胁论",强调中国当代发展的"和平"性质是必要的。但用"中国和平崛起"的提法取代"中华文明复兴"的提法不十分妥当。因为"崛起"给人的感觉像是"暴发",并且不包含"复(再)兴"的涵义。中国当代文明的发展趋势不同于德国、日本、美国等国的"崛起"。这些国家及其所代表的文明的"崛起"是第一次兴起。而中华文明第一次兴起也许可以追溯至炎黄时代,第二次兴起可以说在夏、商、周时代,后来几度衰微又几度复兴,这在世界文明史上是罕见的。

清史专家戴逸先生认为,中国封建社会的"盛世"有三个,即西汉"文景之治"、唐代"贞观之治"和清代"康雍乾盛世"。其中每一个"盛世"都持续了一百多年时间。清代康雍乾盛世是中国历史上发展程度最高、最兴旺繁荣的盛世。① 这几次所谓"盛世",都可以看作中华文明在自然经济时代的几度兴起。

中华文明将作为不同于西方文明的一种文明,在未来几十年间,发展成为有自己特色的、在世界上产生深远影响的重要人类文明,甚至可能在许多方面弥补、矫正目前西方文明的不足和偏颇。这种历史的大趋势已经越来越明显了。早在19世纪末,中国伟大的民主革命先行者孙中山先生就呼吁"振兴中华"②。一百多年来,这个多少代中国人的梦想,正在一步步变为现实。作为炎黄子孙,我们生逢中华文明现代复兴的时代,肩负着巨大的历史责任,为中国,也为世界。

---

① 郭成康等:《康乾盛世历史报告》,中国实言出版社2002年版。
② 郑大华等:《近代"中华民族复兴"之观念形成的历史考察》,《教学与研究》2014年第4期。

从思想、理论和学术的角度讲，当前存在的一个问题是：一个历史悠久的正在复兴的伟大文明，竟然模糊了自己根本性的文明理念。我们正在复兴自己的文明，但我们似乎不清楚自己文明的核心理念是什么。一旦我们找准了自己民族文明复兴的核心理念，对于各种可能的误解、担忧甚至偏见就不必辩解了。辩解是自信不足的表现，也是对他人信心不足的表现。自信不足，别人更容易对我们不信任。孔子说："不患人之不己知，患不知人也。"（《论语·学而》）人家不理解我们没有关系，关键在于我们是否理解、关心、信任别人，为别人着想；关键在于我们自己想对了没有，自觉了没有，自强了没有。

一个拥有自己核心理念的民族将真诚、公开、谦虚、自信、清晰、系统地阐述自己的理想和方略，以此求教于兄弟国家和民族，展开交流和互动。所谓信任，当然不是相信别人当下的每个想法都对，而是相信事情终将向善，不管多么曲折。这和自信是一样的。因为所谓自信，也绝不是相信当下自己的每个想法都正确，而是确信自己终将进步，确信自己一定善于学习，不断改正自己的缺点，朝向至善的理想不断探索和实践。

而这也许就是我们文明理念最为核心的内容：不拘于细节的精确，而重在态度的端正。懂得宇宙、人生、国家、民族的无限发展，很难有一个固定不变的理念让我们安心使用千年万年，却也并不因此丧失我们无限的向往和自信，反而因此更加激发了我们无限进步的热情。也许只有这种空中含万象、无中生万有、得大自在的总态度或元理念，这种"无总而总"的总态度、"非元而元"的元理念，换句话说，只有这种"不称霸、不通吃、不总统"的总态度，"永不当头"的头号法则，"不见第一"的第一原理，才能让我们的民族始终日新月异而信念不改，始终谦虚好学而矢志不渝；不因落后而沉沦、瓦解，不因成功而松懈、衰落，以至忘记了追求至善的伟大目标。

是否存在中华文明理念？一个独立发展起来的文明应该具有自己文明的理念。最初它可能是单纯的，甚至是简单、质朴的。在世界各个文明发展的历史中，研究者总是能够或明晰或隐约地看到一种文明内含的基本理念，特别是其中的核心理念。从中华文明的历史来说，无疑存在着中华文明的基本理念或核心理念。炎黄时代无文字记载可考,"三代"有了文字,有了文献记载中的"历史",至今已有五千年。夏、商、周、秦、汉、唐、宋、元、明、清、民国以至当代中国,中华文明及其理念表现为一种发展、演化的线索或脉络。如果按照前面提到的华夏期、夷夏期、中印期、中西期、中世期来划分,那么从理论上说,每个大的时期都应有各具历史特点的文明理念。

中华文明理念作为中华文明的观念内核或基本精神,是中华文明历史的结晶,是各个历史"时代的精神上的精华",是这种"文化的活的灵魂"[①],反过来又成为使这种文明得以延续的基本程序和取向。在当代中华文明复兴的进程里,这种理念正在提炼升华之中。在亿万中华儿女的奋斗实践中,这种理念的雏形已经出现。一个多世纪以来中华民族无数志士仁人的反复探索,中华人民共和国建立以来迅速发展而又历经曲折的道路,改革开放三四十年的经验和教训,特别是近些年来关于中国和平发展、科学发展观、社会主义核心价值和"中国梦"的讨论,使中华文明复兴的理念逐步清晰起来。这也是中国当代哲学社会科学工作者的重大课题。明确把握和贯彻中华文明复兴的理念,特别是其中最根本、最基本的理念,是当代和未来中国社会发展最重要的思想保障。

三 中华文明的理念系统

中华文明包含众多理念,或者说自有其理念系统。对此,历代学者作过多方面的阐释。到底是怎样一个理念系统,难以定论,需要进一步研究。

首先,需要对华夏文明中各个重要理念加以考察、揭示、阐发。在华夏文明的理念中,诸如动与静、阴与阳、道与法、公与私、取与予、得与失、兴与衰、成与毁、仁与义、礼与法、名与实、德与才、诚与信、理与情、家与国、己与人、战与和、分与合、和与同、空与色、有

[①] 《马克思恩格斯全集》第1卷,人民出版社1995年版,第220页。

与无、知与行、学与教、定与慧、慈与悲、性与命、止与观、真与假、善与恶、美与丑、内与外、中与边，等等；诸如民本、亲民、新民、日新、创新、创业、革命、改革、传承、守成、家人、同人、和合、内功、内求、开放、天下、我们、咱们，等等；诸如一家人、一家亲、不见外、大一统、协和万邦、天下为公、天下一家、四海为家、天人合一、知行合一、民胞物与、命运共同体、人类命运共同体、生命共同体，等等；诸如中央与四方、国家与家国、封闭与开放、德治礼治与法治、王道与霸道、小康与大同、君子与小人、自力更生与谦逊好学、失道寡助与得道多助、自强不息与诸佛加持、无拘无束与铁板钉钉，等等；诸如无为而无不为、无言而无不言、无见而无不见、无知而无不知、无得而无不得，等等；诸如仁义礼智信、温良恭俭让、个个能登仙、人人可成佛、人皆为尧舜，等等；诸如天德不可为首、上工治未病、以孝治天下、百善孝为先、教学为先、和气生财、和实生物、独立不倚、卓尔不群、群而不党、光而不耀、直而不肆、和而不流、和而不同、创业垂统、拨乱反正、革故鼎新、精益求精、至诚如神、勇猛精进、求同存异、民主协商、义不容辞、当仁不让、舍生取义、代人受过，等等；诸如种瓜得瓜种豆得豆、一分耕耘一分收获、善有善报恶有恶报、头上三尺有神灵、己所不欲勿施于人、将心比心、心心相印、天地良心、大信不约、君子求诸己、天下兴亡匹夫有责，等等；诸如道统、法统、学统、正统、政统，独立、中立、中庸、中用、中和、中道、适中、切中、击中、用中、持中、集中、自立、自主、自强、自在、自得、自觉、自明、自胜、自省、自讼、自然、自足，等等。对于在现代语词中保留或包含的华夏文明理念，尤其需要予以注意。

其次，需要对其他文明（首先是西方文明）中各个重要理念加以考察、揭示、阐发。亨廷顿在对西方文明加以概括后，提炼了古典遗产、天主教和新教、欧洲语言、精神权威和世俗权威的分离、法治、社会多元主义、代议机构、个人主义八大特征，贯穿于其中的理念是可以进一步提炼的。黑格尔就将历史哲学集中在"自由"理念上，称之为绝对精神，具有西方文明核心理念的特征。亨廷顿在论及"个人主义"时，基本上也是谈西方的"自由传统""自由主义"，并把它与东方的集体主义相对照。而当亨廷顿谈论"天主教和新教"且称之为西方文明唯一最重要的特征时，就与黑格尔的绝对精神相通了，个人自由和上帝或绝对精神的关系出现了，西方和东方的对比凸现了。

但是亨廷顿所说的西方理念在生活中，却是实实在在的白人精神。西方理念的逻辑核心是同一律，而同一律的生活形象在亨廷顿那里是白色的，是白人精神，甚至只是白人中那些盎格鲁—撒克逊新教徒精神，同一律会与有色人种的文明相冲突。文化冲突表现为人种文明的冲突，这就是亨廷顿心中的冲突。这种冲突不但出现在全球，而且集中在当代美国自身，因为美国是白人起家的国家，现在正在经历着人种全球化带来的文明全球化。

不过，立足于自身文明的中国人的战略，不会受到这些杂念的干扰。我们"独立自主的和平发展"方针，乃是内生内需的，是独立不倚、自主自在的。我们相信这也符合美国的根本利益，符合人类的根本利益。中国对此充满希望和期待，但不受"对立面"的干扰。对于中国"内功"来说，真正的对立面就在自身。那种要靠一个外在的对立面来证成自身的脆弱的人或心态，中国也有，只是不占主流。"天行健，君子以自强不息"（《周易·乾》），这才是我们自求进步的永恒内力。

最后，需要对各种文明（首先是西方文明）的重要理念作简要的对照、分析和阐发，以求对当代中华文明核心理念的凝练、发展和创新有所推进。处在由中西期走向中世期的当代中华文明，其核心理念应当既是中西历史遗产的承接，也是当代中西文明乃至走向多元一体的世界文明之现实的反映、设计和创造。作为广义的理念系统，可以分为五个层面：语词、概念、理念（狭义）、信念、事实。

（1）语词层面：某个理念对人们来说还只是一个语词文辞，只是发出了声音、写下了笔画的一个语词、字词或者字组。这时，人们还没有思想，没有兴趣。

（2）概念层面：这个语词已经被人们下了定义，人们初步理解了或者赋予了相应的外延和内涵，它成了人们的概念；这时，人们虽然有思想、有兴趣，但是没有激情、没有志趣、没有理想，只有外在自由的需求。

（3）理念（狭义）层面：对于这个概念，人们不仅把握并赋予其外延和内涵，而且对它极有好感，开始把它奉为理想，努力纯化它、追求它、实现它，从而提炼为一种理念。这时，人们不但有思想，还充满激情，富有理想，热爱生活，获得了一些外在的自由，进而开始追求内在的自由，重视自己的权利，重视社会的制度特别是法制。

（4）信念层面：在追求理念实现的过程中，理念进一步丰富、充实、提升、加固、纯化，凝结为信念。人们坚定地、全力以赴地付诸行动，坚信其必定实现，为此可以忍受任何苦难，可以克服任何困难。工作本身就是报酬，就是内需、修炼、享受，工作动机完全是内在的。这时，人们发现了真我（明明德），成了自由人，即富有内在的自由。他们有思想、有激情、有理想、有信念，还有坚定的自由的行动，勇猛精进，法喜充满，由重视权利转向重视责任、礼制、戒律和美德，进入小康状态。

（5）事实层面：这时，信念进一步提纯升华，主客关系消失，信念整个地等同于现实。"信言不美，美言不信"（《老子·八十一章》），凡有所说，皆为真言。人工作或劳动的概念也消失了，无为状态出现了，它就是无不为，无修炼无不修炼，神乎其神，出神入化。在这里，创意（观念）等于奇迹（事实），创意无限等于奇迹无穷。劳动即生命。"从心所欲"，心就是物，物就是心，心物无碍，得大自在，进入大同境界。

这五种理念组成广义的理念体系，其中每种都是特殊的理念，可以分别称为语词的理念、概念的理念、理念的理念、信念的理念、事实（真言）的理念。开头的语词只是一些假名，最后的事实才是真言、真话、实话、实事。语词由文字代表。古人说单体为文，合体为字。文是花纹、文采，文字首先是图画，书画同源。在天为文，在地为理，可以理解为文采，既是图画，又是道理。文字的创造可谓外师造化，中得心源。文字文辞是胎儿，概念是婴儿，理念是少年，信念是青年，事实真言是壮年。到了壮年，自己说什么成什么，还能生育后代。事实胜于雄辩，也就是通过真言说出新的文辞语词，启动下一轮新生命之旅。新的文辞作为假名并非纯粹虚假的，而是壮年父母的真言所表达的，是真实的，但还需要逐步自我成长和生活事实的证实，也即新生命的自我证明。新生命在父母那里，本来是完全真实的，是真言、事实、雄辩、铁证。但是新生命自己并没有意识到这一点，更不用说证明这一点了。

因此，这个中国文化的理念系统实际上也就是一个事实系统，可以分别称为：语词的事实，概念的事实，理念的事实，信念的事实，事实的事实。经过正看反看、顺看逆看、远看近看、分看圆看，才能看清这个中国特色的理念系统，或者说事实系统。这意味着，在华夏的文化体系里，现实即理想，理想即现实；知识即行动，行动即知识；理证即实证，实证即理证；人道即天道，天道即人道，如此等等。

这个从"语词到事实"的理念进程，其实就是一个"从语词到语词"的理念修炼进程，也即一个"从语词到真言"的理念发育成长进程。这正是一个从事实到事实的现实发展进程，是从初级事实、表层事实、个别事实到高级事实、深层事实、系统事实的提炼进程。当语词即真言、话语即事实时，名实关系消失了，语词和事实的关系消失了。真言即事实，事实即真言。我们的真言者"心口一如，言出事成"。天人合一，天遂人愿，物随心转，口惠实至。天下一家亲，天下为一人，人人同此心。这时人们有事实，人们自己就是事实。人们坐而论道，坐而论事，就事论事，也实事求是。

我们对于理念系统五个层面的分析是初步的，仍有不断探讨的必要。东西方文明既相互区别又相互渗透，分析只具有相对的意义。因为如果要给中国人下个定义，给西方人下个定义，总有点勉强。硬是完全不下定义，也是同样的勉强。所以我们可以下定义，但不能把自己定死在里面出不来，以为唯有我们的"定义"表达了"正义"，是正确的定义。中国历来讲"和而不同"，求同存异；倒过来讲更好：不同而和，异中求同。这样，无论西方人的自由，还是中国人的自在，都可以相互转化和融会。中华文明观念中的天人合一、天下为公、素位而行、自得自在、人类命运共同体等理念中体现的大自在，具有极为鲜明的中国特色。

四　中华文明使命：和平、发展、合作、自在

在当今世界和平、发展与合作的时代，和平与发展乃是合作的基础。中华文明的复兴一要和平，二要发展，三要和平的发展，四要发展的和平，五要以自主发展为轴心推进和平与合作，得大自在。这是中华文明复兴的内在要求。

一要和平。大国的兴起，通过战争途径的多有史例，无论古代还是现代。中华文明的现代复兴是否会通过战争，这是一些国家的担忧。近代殖民掠夺和两次世界大战，对世界各国无论扩张侵略一方还是自卫反抗一方，都是不堪回首的灾难。和平是各国对中华文明复兴的希望，更是远承和平传统、受尽殖民灾难、苦于阶级斗争、具有切肤之痛，因而对人类和平抱有特别情怀的中华民族的自觉追求和责任承当。孔子说："己所不欲，勿施于人。"（《论语·颜渊》）饱受列强侵略战争之苦的中国人民深知和平的可贵，绝不会把自己深恶痛绝的战争灾难加于其他国家和民族头上。

二要发展。发展的前提是生存，在生存的基础上求发展。在当今世界性的国际竞争之中，发展成为各个国家、民族命运攸关的大问题。在别人都在发展的情势下，不发展就意味着停滞，就意味着倒退，生存本身就将受到威胁。所以，在今天的世界上，不仅没有生存就没有发展，而且没有发展就没有生存；不仅要在生存的基础上求发展，而且要借助发展来保证生存。在这个意义上，发展确实是根本道理。在和平与发展的关系上也是这样。在帝国主义、霸权主义和强权政治依然存在的国际环境中，只有和平而没有发展，最终将没有和平。发展是硬道理，和平是软道理，无论软硬都是道理。软硬互补，辩证统一，在一定条件下可以相互转化。软硬兼施，刚柔相济，和平可以比发展还硬，发展可以比和平还软。

三要和平的发展。"致中和，天地位焉，万物育焉。"（《中庸》）和平是发展的真谛、创造的精髓、生长的驱动。在近代受尽"殖民发展"

之苦的中华民族，不需要重复"殖民发展"的错误。这一殖民痛苦的经历者不仅有受殖民者，还有殖民者。中华民族的优秀传统和当代经历，都要求一种"和平的发展"：对外，争取、延续、维护、巩固、深化和平的发展环境；对内，要求自身和平地发展，告别简单的阶级斗争。其中，对内的要求是主要的、基本的，这是中华民族善于自律自强的光荣传统，也是容易做到、不易失去的。"君子素其位而行，不愿乎其外。"（《中庸》）对我们而言，和平是一种"对外可以热望，对内则是必须"的价值，一种"对外不奢望，对内是必然"的福分，更是一种充分的自信和自强不息的力量。

四要发展的和平。和平的发展本身，内在要求一种发展的和平。它首先意味着，"发展一种和平的发展环境"，因为和平是一种蓬勃生长的发展平台。它还意味着，和平是基于发展、包含发展、迎接挑战、赢得挑战的和平。"假如"要想赢得战争，需要十倍的军力；那么要想赢得和平，就必须有百倍的实力。这实质上是慈力即亲和力，不是实力派的实力。和平是强者的选择，"仁者无敌"是这种选择的另一种表达。强者的发展本身就是和平的内容，而不只是目标；正如和平本身既是手段也是目标，既是形式也是内容。发展的和平才是真和平。和平的本质是发展的，不是软弱、衰败、倒退、胆小、耽于享乐的。与发展联系在一起的和平才是真正的和平，发展是和平的真谛、和谐的精髓、和睦的动力。

五要以自主发展为轴心推进和平合作，得大自在。和平与发展是合作的基础，合作反过来也巩固和促进和平与发展。在和平的发展与发展的和平中展开各类合作，应当始终不渝地紧紧抓住自主发展这个引擎、根基和轴心，大力推进和平合作。和平合作，是厚德载物；自主发展，是自强不息。二者相互作用，但以自主发展为轴心。只有自主发展，才有潜力、有慈力（所谓实力）、有资格谈和平合作。至少要让人家看到你有希望、有前途、有潜力，对人家有大好处，才能让人家下大决心来和平合作，所以自主发展是轴心。

和平合作与自主发展，既有国际层面，也有国内层面。从国际层面看，外交都在内政，全部外因外力都看内因内力如何自主接招，如何自主出招，如何自主练招。和平合作就要对外示好，示好必须自己先好起来。首先是心态好起来，发展战略好起来，对自己好，对人家也好，人家就放心并有信心，这才是根本。这样，人家就看到了潜力。合作就是看潜力，投资就是投潜力，是着眼未来的。

所以，并不是说在发展之后才能有和平合作，而恰恰可能因为不发展才有和平合作的极大空间。这就是物尽其用、人尽其能，就是善用资源，尤其是善用我们"不发展"的发展资源。所谓后发优势、先发劣势都是有道理的，不是僵硬的，而是发展、变化的。在一定意义上，发展的本质正是不发展，不发展的本质恰恰是发展。这就是从发展的观点看问题，就是从未来和潜力看问题，看有没有发展的希望和潜力。

因此，发展这个硬道理硬就硬在从发展的观点看问题和处理问题，不但要把当前的不发展当作发展潜力来充分利用，也要把未来的高度发展当作完全没有发展来充分利用，这是中国发展观的精髓。最根本的发展无非是发展我们无限的原创力。所谓发展首先是发展的空间问题，就是在任何地方发现发展的空间，拓展发展的空间。空间是什么？就是空的地方，如同一张白纸可以画最新最美的图画。空是什么？就是有待充实和创造的地方，就是可能、希望和未来。善于看到空、发现空、利用空，是原创力的特质。

无论何时何地，无论穷富强弱，只要我们忘记了发展，忘记了自力更生、自强不息、独立自主、不断发展，就一定是没有前途了。人可以因贫困而消沉，不得自在；也可以因富贵而堕落，不得自在。国家可以因积弱而衰亡，不得自在；也可以因豪强而崩溃，不得自在。民族可以因落后而绝种，不得自在；也可以因发达而速朽，不得自在；可以因好战恋战私战而灭，不得自在；也可以因厌战怯战忘战而亡，不得自在。无论是个人、民族、国家，都可以因恶性竞争而相互残害，同归于尽，不得自在；也可以因黑箱合作而相互勾结，共同沉沦，不得自在。

"祸兮福之所倚，福兮祸之所伏。"（《老子·五十八章》）历史轮回，无一幸免。福兮祸兮，当何所凭？如何才能跳出祸福的牢笼，得大自在？如何才能脱去和平的羁绊，享受大自在的和平？如何才能脱去发展的羁绊，享受大自在的发展？如何才能脱去合作的羁绊，享受大自在的合作？这些问题不仅对于个人而言是存在的，对于民族、国家而言也是存在的。没有大自在，和平、发展与合作都可能成为羁绊，让我们深陷其中而不能自拔。前车之鉴不计其数。对于这个问题的严重性，拥有久远的多次兴衰沉浮历史的民族和国家，无疑积淀了更深切的感受。得大自在是高度自由自在的状态，堪称幸福的巅峰。这种无上幸福乃是深入了祸福的本质，因而得以跳出通常所谓祸福之别，从而自如地驾驭了祸福的。正如"止于至善"（《大学》）的那个善的顶峰，乃是跳出世俗所谓善恶之分的。

第十九章

中华文明复兴的核心取向[*]

中华文明复兴是当代中国发展的核心问题，也是当代中国哲学关注的焦点。当今中国面对的迫切问题很多，但其中的核心问题即"总问题"，是中华文明的复兴。要真正成为文明活的灵魂，哲学就不能不对文明及其发展加以反思与引导。总体地、根本地省思和推动中华文明的复兴，特别是找准进而确立中华文明复兴的核心理念，是当代中国哲学的历史使命。明确提出对于中华文明复兴核心取向的理解问题，会有助推学界对这一历史课题更为充分的重视和研究。

文明是人类的生存及其结果，特别是积极成果的总体，涵盖物质文明、制度文明和精神文明等多维度丰富内容。"文明以止，人文也。"（《周易·贲》）文明是社会的人，即"文化"的人的发展状态。中华民族的伟大复兴，也就是中华文化、中华文明的当代复兴。当前我们特别强调中国的四个自信：道路、制度、理论和文化自信，是四个不同向度的自信，也可以集中概括为文明自信即中华文明自信。这是中华民族近两个世纪历尽千辛万苦，奋发图强，实在来之不易的自信。但自信以自觉为前提，没有自觉的自信可能成为盲目乃至偏执的自负。因此，在强调文明自信的同时，中华民族同样需要对自身的文明及其复兴形成高度的自觉。

---

[*] 本章与刘志洪合作，原载《武汉大学学报》（人文科学版）2017年第6期。

在中华文明复兴中，这种文明的核心取向更具有根本性。中华文明复兴的核心取向是什么？中华民族应该把自己的文明复兴为怎样的文明？华夏儿女需要向自己提出并反思这一问题。对它的回答内在规定着中华文明复兴的走向。合理的理解能够指引我们的文明顺利实现当代复兴，而错误的观念却可能将我们导向弯路迷途。在历史和现实的基础上，创生一种能够开创中国和世界未来的新型文明，即超越现代资本文明的社会主义文明，是中华文明复兴的核心取向。生成更高水准的文明形态，进而引领人类文明发展，是中华文明复兴的历史使命。

一 传承、创新和引领：中华文明复兴要义

复兴的前提是传承，但传承不等于复古。简单全盘复归旧有文明，不可能实现文明真正的复兴，只会成为波澜壮阔历史剧中的一段插曲，甚至沦为浩浩荡荡时代大潮短暂的逆流。历史上文明的真正"复兴"，乃是再度兴起或再次兴盛。具有世界历史意义的文明复兴，只能是文明传统在新时代条件下的继续、再造和优化。传承、创新和引领是当代中华文明复兴的基本要义。"东西方文明兴衰的规律表明：文明复兴的过程必然是文明再造的过程，文明唯有再造，方可复兴。文明的再造，是对传统文明扬弃更新的过程，既包含对传统文明优秀成分的继承和升华，又须摆脱传统文明糟粕成分的禁锢和束缚。"[①] 在人类历史上，凡属成功的文明复兴，都是优化或革新传统文明而结出的甜美果实。中华文明的复兴也不例外，它意味着立足传统提供的前提，摆脱原有文明范式的羁绊，确立现代文明的理念和道路。所谓"梦回唐朝"，为再现昔日荣光而回归强大的封建帝国，既不可能也不必要。要在21世纪实现伟大复兴，中华民族必须将自己的文明在新历史条件下加以创造性转化和创新性发展。这是华夏文明复兴的关键环节。

但没有优秀文明传统的复现也不是复兴。一种文明的复兴不能变成

---

① 徐坚：《文明的再造与复兴——东西方文明兴衰的启示》，《国际问题研究》2016年第4期。

对当下强势文明的简单模仿。盲目舍弃自身文明的合理因素和优秀传统，完全复制外来文明，只能让自己成为别种文明的附庸而丧失复兴的可能。虽然在理论上很容易明白这个道理，但在实践中却极易陷入这一泥潭而不自知。"近代以来中国在西方文明冲击下形成了被动回应的思维范式，不自觉之间为其所主导。面对西方的'挑战'，中国不仅以学习西方为圭臬，而且不自觉地卷入到西方主导的思维模式中，由此形成了'超英赶美'、'建设现代化国家'的主流叙事，在不知不觉中消解了中国文明的主体性。"[1] 一味以当下的优势文明作为模板追赶，而不加以批判性反思和超越，根本无法实现中华文明的伟大复兴。因此，中华文明的复兴也意味着挣脱西方文明范式羁绊，重建中华文明自信。在新时代条件下，对西方文明加以创造性转化和创新性发展，同样是中华文明复兴题中应有之义。

文明的复兴是"复现"与"新兴"的统一。二者相互依存，缺少任何一方，都不能构成复兴。但相比之下，后者是文明复兴更为本质的向度。没有文明的自我创新，中华民族就不能浴火重生。中华文明的当代复兴，是以创新文明作为基本内涵的。无论是对传统文明的再造，还是对西方文明的扬弃，指向的都是文明的创新，都是在传统文明和西方文明基础上建构新的文明。一百年前，对中国文明充满期待的罗素就曾说过："如果中国的改革者在国力足以自卫时，放弃征服异族，用全副精力投入于科学与艺术，开创一种比现在更好的经济制度，那么，中国对世界可谓是尽了最恰当的义务，并且在我们这样一个令人失望的时代里，给人类一个全新的希望。"[2] 这些话语对于今天的我们仍然富有启迪。当然，在这里，将"经济制度"置换为"文明"，所表达的含义会更为准确和全面。

完整意义上的中华文明当代复兴，不只是经济总量这种硬实力的"复兴"，也不只是硬实力加软实力（综合国力）的复兴，甚至也不只是文明"名次"跃居榜首，而更在于创造出较之现今主导文明更益于

---

[1] 魏波：《中华文明的复生——21世纪中国的复兴与战略转型》，《中国特色社会主义研究》2014年第4期。

[2] ［英］罗素：《中国问题》，秦悦译，学林出版社1996年版，第198页。

人类生存和发展，从而更为优越和高级的新型文明。这是当代中华文明复兴更为深刻的涵义和精神，是其中可能蕴涵的深远历史价值。只有牢固持守并切实践履这一核心理念，华夏文明在当代的复兴才是具有现实性的和高标准的。反过来说，缺失这种内在核心取向的文明复兴，只能是表层的乃至虚假的外在复兴。自觉传承和创新文明的中华民族，有能力也有条件超越自身文明和其他文明的局限，构建起一种更新的文明形态，展现出当代与未来中华文明博大的格局与气象。

逐步创生新的文明后，积极为世界文明发展提供有价值的新元素乃至有益的总体选择，对人类文明给予具有历史高度的引领，同样是中华文明复兴题中应有之义。一种能够在当今世界上再兴的文明，一定是借鉴其他文明并对其他文明具有借鉴意义的，因而也是有助于整个人类文明发展的文明。只有在物质文明、精神文明、政治文明、社会文明和生态文明等方面都有创新发展，中华文明才真正实现了复兴，中华民族才真正"强"起来。因而，在实现自身复兴的同时，更好地为人类文明发展奉献力量，这是渴望再次屹立于世界先进民族之林的中华民族应有的胸怀和气魄。走向复兴的中华文明不应将自己的眼界停留在区域或国际的权谋之中，局限于一时一处的得失计较，而应将自己的复兴同整个世界文明的发展最大限度地结合起来，使自我发展和人类进步尽可能相互促进。

经过鸦片战争后近 200 年的艰苦奋斗，特别是改革开放以来近 40 年的不懈努力，中华民族已逐渐恢复文明自信。我们不能只是被动向他人寻求发展良方，而应在实践探索和概括总结的基础上主动为人类发展提供参考方案；不能只是消极追赶西方文明的脚步，还应在西方世界困惑徘徊时积极引领人类文明的方向。自觉追求新发展模式与文明形态的中国，是一个有能力为人类文明作出贡献乃至重大贡献的中国。"当古老的中华文明开始全面复兴并蓬勃发展的时候，人类文明的发展走到了十字路口。人类文明向何处去？是依然沿着西方文明发展的方向前行，还是沿着中华文明发展的方向前行，抑或沿着东西方共同认可的方向前行？"[①] 正在复兴的中华文明能够为人类文明提供宝贵的可能选择，推

---

① 公茂虹：《民族复兴的文明视野》，《山东高等教育》2014 年第 1 期。

动当今世界更好发展和革新自己的文明,至少能够激发当代人类对自身文明的反思。

处于复兴伊始的中华文明对世界文明的影响刚刚显示,未来我们还需要进一步强化在这方面的作为。随着这种复兴进程日渐展开,中华文明对人类文明的引领作用必将更加凸显。当然,人类的文明从来都不是单一的,未来也不可能只有唯一"优越"的形态。正如今天我们反对将某种特定文明"标准"强加给自己一样,复兴了的中华文明也不会按照自己的模式要求其他文明,而只会在他人自愿前提下为其提供借鉴,并始终在与各种文明的交往中吸取他人优长以提升自身。对于一个追求更高境界的民族而言,文明水准的提升永远都是必需的。文明无"优劣"之分,但有高下之别。高度的文明不仅是人类良性生存的结果,而且就是良性生存本身,理当成为不倦追求的目标。

二 超越资本文明:中华文明复兴核心取向

中华民族需要奋力开拓的新型文明,实质是超越资本文明的社会主义文明。在对资本主义文明的超越中建构更高形态的社会主义文明,是中华文明复兴的本质要求与基本方式,是促进人类命运共同体发展的中国方案的主要内容。中华文明的当代复兴,不只是从传统文明向现代文明的转型,而且同时包含对现代文明的超越。在马克思主义哲学视域中,发展是原有形态的超越,而超越则是辩证的否定即扬弃。这种扬弃尽可能保留、吸收事物的积极方面,同时否定、破除其消极方面,进而实现综合创新。当代中国对资本主义文明的超越,也不是简单否弃或全盘推翻,而是积极的否定与扬弃。历史是不能绕过的。作为一种社会整体的、全方位的文明,肇始于西方的资本文明是现代文明的同义词,早已成为中华文明当代复兴的基本境遇。

在归根结底的意义上,资本文明是一种物化文明,这种文明显著地推进了人与社会的发展。马克思指出,"以**物**的依赖性为基础的人的独立性",是继"人的依赖关系"这种"最初的社会形式"之后的"第二大形式"。"在这种形式下，才形成普遍的社会物质变换、全面的关系、多方面的需要以及全面的能力的体系"。这种现代文明必须进一步发展，而不是自诩为"历史的终结"，才会开创人与社会发展更好的状态。"建立在个人全面发展和他们共同的、社会的生产能力成为从属于他们的社会财富这一基础上的自由个性，是第三个阶段。第二个阶段为第三个阶段创造条件。"① 以人的发展为尺度，我们通过现代化进入的第二个阶段的文明，已达到以物的依赖性为基础的人的独立性阶段，还没有达到个人全面发展和共有社会财富基础上的自由个性阶段。而物化文明当然还不是真正人的文明。资本主义生产以资本增殖为目的，服从和服务于资本增值的需要；不但不以人的存在及其发展为目的，而且不惜以人作为手段或代价。不仅物质生产如此，精神生产、社会关系生产乃至人本身的生产也都如此。以资本主义生产方式为基础的文明，在本质上是排斥人、异化人的。这是资本文明与生俱来的根本局限性。早在一个半世纪前，马克思就对此作出科学的揭示和论证。虽然资本主义一直被动或主动调整和改良自身，但资本文明不变的本性使之无法超越自身的局限。资本文明阶段的历史使命，就是为更高文明发展阶段创造条件。

改革开放以来，资本及其文明迅速在中国大地上扩展开来，在推动经济迅速发展的同时，显著改变了人们生活的各个方面。人们的观念与行动越来越被资本，特别是其当代主导形态——金融资本所改造和同化，顺从于资本文明的秉性与节奏，被这一"看不见的手"牵着走。资本文明的冲击使当前中国产生或加剧了许多问题与矛盾。"曲折的发展历程表明，我们在很大程度上还是步了西方后尘，几乎'继承'和'再造'了它们发展中的全部问题。"② 对人的统治与奴役，对社会核心价值和公共利益的侵蚀，对资源的掠夺和对生态的破坏等，资本文明这些典型后果都不同程度地在当今中国出现了。简言之，资本文明虽然有效促进了中国社会的进步，但又在根本上制约着中华民族的发展。无论国内还是国际，越来越多的学者都对此发出了明确的警示。

20世纪世界风云变幻。在美国成为世界霸主之后，绝大部分发展

---

① 《马克思恩格斯全集》第30卷，人民出版社1995年版，第107—108页。
② 沈湘平：《以存在看待发展》，《江海学刊》2017年第1期。

中国家都以之为蓝本设计发展图式，希望把自己变成或至少部分变成美国那样的国家。然而，到目前为止，还没有国家取得真正意义上的成功。在中国，许多人也试图走这样的发展道路，做着像"美国梦"那样的"中国梦"，这是不具有现实性的。因为缺失超越性的视野，甚至连资本文明的精华都无法把握，更遑论有效吸收，从而必然连资本文明的较高水准都无法达到。况且，如果只是简单重复西方国家走过的道路，即使完全融入资本文明体系，中国实际上也难以迈入先进国家行列。

在没有根本超越而是简单重复资本文明的情况下，纵使中国在经济总量乃至总体实力上超过美国，成为新的"天下共主"，只不过是"第二个美国"或"另一个美国"，也没有什么值得庆贺的。中华民族应该有更高的追求。复兴的中华文明所追寻的目标，决非旧式一家独大的"霸主文明"，而是和平发展的"共同体"文明。既然美国式资本文明不可能让中华民族实现长远良性发展，那么我们就需要自觉走出一条新路，才能通达更高的文明境界。但这种"新"应该是本质的新，亦即"新事物"的新。从文明角度看，这样的道路就是超越资本文明、建构社会主义新型文明的道路。也就是说，正在复兴的中华文明，相对于原有的封建文明和资本文明，应当具有超越性的核心取向。

由于不愿意对资本文明亦步亦趋，又不可能同资本文明隔绝开来自行发展，因此，当代中国只能走立足资本文明而又超越资本文明的道路。正如罗素所言："中国人如能对我们的文明扬善去恶，再结合自己的文化，必将有辉煌的成就。"[①] 这样的时代已经到来。当代中国发展道路必然要内在汲取资本文明的有益成果，又从根本上扬弃其文明的历史局限。换言之，在充分利用乃至发展资本文明的同时，也对其加以深刻的变革和超越。这是真正有益于中国长远发展，进而也有助于整个人类通达更高水准文明的解放与自由之路。在这一康庄大道上阔步前行的中华文明，"将作为不同于西方文明的一种文明，在未来几十年间，发展成为有自己特色的、在世界上产生深远影响的重要人类文明，甚至可

---

① ［英］罗素：《中国问题》，秦悦译，学林出版社1996年版，第4页。

能在许多方面弥补、矫正西方文明的不足和偏颇。这种历史的大趋势已经越来越明显了"[1]。

三 创新社会主义文明：中华文明复兴历史责任

从历史趋势讲，社会主义是对资本主义的积极超越，共产主义是对资本主义的根本扬弃。超越与扬弃资本文明，是社会主义和共产主义的基本规定性。中国既然是社会主义国家，就应该实现和表现出超越资本主义的本质特征，实现和表现出对资本文明的根本性超越。虽然现实中的社会主义国家都有特殊的历史文化条件，但作为资本文明的积极超越这一基本规定性是不能否认的，否则就不成其为社会主义。在经济落后基础上建立的社会主义国家，总体上低于资本文明水准，这不是不能改变的宿命，而是在长期发展中必将改变的状态。

超越资本文明是社会主义普遍、长远和本质的要求，必然贯穿其发展的每个历史阶段。即使依然处于初级阶段，社会主义国家也需要始终保持对资本文明的超越态势，以此作为思想与行动的基本原则。只有在超越资本文明的前提下，我们的社会主义性质才能得到坚实有力的确保。超越资本文明，建构新型文明，是中国特色社会主义不断前进的唯一选择。虽然具有特殊的国情，尽管长期处于初级阶段，但当代中国社会本质上是不断成长的社会主义。现实情况的特殊性，并不构成可以忽略这一本质特点的充分理由。

在超越资本文明中创建新型中华文明，这是中国特色社会主义合法性和优越性的重要前提。中国特色社会主义之所以是合法和优越的，一个基本根据就在于能够建构比资本文明更合理、更高级的文明形态。作为人类积极活动成果的整体，文明是社会发展程度的直接表征。不能在社会文明上超越资本主义，社会主义的合法性与优越性就无从谈起。只有从根本上超越了资本文明，才在本质上超越了资本主义。中国特色社

---

[1] 郭湛、刘克苏：《走向现代复兴的中华文明》，《延边大学学报》（社会科学版）2016年第4期。

会主义道路是"人类社会现代化道路的一种新的模式，它开辟了一条新的人类社会现代化道路"①。这条道路指向的是深刻超越资本文明，从而具有更高文明水准的社会主义新型文明。当然，也需要看到，虽然当代中国已经在一些方面和相当程度上优越于资本文明，但还需要继续努力，才能全面彻底超越资本文明，进一步强化和彰显中国特色社会主义的合法性与优越性。

作为当代社会主义运动的引领者，同其他社会主义国家相比，中国更有责任以对历史发展的自觉意识和勇敢担当，把握资本文明的运行与变化，实现对这种文明的不断扬弃。中国对当代资本文明的睿智处理，对于其他社会主义国家具有普遍的示范作用。而这对于资本主义国家适当处理资本文明问题，也可以提供有益启示。当中国成功创造出一种新型、优质的文明从而超越资本文明时，或许一些资本主义国家会争相到东方来"取经"。"将来，也许美国对中国的关注将不仅在于从中国出口的产品，并且在于中国所出口的经济模式"，进而是中国的社会制度与文明形态。"较之美国，中国有两个优势：其一，中国加入自由市场游戏的时间较美国短，尽可能吸取我们的经验教训；其二，中国政府尚未像美国那样已被强大的私有企业所垄断。这意味着，中国可能有机会为其经济发展另辟蹊径，从而在享有市场经济的要义精髓的同时，避免资本主义的弊病。"② 事实上，中国具有独特条件，拥有后发优势，又经历了几十年波澜壮阔的实践，很有希望创造出一种新文明形态。

总之，对资本文明的深刻超越和新型文明的积极建构，是中国特色社会主义的基本规定和历史责任，是中国道路、中国经验、中国模式的内在灵魂与核心特征。判断中国特色社会主义事业成功与否，一个关键标准就在于是否有效超越了资本文明。如果明显超越了资本文明，创生了新的更高文明，那么我们的事业就是成功的。中国特色社会主义的历史发展和中华文明的当代复兴高度一致、相互规定，本质上在于建构比资本文明具有更高水准的社会主义文明。当然，当代中国对资本文明的扬弃是以对前资本文明的超越为条件的，二者同时展开于中华文明复兴

---

① 赵剑英：《时代的哲学回声——赵剑英学术自选集》，人民出版社2017年版，第469页。
② [美]巴恩斯：《资本主义3.0》，吴士宏译，南海出版社2007年版，第8页。

和中国特色社会主义发展的过程之中。

四 立足现实，解决问题，创新发展

中华民族正昂首前行在文明复兴的大道上。然而，中华文明复兴的征程险阻频现，荆棘丛生。没有艰苦卓绝的奋斗和对接踵而至的困难的克服，新的更高的文明是不会来临的。目前特别需要警醒的是，迄今为止，我们并没有很好地超越资本文明，甚至距应有的超越程度还有明显差距。总体而言，当下中国超越资本文明的意识不够明晰，体制、机制和政策措施不够健全，从而超越资本文明的能力不强。特别是我们还在一定程度上淡忘了这种超越的必要性。这对中华文明当代复兴和中国特色社会主义发展造成严重制约，甚至可能让我们忘却初心、迷失方向，贻误复兴中华文明的大好时机。因此，对资本文明的深刻超越，已经实际上成为当代中国发展的内在要求。

整体上看，我们尚未形成明确的超越资本文明的意识。虽然对资本文明的超越几乎已成为学界的共识，但还没有完全成为政界、商界和民众的共识，没有切实成为国家层面的明确理念，更没有真正引起各级领导干部的足够重视。一些人仍旧以为，社会主义中国对资本文明的超越轻而易举。在党的领导下，实行公有制，就足以保证超越资本文明了。即便遇到点困难，也完全可以应对和克服。这种观念实际上存在很大隐患。事实表明，如果没有一整套健全的理念与制度，特别是具体的政策与措施，单靠公有制，难以保证有效超越资本及其文明。资本的文明作用和积极意义，还让一些人忘却它的根本局限性与负面效应，从而无法产生超越意识，甚至以为无须超越这种文明。少部分人将资本文明视做人类文明的顶峰，对之热切欢迎乃至唯其马首是瞻。

也有不少人认为，现在超越资本文明为时尚早，可以先不考虑或不应考虑超越这种文明，而要一心一意接受和利用它。等到资本文明的合理性充分发挥出来，而我们也发展起来之后，再集中力量考虑超越的事情不迟。这实际上将超越资本文明同接受资本文明割裂开来了，其实二者完全可以结合起来。并非只有等我们完全发展起来、赶上资本文明了，才有资格超越它，而是在发展过程中，在接受资本文明的同时就应该有必要的超越。我们并不是跟在西方国家后面亦步亦趋，而是借鉴经验、汲取教训、避免弯路，这就是超越。文明发展的超越性总是使后来者居上。中华文明在以往一二百年间曾被西方文明超越，而今复兴的中华文明再超越西方文明，已不仅是可能性，而且具有必然性。

因此，我们需要自觉站在新型文明立场上，以超越的眼光和视野，看待和处理资本文明。在尚未从根本上达到或超过资本文明的情况下，接受、学习和借鉴资本文明是首要的；在同资本文明共处乃至互为发展条件的世界上，与资本文明交往、互联和协作是必需的。在历史的发展中，固然存在着所谓"文明的冲突"，但"文明的合作"更是文明发展的常态。合作之中有竞争，竞争就是试图超越对方。合作和竞争都是文明发展的方式。文明竞争中的超越性努力，在继承的基础上创新，是人类文明发展的内在动力，能够引领我们通达更高文明境界。在学习和利用资本文明过程中，有无最终超越的取向，效果是大不一样的。如果不以这种超越为目标，就不能确保资本文明有益中国发展的方向，而可能导致其正向作用削弱而负向效应强化。如果明确以超越为目标，将其贯彻于具体认识与行动中，就会自觉限制资本文明的消极影响，更好发挥其积极作用，实现中华文明的复兴。

在确定我们的发展模式时，虽然我们也经常注意同资本主义模式相区别，但也应看到，在一些实际操作中，往往没有明确划分同资本文明的界线，更不用说必要的超越。近年来，我国实行了诸多资本主义国家都曾经用过的经济手段，如超发货币刺激经济，以高房价（特别是中心城市）拉动经济，使用金融杠杆推动经济，等等。当然，同为市场经济，一些政策的相似乃至相同并不是问题。但关键在于，西方国家使用这些政策，在根本上是为了满足资本增殖的欲望，并且都酿成了诸多严重社会问题；我们没有对其作出有效的批判性改造，甚至比较简单乃至略显盲目地使用，从而也招致了一些负面后果。有些政策的效果不是很乐观，个别政策的负效果还比较明显。有理由认为，有些政策的实施并没有体现对资本文明必要的超越，说明我们超越资本文明、建构新型文明的能力亟待提升。

我们把国计民生中的一些主要方面，如住房、医疗和教育等大幅度推向市场，但社会保障和公共服务又没有及时加以完善。由此导致民众生活成本与生活压力加大，甚至成为"房奴""病奴"和"子奴"等新式的"奴隶"，难以憧憬更高品质以至诗情画意的生活。这说明，我们在学习和利用资本文明的同时，还没能有效超越这种文明，未能有力建构更高文明。更有甚者，一些地方表现出的不是对资本文明的超越，而是粗糙以至畸形的模仿与追随。经济乃至各个领域中对增长或"发展"的盲目推崇与过度追求，在很大程度上正是资本增殖和扩张本性的反映。某些地方或领域，至今还沿用资本主义以往常见的"边污染边治理""先污染后治理"乃至"只污染不治理"以及"转移污染"等"发展"方式。没有足够有力地超越资本文明的弊端，在很大程度上限制了中华文明的复兴。反过来看，这种能力的不足亟待改变，更表明中华文明复兴核心取向的重大意义。

综上所述，中华民族迫切需要提升在实践中自觉超越资本文明、有效建构新型文明的素养。当前正是从根基处超越资本文明进而创生新型文明的良机。从历史发展的高度，切实并睿智地把握这一宝贵时机，坚定有力地向更为高远的目标迈进，对于中华文明的当代复兴至关重要。能否成功领导中国人民深刻超越资本文明，有力创建更高文明形态，是对中国共产党执政能力的重大考验。富于实干与创新精神的中华民族，将越来越自觉地践履这一使命，使中华文明乃至人类文明焕然一新。

结　语

实践铸就中国道路自信[*]

40年前，从"实践是检验真理的唯一标准"大讨论开始，解放思想，实事求是，改革开放，开启了中国社会主义现代化建设的新时期。自1949年中华人民共和国成立，中国逐步走上了社会主义现代化发展道路。这是前无古人的历史进程。我们最初主要是学习苏联经验，后来以苏联发展的失误为前车之鉴，立足本国实际探索中国特色社会主义道路。在经历过"大跃进""文化大革命"等曲折和教训之后，反思和创新中国发展道路，成为当时最迫切需要解决的历史课题。

一　问题实质：中国道路的选择或创新

当年关于"实践是检验真理的唯一标准"的讨论，触及的不是一个纯粹理论问题，而更是一个实践问题。几十年后回顾这场大讨论，当时面对问题的实质十分清楚：中国到底应该选择或创造怎样的发展道路？确定这样的发展道路根据何在？我们关于中国道路认识的真理性如何检验？历史反复告诫我们，中国不应该以某种书本教条或权威意志来确定自己的发展道路，而应该在自己的实践中选择或创造符合本国实际

---

[*]　原载《光明日报》2018年5月7日。

的发展道路。正如歌中所言:"敢问路在何方?路在脚下。"确定中国发展道路的现实根据,只能是中国自身发展的实践。我们关于中国道路认识的真理性,必须由中国发展的实践来检验。中国革命道路就是这样走过来,中国建设道路也应这样走过去。贯穿在这种实践和历史之中的,是马克思主义哲学基本的理论或逻辑:实践是检验真理的唯一标准。

开辟中国现代化发展道路,是一个艰难曲折的历史过程。近200年来,一代又一代中国人始终在实践中探索,付出了巨大代价,有失败也有成功。在40年前,我们走的是以计划经济为特征的社会主义道路。多年的实践结果表明,单一封闭的计划经济模式不符合现实中国经济发展的条件和规律,导致整体发展缓慢低效。面对市场经济"姓社姓资"的疑问,邓小平明确回答:"社会主义和市场经济之间不存在根本矛盾。"① 真理标准问题的讨论,给当时的中国带来的影响是广泛和深远的,而最重大的影响,无疑是使我们下决心做出中国走社会主义市场经济发展道路的战略选择。

市场只有在开放中才能存在和发展,要从封闭转向开放,必须进行经济体制改革。改革开放首先体现在经济上,就是改革原有的计划经济模式,发展社会主义市场经济;向世界市场经济开放,在经济全球化中,促进中国特色社会主义经济发展。在融入世界市场经济体系过程中,我国作为发展中国家,首要任务是学习和掌握商品生产、市场交换的方式和方法。市场经济确实是一所没有围墙的大学,我们就是在市场经济实践中学会市场经济的。中国加入世贸组织,勇敢地接受全球市场经济浪潮的考验,发展迅速,已成为全球化市场经济发展的中坚力量。

中国是后发经济体,需要学习和借鉴先发国家走过的道路,吸取已有的经验和教训。现代经济的运行是一个合乎规律的过程,我国要参与这种经济运动,就必须了解和遵循现代经济运动的客观规律。中国经济发展的成功说明,正是由于认识符合经济发展必然性,我们才取得成功即获得这一领域的自由。但是,经济运动规律不同于自然运动规律,它

---

① 《邓小平文选》第3卷,人民出版社1993年版,第148页。

是通过人的活动体现的社会历史规律，是人类物质生产和交换活动中的必然性。在不同的发展道路面前，我们根据自身的需求、条件和可能，选择适合自己发展的道路。

二 40年实践检验中国道路正确性

这样的中国道路是否正确？中国40年来发展的实践，前后四个10年，给出了越来越明确的回答。我想结合自己的经历，选取几十年间几个具有标志性的事件，透过历史过程的几个截面，简要印证一下这个判断的可靠性。

1988年，是真理标准问题讨论和改革开放10周年。我应《教学与研究》杂志一位老编辑之约，命题作文，写作并发表了论文《解放·探索·实践》，《新华文摘》随后全文转载了。我在文中以"实践——解放——探索——实践"的辩证循环，概括这第一个10年呈现出的中国开创发展道路的规律性现象。其内核正是在实践中解放思想，探索适合中国发展的道路，又在实践中检验中国道路的正确性。

中国改革开放第二个10年，1998年，最令人难忘的是长江流域特大洪水。大自然的力量与中国人的力量的较量，既考验了中国经济发展在自然灾害面前的承受能力，又考验了中国政治和社会在艰难环境下的应对能力。这一重大历史事件说明，面对突发的自然灾害，中国的反应迅速、有力且有效，从整体上证明了社会主义性质的中国道路的正确性。中国的发展是全方位的整体发展，中国商品生产、市场经济的基础，与社会主义政治制度和社会文化是相得益彰的。

中国改革开放第三个10年，即10年前的2008年，遇上席卷西方世界的金融危机，整个世界经济一片低迷。这场突如其来的金融风暴，给予中国的冲击是巨大的，这对于走向市场经济30年的中国是严峻的考验。事实表明，坚持社会主义市场经济道路的中国已经成熟，在世界经济的风波中应对自如，巍然屹立，始终保持较稳定的增长。这正应了孔子的一句话："三十而立。"当然，中国经济发展中结构和功能上的问题也开始暴露出来，促使我们通过进一步的改革、调整和创新来改善中国发展道路。

于是，再经历自觉认识和实践的 10 年，在真理标准问题讨论和改革开放 40 年，中国进入了一个新时代。我国社会主要矛盾已转化为人民日益增长的美好生活需要和不平衡不充分的发展之间的矛盾。这种关系全局的历史性变化，要求我们继续推动发展，解决发展不平衡不充分问题，提升发展质量和效益，满足人民在经济、政治、文化、社会、生态等方面日益增长的需要，推动人的全面发展、社会的全面进步。40 年来，我们对于中国发展所开创的道路，坚信不疑。这又应了孔子的一句话："四十而不惑。"已到改革开放"不惑之年"，我们对于中国特色社会主义道路更有信心。这种道路自信是经过 40 年实践检验的，是实践铸就的中国道路自信。

三　道路自信与理论、制度和文化自信

40 年中国特色社会主义实践，使我们在坚定道路自信的同时，也坚定了理论、制度和文化自信。

我们的道路自信与理论自信是直接相关的。自信以自觉为前提。没有自觉的理论，就没有自觉的行动，而只能在黑暗中摸索。中国人民历经千辛万苦，尝试过各种各样的理论主张和救国方案。一百年前俄国发生的十月革命，帮助我们找到了马克思主义理论，并在实践中将它中国化。正是在中国化马克思主义理论的指导下，在中国特色社会主义理论的指引下，中国共产党领导中国人民反复探索并成功走出了中国革命和建设的道路。改革开放以来中国特色社会主义建设的实践，检验了道路的正确性，也检验了理论的正确性。我们对于中国特色社会主义理论的自信，是以其指导下的道路的实践为现实依据的。

中国特色社会主义道路的经济基础有其制度保障。生产力与生产关系、经济基础与上层建筑的矛盾运动，推动中国社会发展。中国特色社会主义道路的成功是整个社会制度系统调整和改革的成功。生产关系要

适合生产力，上层建筑要适合经济基础，这是社会发展的必然要求。如果不适合，就需要调整或改革。"故圣人事穷而更为，法弊而改制，非乐变古易常也。将以救败扶衰，黜淫济非，以调天地之气，顺万物之宜也。"(《淮南子·泰族训》)中国特色社会主义制度是中国当代持续稳定发展的重要条件。积 40 年的实践经验，我们的制度自信更有底气，这同西方一些政客的制度焦虑形成鲜明对比。

当今世界，社会主义和资本主义两种生产方式是相互竞争而又相互渗透的。共处现代社会条件下，这两种生产方式可以"不同而和"。西周末年，史伯说："和实生物，同则不继。"(《国语》)孔子则强调"和而不同"(《论语·子路》)，"和"是中华文明、中国文化的核心理念。承认文化多样性，尊重不同即特色，可以和谐相处，共同发展。对于中华民族共同体和人类命运共同体，"不同而和"应当是最基本的原则。在这两大共同体的发展中，我们的文化自信会日益增强。

我们所说的道路、理论、制度和文化自信，都是对于中国发展现实和前途的自信。马克思说："时间是人类发展的空间。"[①] 回顾我们经历的 40 年时间，不能不由衷地赞叹它为我们带来的巨大发展空间。它使我们不仅完全改变了中国大地广袤的空间，而且把我们带向了全世界，甚至蓝天之上的太空。展望未来一个又一个 10 年，这些时间又会成为怎样广阔的发展空间！我们相信，中华民族的伟大复兴和人类命运共同体的构建，一定会从根本上改变中国和世界的空间景观。

[①] 《马克思恩格斯选集》第 2 卷，人民出版社 2012 年版，第 61 页。

主要参考文献

《马克思恩格斯选集》第1—4卷，人民出版社2012年版。
《马克思恩格斯文集》第1卷，人民出版社2009年版。
《马克思恩格斯文集》第2卷，人民出版社2009年版。
《马克思恩格斯文集》第5卷，人民出版社2009年版。
《马克思恩格斯文集》第8卷，人民出版社2009年版。
《马克思恩格斯全集》第1卷，人民出版社1995年版。
《马克思恩格斯全集》第3卷，人民出版社2002年版。
《马克思恩格斯全集》第30卷，人民出版社1995年版。
《马克思恩格斯全集》第32卷，人民出版社1998年版。
《马克思恩格斯全集》第44卷，人民出版社2001年版。
《马克思恩格斯全集》第46卷，人民出版社2003年版。
《列宁选集》第4卷，人民出版社2012年版。
《列宁全集》第55卷，人民出版社1990年版。
《毛泽东选集》第1卷，人民出版社1991年版。
《邓小平文选》第2卷，人民出版社1994年版。
《邓小平文选》第3卷，人民出版社1993年版。

李瑞环：《务实求理》，中国人民大学出版社2010年版。

费孝通：《中华民族多元一体格局》，中央民族学院出版社1989年版。

徐国宝：《〈格萨尔〉与中华文化的多维向心结构》，博士论文，中国社会科学院研究生院，2000年。

苏秉琦：《华人·龙的传人·中国人——考古寻根记》，辽宁大学出版社1994年版。

蒋南华：《中华文明七千年初探》，人民出版社 2002 年版。

郭成康等：《康乾盛世历史报告》，中国实言出版社 2002 年版。

汪晖、陈燕谷等主编：《文化与公共性》，生活·读书·新知三联书店 1998 年版。

高放：《政治学与政治体制改革》，中国书籍出版社 2002 年版。

王永昌：《实践观念论》，中国社会科学出版社 2014 年版。

王南湜：《社会哲学——现代实践哲学视野中的社会生活》，云南人民出版社 2001 年版。

郭湛：《主体性哲学——人的存在及其意义（修订版）》，中国人民大学出版社 2011 年版。

张汝伦：《理论与实践》，上海人民出版社 1995 年版。

吴向东：《重建现代性：当代社会主义价值观研究》，北京师范大学出版社 2006 年版。

赵剑英：《时代的哲学回声——赵剑英学术自选集》，人民出版社 2017 年版。

［古希腊］柏拉图：《法律篇》，张智仁、何勤华译，上海人民出版社 2001 年版。

［古希腊］亚里士多德：《政治学》，吴寿彭译，商务印书馆 1965 年版。

［法］卢梭：《社会契约论》，何兆武译，商务印书馆 1980 年版。

［法］圣西门：《圣西门选集》（下卷），何清新译，商务印书馆 1962 年版。

［德］康德：《法的形而上学原理》，沈叔平译，商务印书馆 1991 年版。

［德］黑格尔：《美学》第一卷，朱光潜译，商务印书馆 1979 年版。

［英］罗素：《中国问题》，秦悦译，学林出版社 1996 年版。

［美］亨廷顿：《文明的冲突》，周琪译，新华出版社 2010 年版。

［美］尼古拉斯·亨利：《公共行政学》，项龙译，华夏出版社 2002 年版。

［法］贡斯当：《古代人的自由与现代人的自由》，阎克文、刘满贵

译，商务印书馆1999年版。

［法］罗兰·巴特：《S/Z》，屠友祥译，上海人民出版社2000年版。

［法］米歇尔·福柯：《知识考古学》，谢强、马月译，生活·读书·新知三联书店2003年版。

［法］保罗·利科：《诠释学与人文科学》，孔明安、张剑、李西祥译，中国人民大学出版社2012年版。

［美］汉娜·阿伦特：《人的条件》，竺乾威等译，上海人民出版社1999年版。

［德］哈贝马斯：《公共领域的结构转型》，曹卫东、王晓珏、刘北城、宋伟杰译，学林出版社1999年版。

［德］哈贝马斯：《包容他者》，曹卫东译，上海人民出版社2002年版。

［德］伽达默尔：《诠释学Ⅰ·真理与方法》，洪汉鼎译，商务印书馆2010年版。

［英］鲍桑葵：《关于国家的哲学理论》，汪淑钧译，商务印书馆1996年版。

［英］吉登斯：《第三条道路：社会民主主义的复兴》，郑戈译，北京大学出版社2000年版。

［埃及］阿明：《不平等的发展：论外围资本主义的社会形态》，高铦译，商务印书馆1990年版。

［英］汤因比：《历史研究》，郭小凌、王皖强、杜庭广、吕厚量、梁洁译，上海世纪出版集团2010年版。

［美］欧文·佩基：《进步的演化》，蔡昌雄译，内蒙古人民出版社1998年版。

［美］里夫金：《同理心文明》，蒋宗强译，中信出版社2015年版。

［美］埃德蒙·费尔普斯：《大繁荣》，余江译，中信出版社2013年版。

［美］巴恩斯：《资本主义3.0》，吴士宏译，南海出版社2007年版。

附录 1

从主体性哲学到公共性哲学*

——访郭湛教授

刘 诤

郭湛，1945 年 10 月生，黑龙江省海伦人。哲学博士，中国人民大学荣誉一级教授，享受国务院政府特殊津贴。现任教育部社会科学委员会哲学学部委员、学部秘书处秘书长，中国辩证唯物主义研究会副会长，被授予北京市优秀教师和全国模范教师称号，曾任《中国人民大学学报》主编、中国人民大学马克思主义哲学研究中心主任。

郭湛教授 1964 年考入吉林大学哲学系本科哲学专业，1969 年毕业。曾先后在黑龙江省伊春地区师范学校、伊春教师进修学校、中共长春市委党校任教。1978 年考入中国人民大学哲学系，1981 年硕士研究生毕业，获哲学硕士学位，留校任教。1984 年起为在职博士研究生，1989 年获哲学博士学位。1992 年起任教授，主要研究方向为马克思主义认识论、历史观和文化观。在中国人民大学，先后参与了萧前教授等主编的《辩证唯物主义原理》《历史唯物主义原理》，李秀林教授等主编的《辩证唯物主义和历史唯物主义原理》的编写或修订工作。主要著作有：《中国现代化之哲学探讨》（主编之一，人民出版社 1990 年

---

* 原载孙正聿主编《亲切的怀恋——吉林大学哲学系系友访谈录》，中国社会科学出版社 2018 年版。

版)、《人活动的效率》(人民出版社 1990 年版)、《思维世界导论——关于思维的认识论考察》(主编之一,中国人民大学出版社 1992 年版)、《哲学与社会》(中国人民大学出版社 2000 年版)、《主体性哲学——人的存在及其意义》(云南人民出版社 2002 年版)、《哲学素质培养》(主编,中国人民大学出版社 2003 年版)、《马克思主义哲学中国化教程》(第一主编,中国人民大学出版社 2008 年版)、《社会公共性研究》(主编,人民出版社 2009 年版)、《面向实践的反思》(武汉大学出版社 2010 年版)、《简明哲学原理二十四讲》(主编之一,中国人民大学出版社 2016 年版)、《社会的文化程序》(黑龙江教育出版社 2016 年版)、《华夏复兴与中华文明道路》(第一作者,吉林文史出版社 2017 年版)等。在《中国社会科学》《哲学研究》等学术刊物上发表论文百余篇,其中有十余篇被《新华文摘》全文转载。

采访时间：2016 年 7 月 29 日
采访地点：郭湛教授办公室
采访人：刘诤（以下简称"刘"）
被采访人：郭湛（以下简称"郭"）

结缘吉大

刘：郭老师，您好！很高兴代表"反思奠基"网站以及《哲学基础理论研究》编辑部对您进行采访。您于 1964 年考入吉林大学哲学系念本科，能否为我们讲述一下，您是如何与哲学结缘，又是因何缘由考入吉林大学哲学系的呢？

郭：半个世纪以前，我在小兴安岭伊春读高中时，就对艺术和文史哲类学科有兴趣。当时有位政治课杨老师是中国人民大学国政系毕业生，他讲哲学条理清晰，引人入胜，使学生接触到一些"大道理"，引发我们初步的理论思考。我们班同学曾在教室墙报上，争论物质生活和精神生活的关系问题，记得我的文章题目是"大论坛下的小议论"。我喜欢读书和思考，边读书边做笔记，也注重写作，每天的日记是一篇有题目的短文。但那时我更喜欢感性的形象和表达。高考前我曾报考过美术专业，到哈尔滨、佳木斯两次参加绘画考试，但没有成功。正式参加高考时，我依次报了中文、历史、哲学三个专业。也许是因为报哲学专业的考生太少，即使是第三志愿，也很难得，我被吉林大学哲学系录取了。

来到了长春进入大学，最大的感觉就是大。当时的吉大除理化楼前基本没有围墙。哲学系所在的文科楼就在斯大林大街西侧，下课就可以走到大街旁去。大学与城市连为一体，学校与社会息息相关。回想起来，这种感觉对于大学生非常重要。立足社会，报效国家，服务人民，这不就是大学的宗旨吗？大学的生活清新自然而又积极向上，同学们朝气蓬勃，老师们亲切热情。除了校园里、课堂上的活动，我们还了解了老师的家庭生活，看到他们平时工作的温馨的书房。这一切，让我耳濡目染，不知不觉喜欢上了大学的工作和生活方式。毕业时我没有能够在大学工作，但时隔十年我在中国人民大学研究生毕业，留在哲学系任教，在那里工作三十多年至今，圆了我当年在大学工作和生活的梦。

难忘记忆

刘：作为吉大哲学系建系之后最早的几批本科生之一，我们的读者渴望听到您为我们讲述在吉大求学的那段时光里，与老师和同窗之间，与吉大哲学系之间发生过的，您至今难忘的事情。

郭：20世纪60年代我读大学时，本科学制是5年。五个年级本科生在一个系里，层级分明，由一个教职工群体来教育和管理。这里的老师来自各方，包括本系培养留校的毕业生，其中有多位来自中国人民大学。吉大哲学系老师的教学是一流的，使我们大开眼界。高清海老师给我们讲西方哲学史，张维久老师给我们讲马克思主义哲学，车文博老师给我们讲心理学，等等。课堂上老师们的音容笑貌，同学之间的切磋讨论，回想起来似乎就在昨天。吉大哲学系老师的科研也是一流的，看他们的著作文章，带我们进入学术殿堂。记得我们曾参加过哲学系教师的学术讨论会，听到熟悉的老师们的精彩发言，理解他们各自不同的观点和论证，领悟哲学的思维和表达。对于我们这届学生，严格意义的大学生活其实只有两年，但它给予我们的学术训练，却使我们受益终身。想到母校，总是充满着感恩之情。

校园也不总是平静的。1966年春夏之交，"文化大革命"爆发了。我们班同学刚从吉红屯农场劳动回到长春，就看到了满校园的大字报。各级领导干部乃至许多老师都受到"批斗"。渐渐地我们也都参与其中，经历了许多"史无前例"的事情。从此以后，直到毕业离校，我们再也没有正规上过课。很多年后，人们称"文化大革命"为"大革文化命"，它对整个中国文化包括大学教育的冲击是灾难性的。我们作为当时的"红卫兵"，参与了这场"大革命"的全过程。从"大批判""大串联""文攻武卫"到"大联合""再教育"等，我们都经历过了。每个人的身份都经常发生戏剧性转换，早上还是"批判者"，晚上就成了"批判对象"。我们在读社会这本大书的同时，也在读一些能够看到的书。有些马克思主义哲学经典著作，我就是在那时仔细阅读的。实践和理论中的问题使我们困惑甚至迷茫，而不断的思索和尝试也记录着我们的成长。1970年夏天，当我们班三十几个同学延迟一年毕业离开吉大时，每个人背包里都有自己的收获，说不清是苦辣还是酸甜。

吉大毕业后，我回到小兴安岭林区，在伊春师范学校任教讲哲学，受到学生欢迎。在课堂上，我无形中也像吉大哲学系的老师那样，力求深入浅出讲明道理，清晰准确分析问题。我的学生比我小不了多少，有的甚至比我年长，容易沟通，相处融洽。我们在教中学，在学中教，教学相长。这时，我越来越意识到，在吉大哲学系受到的哲学思维和表达的训练，是我从事哲学教学的坚实根基。遗憾的是，我在吉大的专业教育并没有全部完成。仰望着林海中参天的大树，我渴望着有机会能够继续专业学习深造。

学术探索

刘：您本科毕业工作近十年后考入中国人民大学继续求学，跟随萧前、李秀林、夏甄陶等老师们学习，您的硕士论文就发表在《哲学研究》上,题为《论实践的效能、效果和反馈》,您的博士论文《人活动的效率》在学界至今影响颇深。您对于中国社会现代化过程中人的活动的效率和人的主体性的发展研究最具创新意义,有较广的社会影响。您将您的学术眼光聚焦于人活动的效率和人的主体性的发展上,其中包含着怎样的学术历程和契机呢?

郭:1978年10月,我来到人民大学哲学系读研究生,再一次找到了母校的感觉。这里也是高清海等老师的母校,我师从的老师萧前、李秀林就是高老师当年读研究班时的老师和同学。这里特别重视马克思主义哲学基本理论与当代中国重大现实问题相结合的研究。我刚留在人大哲学系任教,就参加了萧前等主编的《历史唯物主义原理》的编写。后来又参加了萧前等主编的《辩证唯物主义原理》和李秀林等主编的《辩证唯物主义和历史唯物主义原理》的修订,参加了萧前等主编的《马克思主义哲学原理》的编写。我的硕士论文和博士论文都是面向当代中国发展的,受到社会和学界的重视。我能有这样的成果,学术根基还是在吉大哲学系打下的,是吉大哲学系老师教导我做人、做事、做学问。我的学术人生的第一个扣子,就是在吉大老师的指导下扣好的。此后在我的人生道路中,时常得到吉大老师和校友的真诚帮助,令人难以忘怀。

人们常说,哲学是思想中的时代。每一代人在哲学发展中的贡献,就在于发现和回答了自己时代提出的理论问题。我到人民大学后的三十几年,正值中国改革开放和现代化建设大发展时期。这个时期从"实践是检验真理的唯一标准"的大讨论开始,哲学的观念变革成为社会变革的先导。在确立了检验真理的实践标准的基础上,我们把中国现代化实践特别是经济建设放到中心位置,怎样实践的问题随即突显出来。如何提高实践的有效性,增加实践的效能、效果和效益,就成为实践哲学关注的大问题。我的硕士论文提出,实践、效能、效果和反馈构成辩证循环,是实践运动的基本规律之一。而实践的有效性即投入与产出的比率,就是实践的效率。我的博士论文进一步回答了这个问题,夏甄陶老师作序的《人活动的效率》于1990年在人民出版社出版。就在这一年,人民出版社还出版了李秀林、陈晏清、李淮春、郭湛主编的《中国现代化之哲学探讨》，我写了这本书的"导论 现代化与中国"。

中国通过市场经济实现现代化的过程，呼唤人的主体性的发展。20世纪八九十年代，我国哲学界出现实践唯物主义和主体性研究高潮，这是与当时经济和社会发展要求相适应的。但这时西方发达国家已进入"后现代"阶段，开始反思现代性，批判主体性，甚至出现了"主体性的黄昏"的说法。中国向何处去？如何看待主体性，又成了问题。针对这些困惑，我写了《主体性哲学——人的存在及其意义》，作为"哲学理论创新丛书"之一，2002年在云南人民出版社出版。我强调人的主体性在中国现代化进程中的重要意义，同时也指出这种主体性向主体间性、共同主体性即公共性的发展。2008年，我在《中国社会科学》上发表了论文《从主体性到公共性——当代中国马克思主义哲学的走向》，《新华文摘》、"人大报刊复印资料"等随即全文转载。在中国乃至世界越来越成为命运共同体的时代，主体性基础上的公共性日益凸显，我们需要一种面向未来的公共主义发展观。2009年，人民出版社出版了我主编的《社会公共性研究》。另外，作为《主体性哲学》的姊妹篇，我正在着手做一本《公共性哲学》。我相信，继人的主体性之后，社会公共性正在成为哲学社会科学关注的中心。

学术建议

刘：您曾作为十八届中央政治局第十一次集体学习的讲师，曾获得全国模范教师称号，由您主编或参与编写的著作曾多次获得国家级人文社会科学研究优秀成果奖。"师者，传道授业解惑也。"作为我们的前辈、老师，您能否为我们这些即将走向教学岗位，从事学术研究的学生们提一些学术与教学研究的建议呢？

郭：作为一名哲学教师，我曾在各式各样的课堂，包括在中南海怀仁堂小会议厅讲过课。我想对教师这个职业的后来者说，这是个崇高的职业，肩负着文化传承和创新的双重使命，值得终生为之。我早年有许多爱好，有过对造型艺术和文学与史学的向往。艺术的形象思维与哲学的抽象思维看似完全不同，但我的体会是"两极相通"。感性与理性相辅相成，形象思维能够启迪抽象思维。我的论文中经常使用图示来表达范畴关系，一目了然，这些图都是我自己动手制作的，小时候学画画的技巧有了新用途。对于哲学来说，万事万物都可以成为加工提炼的素材，人文科学、自然科学知识皆可启发我们思考，参与理论论证。我曾专门写文章论证的哲学假说方法，就是借鉴自然科学假说方法的。教师在解学生之惑的同时，也在促使自己直面自身的困惑。当我们以学术的研究解开自己的困惑，对大胆的假设作出小心的求证后，学术研究的成果就诞生了。当然，我们要比照前人他人的同类研究，力求在此基础上有所超越，这就是创新。新的时代充满了新的问题，依据自己的兴趣和能力有选择地予以研究，以学术方式加以尽可能充分的论证，我们就会有思想理论上的贡献。

寄语吉大

刘：今年是吉大七十周年校庆。您正当古稀之年，作为吉林大学最为资深的校友，请您赠与吉大和吉大学子几句寄语。

郭：我的母校吉林大学是一所真正的大学，七十年已拥有杰出的贡献和难得的辉煌。不仅是因为坐落在常春之城中高耸的大楼，更是因为各个学科雄踞学海潮头的学者大师。但最为根本的还是学校的每位教师和众多学生，是他们刚健有为、自强不息、扎扎实实的努力，确保了吉林大学更加美好的明天。祝福吉林大学成为中国和世界一流大学，祝愿吉大学子学业有成、事业发达、利国利民！

附录2

郭湛：以赤子之心爱哲学 以学者之责观社会[*]

阴志璟　刘寒青

"时空变换，故我依然。事各宜时，急重优先。智慧运用，方寸之间。张弛有道，乐享天年。"七年前，郭湛教授为人民大学哲学院的毕业生们写下了这首小诗。短短几句话，包含了他对于时间与人生的思考。2017年3月，他在中山大学的学术讲座里，谈到如何进行思想理论创新，总结了九个字与同仁共勉：窥天机，接地气，说人话。天、地、人合一，既是他对自身的要求，也是他的治学态度。

从青年时代选择哲学领域作为奉献一生的事业，到如今在专业领域内作出自己的成就，跨越了半个世纪的坚守。青丝渐变华发，而一直没有改变的是郭湛坚持理论思考，坚持对当代社会的关注。

与人民大学结缘于少年时

与人民大学的缘分始自郭湛的少年时代，如同在土里埋下一颗种子，慢慢成长，等待破土而出。

---

[*] 原载《中国人民大学》（校报）2017年5月29日第1615期。

郭湛说，对于哲学的兴趣来自于他的高中课堂。他高中就读于小兴安岭伊春市，而当时他的政治课老师正是一名中国人民大学国政系的毕业生。"杨老师的哲学课讲得深入浅出，语言条理清晰，引人入胜，使学生接触到一些'大道理'，引发了我们初步的理论思考。"郭湛回忆道。在政治课杨国晨老师的引导下，他和同学们那时就曾对物质生活和精神生活的关系问题进行讨论，并将讨论结果写成小论文在教室的墙报上发表。

1964年，郭湛考入吉林大学哲学系，成为吉大哲学系最早几届本科生之一。哲学系五个年级的本科生都由一个教职工群体来教育和管理，其中有多位老师来自中国人民大学。在学术讨论中，老师们各自不同的观点和论证，引领郭湛逐渐领悟哲学的思维和表达。

然而，郭湛的大学时光并不平静，入学两年后，"文化大革命"开始了，此后直到毕业离校，再也没有正规地上过课。直到1970年夏天，他和班里的其他同学延迟一年毕业离开吉林大学。回忆起本科在吉大的日子，他有遗憾，也有收获："在那个时期，我们在读社会这本大书，但同时也在读一些能够看到的书。有些马克思主义哲学经典著作，我就是在那时仔细阅读的。实践和理论中的问题使我们困惑甚至迷茫，而不断地思索和尝试也记录着我们的成长。"

本科毕业后，郭湛回到小兴安岭林区一所师范学校任教。"仰望着林海中参天的大树，我渴望着有机会能够继续专业学习深造。"郭湛一直希望能够继续学习他热爱的哲学，终于在1978年10月，他来到人民大学哲学系读研究生，那颗早已埋下的种子在这一刻破土发芽。

郭湛的学术研究之路重新在人民大学转入正轨，他师从萧前、李秀林、夏甄陶等几位名师。在导师和老一辈学者的带领和指引下，他迅速走上了学术道路。少年时写日记和读书笔记时着意锻炼的写作能力，成为他学术的助力，帮助他收获了众多研究成果：研究生期间，在导师李秀林教授的指导和帮助下，他已经开始在《教学与研究》上发表文章；硕士毕业前夕，他与萧前教授和另一位同学合作的论文《论唯物辩证法的"斗争"范畴》在《哲学研究》上发表，随后被《新华文摘》转载；他的硕士论文提出，实践、效能、效果和反馈构成辩证循环，是实践运动的基本规律之一,而实践的有效性即投入与产出的比率,就是实践的效率;他的博士论文进一步回答了这个问题并进行了深入阐述,最后以"人活动的效率"为题成书出版。

"人民大学哲学院特别重视马克思主义哲学基本理论与当代中国重大现实问题相结合的研究",郭湛这样概括人民大学哲学院的特点。通过人民大学哲学院系统的学术培养,他逐渐明白了如何发现和提出学术问题,如何形成和表达学术思想;在文稿的反复修改中,他了解了怎样使文章的表达符合规范,使思想的表述趋于完善。在人民大学读书的这几年,让他养成了关注当代社会问题的研究习惯,带着这一习惯,郭湛开始了他的治学之路。

注视现实生活进行哲学思考

郭湛所从事的哲学研究不是脱离实际的玄虚之学,他始终坚持"注视着现实生活进行哲学思考"。"在干中学,边做边学",这种继承自人民大学前辈学人的学术态度一直影响着他。他说:"学术研究需要有对时代和社会发展的理论需要的敏感,善于提出有意义、有价值的问题,提炼思想,形成理论,严密论证。"他曾引用一句孟子的话来概括自己治学的态度:"学问之道无他,求其放心而已矣。"学术研究不能浮躁,必须放下心来,"深入思想的海洋,才能得其奥秘而非泡沫",郭湛说。

郭湛在编写教材和学术著述方面成绩斐然。他先后参与了萧前等主编的哲学专业教科书《辩证唯物主义原理》《历史唯物主义原理》《马克思主义哲学原理》和李秀林等主编的文科哲学教科书《辩证唯物主义和历史唯物主义原理》的编写或修订;后来又撰写、主编了一批哲学研究论著:《人活动的效率》《哲学与社会》《主体性哲学——人的存在及其意义》《哲学素质培养》《社会公共性研究》《面向实践的反思》《社会的文化程序》等,参与主编了《中国现代化之哲学探讨》《思维世界导论——关于思维的认识论考察》《马克思主义哲学中国化教程》《简明哲学原理二十四讲》等。

在这些成果中,郭湛对中国社会现代化过程中人的活动的效率和人的主体性的发展这两大问题的研究最为突出。20世纪八九十年代,我国哲学界出现实践唯物主义和主体性研究高潮,这与当时经济和社会发展的要求是相适应的。但此时西方国家已进入"后现代"阶段,开始反思现代性,批判主体性,甚至出现了"主体性的黄昏"的说法。中国向何处去?如何看待主体性,又成了问题。正是针对这些困惑,郭湛写出了《主体性哲学——人的存在及其意义》,设想人的主体性也存在发生、发展、消亡的过程,提出了一个关于人的主体性演化的假说。

而后,郭湛紧跟时代变化,又在研究中明确提出社会和人的发展中从主体性向公共性的转变问题,并就公共性的涵义和样态、公共存在和公共意识的关系问题加以探讨,受到学界和社会的关注。2008年,他发表论文《从主体性到公共性——当代中国马克思主义哲学的走向》。2009年,郭湛主编的《社会公共性研究》一书出版。他认为:"在中国乃至世界越来越成为命运共同体的时代,主体性基础上的公共性日益凸显,我们需要一种面向未来的公共主义发展观。"

从人的主体性转向公共性,郭湛用发展的眼光研究问题,紧跟中国社会的实际发展。他的研究成果创新意义显著,对哲学领域乃至整个社会都产生了较为广泛的影响。2016年,在中国人民大学哲学院成立六十周年庆祝大会上,郭湛被授予哲学院杰出贡献奖,表彰他为哲学院学科建设和人才培养作出的贡献。

现在,被人民大学评为一级教授的郭湛依然笔耕不辍,活跃在学术前沿。他正在着力研究"公共性哲学"问题,他说:"我相信,继人的主体性之后,社会公共性正在成为哲学社会科学关注的中心。"

育天下英才乃人生乐事

被郭湛指导过论文的学生,每个人都曾有一份"花花绿绿"的或者到处能看到红字的批改本。哪怕是篇幅很长的博士论文,也不曾有例外。起初,他看过的每一份论文都用红、绿、蓝三种颜色的笔进行批

注：红色代表删除，绿色代表补充，蓝色代表疑问。后来简化为用红字标出修改部分或提出疑问。他说："这样的批注可以让学生更清楚地知道问题在何处，怎么改更好。这对学生帮助最多。一些学生因此进步很大。看到他们写的文章越来越像样，我心里十分高兴。"

1992级的时兆华时至今日仍然珍藏着郭湛批改过的作业本，尽管那只是一份普通的课堂作业，但是"几乎每页文字郭老师都认真读过，错别字用红笔改过，包括每一个标点符号"。当时读大二的时兆华还曾认为郭老师太过专注小节，心里不以为然。可是当他毕业五六年后，再一次翻出了那个作业本，"看着里面密密麻麻的红笔修改，眼眶立刻湿润了。师者的深恩大爱，不到一定年龄真是无法体会"。

郭湛从人民大学研究生毕业留校任教，到现在已经有30余年。其中有近20年的时间，他每年都坚持给本科生开一门叫作"哲学素质培养"的课程。从教学内容到教学方法，他进行了许多探索，并亲自主编了该课程教材《哲学素质培养》。直到后来有年轻教师接任了这门课程，他才离开了"哲学素质培养"课的讲台。他经常鼓励本科的同学多看多学多尝试，先使自己得到全面发展，然后再根据社会的实际需要和自己的现实际遇，进一步确定专业方向。

对于硕士生和博士生，郭湛既重视他们的学术思想和能力的培养，也注重他们的优良品格的养成。同当初郭湛的老师带领他走上学术道路一样，他自己也言传身教，在带学生做事的过程中以实际行动影响他们。他主动带着学生一起写文章，编教材，做项目，组织学术活动，让他们在实际工作中得到锻炼。

"我在郭老师身上看到了我所向往的治学人生"，哲学院2013级博士研究生高佩在谈到自己的导师郭湛时说，"郭老师不只是跟我讨论论文思路，还让我有现实关怀，修改完善自己的学术成果"。高佩认为，师从郭老师有两点令她感触最深："其一是老师组织的读书班。我从2011年硕士刚入学开始就跟老师和师兄师姐们一起，在老师办公室读原典。这对于一个新来的学生而言意义非凡。其二是老师的不言之教。老师很惜时，而且又非常自律。"

2009年，郭湛被评为全国模范教师，在被问到是什么动力激励他在人民大学数十年如一日教书育人时，他答道："校园的宁静和偶尔的喧闹，充满青春活力的学生，学术研究、思考和表达的自由，社会对于学校和教师的尊重，所有这一切都使我由衷地喜欢教师这个职业。"

作为一名教师，郭湛执教过的课堂并不仅仅是在高校内。2013年12月3日，郭湛担任十八届中央政治局第十一次集体学习讲师，与中央党校教授韩庆祥一起，在中南海怀仁堂为中央政治局常委和党中央、国务院相关机构的负责人等各位领导讲授"历史唯物主义基本原理和方法论"。为了达到最好的授课效果，郭湛花了三个多月备课，讲稿审核修改前后经历了五个环节。"作为教师我教过各种各样的学生，但为中央最高层讲解，这还是头一回。在一节课的时间里，要讲述在大学里一学期或半学期的内容，对我来说也是第一次。"虽然这次经历过去已经三年了，但回忆起当时授课的情景，郭湛还记得委员们一边认真地听，一边用笔在讲稿上标出重点的情形。

"我思想，故我是蝴蝶……万年后小花的轻呼，透过无梦无醒的云雾，来震撼我斑斓的彩翼。"戴望舒的一首小诗诉尽了哲学的魅力。与哲学同路而行的五十多年间，作为一位从事哲学研究的学者，郭湛始终保持着对于哲学本身最赤诚的热爱，和对当下中国社会最真切的关注。于郭湛而言，哲学已经从他学习的专业，他从事的事业，变成他生命中不可或缺的一部分。

附录 3

从中国走向世界的当代中华文明*

——访中国人民大学哲学院郭湛教授

韩雪青

对于中国马克思主义理论界，2018 年是一个特别重要的年份。这是马克思诞辰 200 周年，《共产党宣言》发表 170 周年，也是中国实践标准大讨论和改革开放 40 周年。在这样的历史节点上，中国特色社会主义发展进入一个新时代。党的十九大以来，习近平新时代中国特色社会主义思想成为中国面向世界、深化改革、开放发展的指导理念。生逢大时代，勇做弄潮儿。中国正处在几百年来最为欣欣向荣的发展时期，为亿万人民亲身参与创造自己的历史提供了广阔的舞台。真正的哲学是自己时代精神的精华，是思想中的时代。从马克思主义哲学的高度，深入研究当代中国和世界发展的大趋势，把握其中隐约可见的规律性，以利于中华民族伟大复兴和人类命运共同体的发展，是中国马克思主义理论工作者不可推卸的责任。出于对这一问题的关注，本刊委托韩雪青博士专访了中国人民大学哲学院郭湛教授。

韩雪青：郭老师，您好！感谢您在百忙中接受此次访谈。习近平总书记说："我国哲学社会科学应该以我们正在做的事情为中心，从我国改革发展的实践中挖掘新材料、发现新问题、提出新观点、构建新理

---

* 原载《马克思主义理论学科研究》（双月刊）2018 年第 2 期。

论。"可否结合您多年的学术研究历程,谈谈您对习近平总书记这句话的理解?

郭湛: 习近平总书记强调理论研究应该以我们正在做的事情为中心,这是马克思主义理论发展的基本原则。我们知道,发展始终是硬道理。当代中国的发展不是自然经济状态中缓慢的自发的发展,而是在中国共产党领导下有理想、有规划、有措施、有成效的发展。这种自觉的发展,经过一个又一个"五年规划",积小胜为大胜,由量变到质变,40年间,从根本上改变了中国社会面貌。亿万中国人民40年自觉的实践,创造了当代中国的历史和未来。这是在马克思主义理论指导下自觉的中国特色社会主义实践,是经济、政治、文化、社会、生态各方面的发展。

当然,中国化的马克思主义理论,包括习近平新时代中国特色社会主义思想,是指导我们实践的理论基础。作为观念的上层建筑或意识形态,就是以马克思主义为核心的当代中国哲学社会科学。当代中国哲学社会科学渗透于社会发展的各个领域,内化于广大干部和人民群众的思想与行动之中,使当代中国人民的实践成为自觉的实践,使当代中国社会的发展成为科学的发展历程。40年来,中国哲学社会科学就是以我们正在做的事情为中心的。这是我们的基本经验,是在新时代必须继续坚持的基本共识。

韩雪青: 这也是您多年从事学术研究的基本认识。

郭湛: 是的,我自己的亲身经历证实了这一点:我们所思的,就是我们所做的。40年前,我来北京参加人民大学研究生复试,试卷中就有这样一道题:"试论实践是检验真理的唯一标准。"我交出的答卷,实际上是一篇表述我对这个问题的理解的短文。20世纪80年代初,我做的硕士论文题目是"论实践及其效能、效果和反馈",提出了以实践反馈来矫正实践运动的观点,并称之为"实际运动的基本规律"。这篇文章发表在《哲学研究》杂志上。

我留在人民大学哲学系任教后,参加了萧前教授等主编的哲学专业教材《历史唯物主义原理》的编写,还参加了李秀林教授主持的国家哲学社会科学重大项目的研究。1990年作为这个项目的成果《中国现代化之哲学探讨》出版。同年，我的博士论文《人活动的效率》也出版了。进入21世纪，我主编的《社会公共性研究》和与安启念教授共同主编的《马克思主义哲学中国化教程》出版。这里提到的五部书，都是在人民出版社出版的，产生了广泛的社会影响。这些著作和教材都属于基本理论方面，但它们无疑都是以我们正在从事的中国现代化建设为中心的。

而今，中国正在进入全面建成小康社会和实现中华民族伟大复兴的新时代。我们的哲学社会科学更要以我们正在做的伟大事业为中心。从事哲学社会科学工作，能够置身于这样一个可以大有作为的新时代，这是我们的幸运。我们都不想辜负这样的时代。

韩雪青：在您和刘克苏合作的《华夏复兴与中华文明道路》一书中，您谈道："有学者认为，中国文化经历了四个生成周期——华夏期、夷夏期、中印期、中西期。如果已有的四个周期可以这样称呼的话，接下来的应该是中华文化的'中（华）世（界）期'。"这是今天我们正在经历的历史过程吗？为什么要作这样的概括呢？

郭湛：关于"中（华）世（界）期"的提法，是我们在书中回应郭沂教授在《哲学研究》1989年第4期发表的一篇文章对中国文化分期的看法。郭教授的论文题目是"从文化生成机制看中国文化的形成与演变"。我们赞成他把近几百年中国文化发展周期称为"中西期"。在近代以来西方文化占主导地位的历史时期，中国文化受西方影响、向西方学习，并且反过来影响西方文化，这是一个总的趋势，称之为"中西期"是恰当的。我们现在大体上仍然处于这样的发展时期。但是我们看到，今天的中国不是仅仅面向西方，而是面向包括西方在内的整个世界。当代中国越来越成为拥有全球视野的世界性大国。我们的"一带一路"的设想和实践，使中国的发展已经超出与西方互动的范围，成为与全世界更广范围的互动。这样一个新时代，用"中西期"是不能完全概括的。所以，我们主张用"中世期"即"中（华）世（界）期"来命名，使之名副其实。

中国文化即中华文明的发展，是世世代代中国人民、中华儿女始终在做的事情。如何认识中华文化在当代的复兴，走好中华文明发展的道路，这是一个根本性的问题。我和刘克苏在2001年申报教育部人文社会科学项目"华夏复兴论：一种历史哲学和文化哲学的考察"获得批准立项。这个项目的最终成果《华夏复兴与中华文明道路》，于去年10月在吉林文史出版社出版。回顾历史，展望未来，我们走的中国特色社会主义道路，就是中华文化和文明复兴的道路，是中国走向世界、拥抱世界的过程。中国的发展是在继承已有文化和文明的基础上，全面而又深刻地革命和改革即创新的结果。进入新时代，创新已成为引领中国发展的第一动力。

韩雪青：新时代要有新气象，更要有新作为，新时代呼唤思想理论创新，请您谈谈如何把握思想理论创新的前提和前沿？

郭湛：实践的创新呼唤理论的创新，包括作为世界观和方法论的哲学的创新。马克思主义哲学以"改变世界"为目的，本来就是创新的哲学。在马克思主义哲学中国化的过程中，必须适应当代中国发展的实践，不断推进理论的创新。改革开放40年，我们实际上走过的就是这样一条道路：以实践创新推动理论创新，又以理论创新带动实践创新。新时代新问题层出不穷，要求我们在实践和理论的相互作用中贯彻创新的原则。新时代是中国共产党带领全国人民以自觉的实践创造历史、实现中华民族伟大复兴的过程，这种前所未有的实践创新对于理论创新包括哲学创新的要求更为迫切。

现在，对于思想理论创新的必要性已无异议，问题在于这种创新的可能性。思想理论创新首先要把握它的前提和前沿。这里所说的"前提"是创新的立足点，指的是在怎样的基础上创新。思想理论创新的前提，一方面是思想理论本身的前提。文明、文化、思想、理论等是历史过程的产物，它们自身也构成一定的历史过程。创新必须以继承为前提，只能在继承的前提下创新。历来的创新者都要先在传承上做足功课。另一方面同样重要的是，思想理论创新有它的社会实践要求的前提。敏锐把握社会实践创新对于思想理论创新的迫切要求，充分利用实践提供的可能性条件，有利于实现思想理论的创新。

社会实践对于思想理论创新的要求是普遍性的，现实的可能性条件是公共性的，通过教育等方式完成的思想理论传承也是社会性的。这些"前提"是必要条件，但还不是充分条件。要进行思想理论创新，在具备"前提"的基础上，还要进入"前沿"，即面对新的未曾解决的重要问题，依据适当的创新方式加以有效的回答。在科学研究中，这就是研究者个人或团队的"攻关"活动。有志于哲学创新的学者，首要的任务在于切实把握住思想理论创新的前提和前沿。

韩雪青：从发展 21 世纪中国马克思主义的立场上看，我国哲学社会科学应该的中心是什么？

郭湛：这个问题很大，然而也是带有根本性的，特别值得我们长期关注。21 世纪中国化的马克思主义，要面对当代中国和世界的发展现状及未来趋势。这个时代的整个历史走向有其内在的某种确定性，又会表现为极大的不确定性。如果我们说，这个时代风起云涌；那么还应补充一句：有时也波谲云诡。从历史唯物主义立场看，历史过程的偶然性中有必然性，历史的必然性通过偶然性来开辟道路。哲学社会科学不能只是描述无穷无尽的偶然性，堆积越来越多的"大数据"，它的任务是透过偶然看必然，数据之中找规律。在一个越来越复杂化的"信息爆炸"时代，哲学这种本质性、必然性、总体性的思维方式呈现出简约化的特征，它的重要性日益凸显。生活在当代这样极其复杂的世界上，如果没有一点哲学的简约化思维方法，身陷海量信息就会寸步难行。

当代中国哲学社会科学应该聚焦的中心是什么？由于每个人立足的层面和角度不同，仁者见仁，智者见智，会各自给出不同的回答。如果我们从当代中国和世界整体的大趋势上着眼，也许会"英雄所见略同"，在特定的"共见"中获得一定的"共识"。我这两年也一直在考虑这个问题。去年在深圳论坛上，我用十个字概括了自己的看法："两大共同体，一个发展观。"两大共同体，即中华民族共同体和人类命运共同体。中国的发展也就是中华民族共同体的发展。经过"两个一百年"，从全面建成小康社会到基本实现现代化，再到全面建成社会主义现代化强国，实现中华民族伟大复兴。与此同时，我们坚持和平发展道路，推动构建合作共赢的人类命运共同体。这两大共同体的发展互为条件，相互促进。如果这两大共同体能够比较健康地发展，中国和世界的未来就有了可靠的保障。

韩雪青：这可以说是一种"宏大叙事"，与之相应的重大问题一定很多，都包含哪些内容呢？当代哲学社会科学理论创新的主要方向在哪里？

郭湛：与此相关的重大问题确实很多，从基本理论上说，共同体和公共性问题首当其冲。十年前毕业的我的一个学生的博士论文题目，就是《共同体的公共性研究》，现在看来这个题目是很超前的。但这也不完全是新问题，人类有史以来就有共同体及其公共性的问题。这个问题的不断出现和不断解决，构成各国乃至整个世界的历史。当代各个国家或民族共同体的实际状况和发展趋势，中华民族共同体如何发展，人类命运共同体如何构建？在这两大共同体之间，还可能有一系列不同范围的共同体，如两国形成的某种共同体，多国构成的利益共同体。大国之间，例如中俄两国或中美两国关系的发展，是否具有某种共同体的前景？中国倡导的"一带一路"的发展，是否可能形成某种亚欧共同体或亚非欧共同体？各种类型的民族和国家共同体的发展，将使更广泛意义的人类命运共同体的构建日益具有现实性。共同体靠社会公共性维系。如何认识和构建共同体的公共性，关系到共同体的命运和前途。当代中国的哲学社会科学研究，几乎都是以这些问题为中心展开的，相应的理论创新也都与此有关。

说到共同体的发展，了解它的历史和现状无疑是前提。但要自觉引领共同体发展，最重要的是在现实的实践中形成正确的发展理念或发展观。这是一个社会发展理论问题，也是一个哲学历史观或发展观问题。当代中国新发展理念，我们是用10个字概括的：创新、协调、绿色、开放、共享。这些发展理念构成一个系统的有机整体，实际上就是新时代中国的发展观，也是中华民族共同体的发展观。所有五个发展理念的结合，体现了整个共同体的公共性的基本意蕴。对于以新发展理念为根本的中华民族共同体以及人类命运共同体的发展观，还需要进一步加以研究和阐发，在理论上和实践中加以创新和完善。

面对当代中国和世界，对于新的重要问题能够及时提出，予以尽可能全面深入的分析，从一定的理论高度上作出回答，指出实践中正确的或有效地解决问题的方法和途径，这就是哲学社会科学理论创新的大体方向。

韩雪青：今天，中国人民正在为实现中华民族伟大复兴中国梦而奋斗。但是，到底什么是"中华民族伟大复兴"，究竟包含哪些方面的内容，许多大学生甚至青年学者并不是十分明晰。您可否对"中华民族伟大复兴"所包含的主要内容作一概述？还有，中华民族伟大复兴与中华文明复兴，二者又有何联系与不同？

郭湛：中华民族复兴与中华文明复兴，作为历史现象是一回事，但所说的侧重点有所不同。前者强调这一历史现象的主体，后者强调这一历史现象的内容。就是说，中华民族复兴作为历史活动，其主体是中华民族。中华民族在历史上曾经长期处于世界前列，近二百年落后了，现在正努力回到原本属于自己的世界强国地位，所以称为"复兴"。那么"复兴"的内容是什么？可以说复兴的是中华文明。中华文明是中华民族文化创造的成果和生存发展的方式，在经历了近二百年的衰落后同样将实现"复兴"。当然，人们更多的是在同一个意义上讲中华民族复兴和中华文明复兴，指的就是中华民族文化即文明的当代复兴。

"中华民族伟大复兴"是整体性的发展过程，是经济、政治、文化、社会、生态等方面全方位的发展。从横向空间维度看，这一"复兴"进程是经济、政治、文化、社会、生态"五位一体"的发展，也是"东西南北中"协调有序、梯度推进的过程。从纵向时间维度看，这一"复兴"进程至少是从中华人民共和国成立到本世纪中叶这一百年间。在 2020 年全面建成小康社会后，还将经历两个阶段：（1）从 2020 到 2035 年，基本实现社会主义现代化；（2）从 2035 年到本世纪中叶，建成富强民主文明和谐美丽的社会主义现代化强国。这就是"中华民族伟大复兴"的过程和内容。

韩雪青：通过您的阐述，中华民族伟大复兴与中华文明复兴的联系与区别已然清晰，而且也明确了"中华民族伟大复兴"的过程和内容，接下来可否请您谈谈如何实现中华文明复兴？中华文明与西方文明在本质上有哪些不同？

郭湛：当代中华文明的复兴是中华民族自觉奋斗的过程，而自觉的奋斗实践需要自觉的思想理论的引导。这是自 1978 年改革开放 40 年发展的成功经验，也是未来走向 21 世纪中叶这 30 至 40 年发展的首要条件。一种文明的理念是这种文明性质和水平的精神标志，是引导这种文明发展的基本程序和价值取向。中华文明的理念丰富而又深邃，当代中华文明的复兴需要不断从自身理念的宝库中获得精神力量，继续开拓前进。我们已经从一些方面或角度，对中华文明理念作了多种表述，都是有意义的。但众说纷纭，问题依然在探索和思索之中。

现在的问题是：我们正在复兴自己的文明，但似乎不大清楚自己文明的核心理念是什么。中华文明复兴理念是中国社会发展的思想保障。中华民族有自己文明的不断发展的理念系统，我们需要坚持和发展中华文明的核心理念。究竟什么是中华文明的核心理念，这不是一个纯粹理论的问题，而更是一个实践的问题。中华民族伟大复兴的实践检验着中华文明的理念，正在把这种文明的核心理念日益明晰地凸显出来。我和刘志洪在另一篇论文中强调，传承、创新和引领是中华文明复兴的要义，[①] 这是对上述问题的一种回答。

如果从共同体角度思考这个问题，我们所做的无非两件大事：中华民族共同体的发展和人类命运共同体的构建。对于中华民族共同体和人类命运共同体来说，"和而不同"的理念可能是最重要的。中华民族共同体中的各个民族、全体人民各有不同，人类命运共同体中的各个国家或民族的文化、文明各有不同，要能够在共同体中共同发展，就要"不同而和"。"和"无疑是中华文明的核心理念。但这种"和"不是以"同质"为前提的，正如春秋末年史伯所言："和实生物，同则不继。"不同而和，对立统一，这是面对矛盾的辩证法思维方式。相比而言，西

[①] 参见郭湛、刘志洪《中华文明复兴的核心取向》，《武汉大学学报》（人文社科版）2017 年第 6 期。

方文明理念倾向于两极对立的思维方式，不利于构建和发展包容"不同"的共同体。这两种不同的共同体理念，在当今风云变幻的世界舞台上，孰优孰劣，有目共睹。在中华文明理念的视野中，中国和西方这两种理念乃至文明"不同"是正常的，可以用"和"的方式构建各种共同体，直至人类命运共同体。

韩雪青：实现中华民族伟大复兴中国梦，必须弘扬中国精神。那么，弘扬中国精神和复兴中华文明，两者又是怎样的关系？

郭湛：我们所说的"中国梦"，是"中华民族复兴梦想""中华文明复兴理想"的简称；而大家讲的"中国精神"，也就是"中华民族精神""中华文明精神"的简称。弘扬中国精神和复兴中华文明，大体上是意识和存在、思想和行动的关系。从唯物史观的高度来看两者关系，首先是社会存在决定社会意识，实践行动规定观念思想；反过来，社会意识引导社会存在，观念思想设计实践行动。志向远大而又科学务实的中国精神，对于复兴中华文明乃至构建人类命运共同体，都是至关重要的，这也就是我们的新时代精神。

韩雪青：社会公共性研究是您造诣颇深的一个研究领域。请您用"公共性"和"公共主义"，来诠释一下习近平总书记提出的人类命运共同体的世界意义和世界价值。

郭湛：20世纪八九十年代，我同学界许多学者一样，十分关注人的主体性问题。中华民族的复兴就是中华民族主体性的发挥和实现。对于我们每个人来说，也都有一个如何实现自身主体性的问题。为此，我曾在《中国社会科学》上发表论文《人的主体性的进程》，后来出版了《主体性哲学——人的存在及其意义》一书。在继续的研究中，我越来越意识到，随着个体主体性的发展，当人们各自作为主体相互面对时，是不能简单套用主客体关系模式的。我们作为主体要把别人也作为主体来对待，于是就有主体间关系或主体际关系。相对于主体性，就有了主体间性、主体际性或共同主体性，众多个体构成共同体。共同体具有共同性即公共性。共同体有小有大，从各种人群共同体、民族共同体、多民族共同体、国家共同体、多国家共同体，直到全球、全人类共同体。共同体是人生存和发展的社会形式，公共性是共同体的根本属性。在这种背景下，哲学关注的重心正在从主体性转向公共性。我的论文《从主体性到公共性——当代中国马克思主义哲学的走向》2008年在《中国社会科学》上发表，随后《新华文摘》全文转载了。社会对这一观点的关注，说明它触及了当代实践和理论发展中具有根本性的问题。

前面提到，从中华民族共同体到人类命运共同体，核心问题都是共同体公共性的建构和维系。对于这种共同体的基本的公共性及其发展方向，我们是用共同体的根本理念来表达的。人类命运共同体的公共性，首先在于和平、发展、合作、共赢。习近平总书记在十九大报告中的提法是："建设持久和平、普遍安全、共同繁荣、开放包容、清洁美丽的世界。"我们把中国秉持的全球治理观概括为"共商、共建、共享"，这是共同体的共同性即公共性的要点。由此可见，人类命运共同体的发展理念与中华民族共同体的发展理念，在本质上是一致的，都是一种共同体的共同发展观。这种共同体发展观，可以说是共同体主义发展观，也可以说是公共主义发展观。我倾向于"公共主义发展观"的提法。去年我与桑明旭合作的论文《面向未来的公共主义发展观》，也被《新华文摘》全文转载，或许能说明社会对这个问题的重视。

人类命运共同体的理念是习近平总书记代表中国明确提出的，它属于全人类，具有世界意义和世界价值。它为世界上越来越多的有识之士所接受，得到越来越广泛的响应，多次被写入联合国的文献。我相信，既属于中华民族共同体，也适用于人类命运共同体的公共主义发展观，将会逐步得到中国和世界的认可。

韩雪青：的确，习近平总书记代表中国提出的人类命运共同体的理念正在彰显其世界价值和世界意义。如果把中华民族的复兴看作是中华民族共同体的发展，那么，中华民族共同体和人类命运共同体在发展理念上的关系是怎样的？

郭湛：如前所述，西方文明的主导倾向是两极对立的思维方式。这种思维方式在推动世界冲破中世纪封建桎梏进入现代社会的过程中，曾经起了积极的甚至是"革命"的作用。但在当今世界上,在几乎所有国家和民族都已经成为自觉的独立的主体的时候,在各类主体构成的共同体中,越来越需要在确立主体性的基础上强调公共性。西方秉持的两极对立的思维方式,以及所谓"文明冲突论""历史终结论"相继破产,中华文明以"和而不同"为特征的核心理念,与马克思主义唯物辩证法和历史辩证法相结合,实现了中西文明的"不同而和",这对于当代世界文明的价值是难以估量的。在这里,人类命运共同体的核心思想与中华文明的核心理念是相互贯通的。

韩雪青:习近平总书记在十九大报告中说:"青年兴则国家兴,青年强则国家强。"青年是中国的未来。请您从涵育中国情怀、开阔世界眼光的层面,谈谈对新时代中国青年哲学工作者的期望。

郭湛:俗谚云:"要做大事情,莫要等成年。"40年以前,我也年轻过,深知事业从青年时期开始。我们正在进入一个新时代,这是实现中华民族伟大复兴的时代,也是构建人类命运共同体的时代。这"两大共同体"的构建将造福中国,同时也造福世界。这样的时代非同寻常,可以称之为"大时代"。如此伟大的新时代,需要一大批能够担负起新使命的新青年,包括新一代哲学工作者。他们既要具有厚重的中国情怀,又要具备宽广的世界眼光。这是一种"和"的情怀和眼光,也是一种"公"的情怀和眼光。大道之行,天下为公。这个"天下"首先是中国,进而也是世界,我们要以这种天下为己任。新时代青年不仅是中国公民,是中华民族共同体的一员;而且是世界公民,是人类命运共同体的一员。如果说以前我们"放眼世界",多半处于想象之中;那么,新时代的青年将更多地走向世界,用实践的方式参与新世界的构建。

新时代的新需要,将会强势推动自然科学和社会科学的发展,为中国哲学的发展创造前所未有的机遇。新时代新使命要求新哲学。当然,我们必须清醒地看到,中华民族共同体和人类命运共同体的发展是伟大的事业,同时也是艰难的使命。投身这一事业,完成这一使命,要有足够的勇气、毅力和智慧。想想我们的前辈在何等艰难的条件下,为我们赢得了如此难得的继续发展的条件，我们没有任何理由不继续努力去赢得胜利。中国和世界的当代发展，无疑是人类历史上的一次最为壮丽的日出，没有什么力量能够阻挡它的实现。老一辈的人可能看不到那一天，希望今天的青年哲学学者能够代表历代献身于这一事业的人们，深情地赞美那一天的到来！

附录 4

思想理论创新：从前提走向前沿[*]

郭 湛

对于刚刚走进大学人文社会学科的学生来说，首要任务是学习专业知识，接受已有人类文化成果。但这不是我们的最终目的。最终目的是在掌握已有人类文化成果前提下，进一步走向哲学社会科学前沿，承担思想理论创新发展的任务。今天讲的这个题目，对于刚上大学的学生而言，似乎很遥远，但不是遥不可及的。在你们经过几年本科、几年研究生学习之后，将会越来越趋近这个目标。立志不怕年少，越早立下志向，越有利于未来的发展。在我们的学术道路上，有两个"前"目标即前提和前沿，是有志于思想理论创新的学者必须面对和解决的问题。

在哲学社会科学领域，思想理论创新是神圣的使命。学问之道的最高理想，正如古人所言："为天地立心，为生民立命，为往圣继绝学，为万世开太平。"（《张子语录》）这样的境界，是每个真诚的学子都在内心中追求的。走进哲学社会科学领域，不能忘记我们未来的使命，那就是在继承的基础上创新。

一 当代中国发展需要思想理论创新

从 1978 年到现在，40 年中国改革开放和现代化建设，经济、政

[*] 原载《江海学刊》2018 年第 6 期。

治、社会、教育、科技、文化等的发展，是有史以来最为迅速的。而今，原有的发展模式已不能适应未来发展的要求，迫切需要增长方式的转变。

思想理论必须反映现实实践，又反过来引领现实实践。当代中国实践发展，需要哲学社会科学思想理论创新。中国已经进入一个新时代。新时代的一个重要特点，就是从"模仿驱动"向"创新驱动"转变。40年来，整个中国发展取得的成就巨大。但这些年的发展模式，可以用发挥"后发优势"来理解，也就是主要是借模仿驱动来发展。因为我们是后发展的国家，先发展的国家在现代化道路上有很多成功的经验值得学习。我们发挥"后发优势"，就是不走他们走过的弯路，直接借鉴他们成功的成果。用这样的办法，模仿西方走过的道路，在经济和社会建设上确实会有很大的发展。改革开放以来，我们基本的办法就是向西方学习，学习先进国家生产模式，生产力提高得非常快。它的特点就是模仿驱动，靠模仿别人来发展自己。这种发展方式对于后发展国家是行之有效的。无论哪个国家，只要进入现代化发展进程，学习、模仿先进国家，就能有很快发展。

但是，到了今天，再这样依靠模仿来驱动就不行了。模仿西方现成生产模式，使我们产能大大增加，以致产能严重过剩。继续靠模仿驱动，无法解决当今面临的问题。我们现在的问题是：要从模仿驱动走向创新驱动。创新意味着不仅像西方那样生产已经能够生产的产品，而且中国要研发出比西方现有产品更好、更新的产品。这样才能开拓市场，有更大的发展空间。因此就要求我们的发展模式转向创新驱动。科学、技术、思想、文化的创新，是新产品包括社会服务产品开发的观念源头。中国要走创新发展道路，首先要在科学、技术、思想、文化上创新，要有原创性的观念带动一系列后续发展的创新。自然科学、技术科学、哲学社会科学都需要创新，作为观念源头带动整个社会的发展。

中国正处于这样的时代，无论从客观现实需要看，还是从本身可能条件看，都越来越把创新问题提上日程。如果我们立志从事哲学社会科学的教学、研究、应用等方面的工作，我们都会遇到这样的问题：面对人文、社会事业的迫切需求，如何在继承已有科学文化的基础上，进一步推动思想理论创新，推动哲学社会科学在中国蓬勃发展。这是我们需要承担的重大社会责任。

今天哲学社会科学的思想理论创新，既有必要性也有可能性。可能性在于，我们已经有了现代哲学社会科学以及相关知识领域的基础，这是第一个条件。中国向发达国家学习了40年，已经有了相当多的积累，可以在这样的基础上进行一定的创造。第二个条件在于，中国有几千年灿烂的文明，有丰富的历史文化积淀，有改革开放40年的实践经验，也有当下面对世界的丰富阅历，这应该成为思想理论创造的基础。在这样的情况下，我国哲学社会科学思想理论创新的现实性日益凸显。在哲学社会科学领域，由中国制造向中国创造转化的条件越来越成熟。我们的哲学社会科学进入思想理论创新的重大机遇期。中国哲学社会科学在未来几十年中，会有越来越多的思想理论创造。

在历史上，中华民族就有非同寻常的成就。李约瑟对中国古代科技史有深入的研究。英国学者坦普尔根据李约瑟的研究，表达了这样的观点："我们生活的'现代世纪'是中国和西方种种成分的独特综合而成的。'现代世界'赖以建立的基本创造发明和发现可能有多一半来自中国。"[①] 这个判断肯定了中国文化在人类文明进步中的创造作用，符合历史事实。

最近这两百年间，中国经历了一个艰难的历史时期。我们进入了曲折的发展道路，经历了民族危亡的低谷。经历这段艰难曲折之后，我们走上了实现民族复兴的"中国道路"。40年来中国社会的变化，使创新成为发展中的根本性因素。首先是理论、制度、道路上的探索。在今天，理论创新、制度创新、科技创新、文化创新正在全面展开。中国正在进入一个创新发展的时代。西方一些学者看到了中国的发展趋势，认为中国的创造能力显著上升。总的来说，中国的创造力在迸发，这是个事实。

作为哲学社会科学学科的学者，处在这样一个需要创新、鼓励创新的时代，进入这个领域时就要立下思想理论创新的志向。从这个角度出

---

① [英] R. G. 坦普尔：《西方欠中国的"债"》，孟庆时译，《哲学译丛》1992年第3期。

发，我们需要明确思想理论创新的前提是什么？在怎样的前提下可以考虑创新？在积极创造这种前提的同时，如何进入思想理论创新的前沿？

先要有前提，立足前提才能走向前沿，在前沿实现创新。在具备基本前提和进入思想理论前沿的情况下，如何实现特定的思想理论创新？这是个更具体的问题。再进一步，如何发挥思想理论的社会作用，产生积极的社会影响？这些都是要考虑的问题。在我们刚刚进入大学，刚刚读研究生时，就要开始思考，因为将来终究要面对和解决这样的问题。

二 创造力：创新活动首要前提条件

创造力是创新活动的前提条件。要创新，最重要的是要看有没有这个能力。创造力是创新的首要前提，创新活动依赖于人的创造力。

那么，什么是"创造力"？德国学者海纳特在《创造力》一书中指出："创造力"一词来源于拉丁语，大意是创造、创建、生产、造成。它与"成长"词义相近。从词源上看，"创造力"指在原先一无所有的情况下，创造出新东西。青年时代是质疑、求索和发现的时代，是一个发展创造力和实现创造的阶段。"创造"本来就包含着"成长"的意思。每个青年在求学期间，既是在求知，也是在增强创造力，是知识和能力成长的时期。

创新的前提是创造，创造是指产生原来没有的东西。如果原来就有的东西，你再做出来，这是重复。重复和创造是两种活动。针对人的主体性，我曾专门写过题为《论建设和创造的主体性》的文章，区分了重复的主体性和创造的主体性。在重复性的活动中，人也有主体性，但仅仅重复已有的活动，还不是最高境界。最高的主体性应该是创造的主体性，这是人的创造力的体现。

青年时代是个特殊的时代，是培养和发挥创造力的时代。青年应该有一种自我意识，处在成长时期不仅是接受老师传授的知识和教育，也是在自我教育中成长。人的自我成长就是一种自我创造。每个人成为什么样的人，原因不完全在别人，而主要由自己造成，是自我的创造过程。社会、学校、家庭都是环境与条件，真正实现人的自我创造的主体就是你自己。真正能够实现自我成长即创造过程的只有自己，家长和老师都不能代替自己的创造或成长。

一个青年人在思想上是否成熟，要看他是否有自我创造的自觉意识和有效结果，能不能通过自我创造过程，把外来的知识信息、资源条件转换成自我创造的要素，完成社会性自我身心的创造。大学教育与中小学教育相比，青年自我创造的成分越来越突出。如果处在大学教育的关键阶段，缺乏必要的自我创造意识，会是一个严重的问题。以往普遍存在的被动灌输式教育压抑了学生的创造力，使之忘记自己是创造的主体。而没有自我创造的意识，就不能培养人的创造力。我们走向一个新时代，要使中华民族创造力焕发出来，青年在成长中就要培养自我创造的意识。

创造力是人普遍具有的核心能力。孩童的想象力与创造性在发育之中。如何激活、发展和升华人的创造力，这是教育的本质所在。西方一些学者认为，创造力的定义涉及：（1）创造者；（2）创造的历程；（3）创造的产品；（4）创造的环境。所有这些，囊括了主体与客体各方面的要素，呈现人的创造力发挥的过程及在创造过程中产生创造的产品。很多人从产品出发去定义创造力，这是有道理的。如果创造力仅仅存在于头脑中，没有结果即产品呈现出来，就不能证明主体创造力究竟如何。产品的质量是衡量创造力的标准。

人们认为创造性的产品有两个衡量标准：（1）新颖性；（2）适用性。新颖性意味着不是已有存在物的重复，不是原有东西的再现，一定包含原来没有或未发现的东西。适用性是指这个产品对人的生活、对社会具有价值。从"产品"的视角，创造力被定义为：产生新颖且有价值的产品的能力。创造力是运用已有资源来创造某种新颖、独特、有社会或个人价值的产品的能力。创造性产品的内容，可以是新概念、设想、理论，新工艺、技术、设计，也可以是其他物质产品或社会服务，总之要有新的产品或服务提供给社会。

创造力的要素很多，如智力、认知风格、价值、目的、信念和策略等。智力，在学校教育中被放在首要位置。但智力只是创造力的一个方面的要素，还有很多非智力方面的要素是不能忽略的。过去的教育往往倾向于智力因素的培养，忽视了非智力因素的作用。智力与非智力因素都是人创造力发展的重要方面。其中，想象力在创造性的发挥中至关重要。有的学者认为想象力是最重要的。一个人即便掌握了许多知识，但如果缺乏想象力，想象不到知识间的联系与新的可能性，便不能体现创造力。知识、智力固然很重要，非智力因素如想象力等也很重要。

三　发挥主体思想理论创新的创造力

面对一些思想理论问题，如何培养和发挥自己的创造力？我们知道，人的知识结构有"一横""一纵"两个方面。"一横"是知识的广度，我们要开阔知识的视野，尽量多了解各方面的信息，全面拉开横向的宽度。在这个基础上，还有纵深的专业知识方向。经过一两年打基础的学习之后，进一步就会进入到专业学习阶段，把"一纵"延伸出去。这"一横""一纵"连接起来，构成我们的知识结构中最基本的东西。

知识的积累和消化的过程，也是思想理论创造者生成即成长的过程。这种创造能力是在接受、理解和反思已有思想理论的历程中实现的，相应的人的认知结构是"T"型的。在这里，总体上说，人的认知的广度是与认知的深度成正比的。知识的储备既要有广度，又要有深度，能够较好地结合二者。所以，广博的知识，不羁的想象，丰富的经验，批判的反思，抽象的概括，逻辑的分析，等等，都是要着力加以培养的。打下广阔而又全面的知识基础，将为未来专业发展提供扎实而又充分的前提。如何处理好这"一横""一纵"关系，形成适当的知识结构，需要学者审时度势的智慧。

在了解已有的思想理论及其所依赖的社会实践和科学知识的基础上，我们要从前提走向前沿。一些人将来读研究生，进一步从事研究活动，就会遇到这个问题。教师在教学的同时进行学术研究，意味着在广阔的知识基础上深入某个专业方向。从前提走向前沿，对于青年教师而言，这个问题更加突出。在这些学者那里，前提已基本具备，问题是如何进入前沿。此时的任务是，进入学术创新发展的前沿，在前沿阵地上向前突进，完成自己的思想理论创新。

我自己就有这样的经验。1978年我来北京读研究生，时逢"实践是检验真理的唯一标准"大讨论。这场讨论深刻影响了此后几十年中国的发展。当时哲学界对"实践"的研究非常重视。我当时选择的硕士论文题目也以"实践"为主题，但我没有直接论述检验认识真理性的实践标准，这个问题大体上已经清楚。我要解决的问题是，在实践活动中如何才能把事情做好。在实际的实践活动中，这个问题是比较突出的。如果能做好，我们的成就会很大；如果做不好，就会遇到挫折，甚至走弯路。在学习马克思的实践理论基础上，我意识到原有的理论对于实践运动的规律探讨不够深入。我总结了一些历史经验，尤其是刚刚过去的"文化大革命"的理论教训，完成了硕士学位论文《论实践的效能、效果和反馈》。这篇论文受到老师们的称赞，因为它触及了当时在发展中遇到的根本问题：怎样才能把"实践"做得更好？论文从哲学高度论证了实践、效能、效果和反馈的辩证循环，认为这是实践运动的一条基本规律。这篇文章于1983年发表于《哲学研究》。

在做博士论文时，我选择了《人活动的效率》这个题目，也是面对现实中的根本问题。中国发展缓慢，直接与实践、劳动的效率低相关。效率是投入与产出之比。投入很多、产出很少的活动，是效率低下的活动。同样的投入，如果有更多的产出，就意味着提高了效率。就经济和生产的发展来说，核心的问题是效率问题：提高经济和生产效率，使得同样的投入能有更多产出，满足人们日益增长的需要。经济和生产的发展就是提高经济和生产效率的过程。效率问题在人的活动中普遍存在，是需要切实加以解决的。1990年我的博士论文在人民出版社出版。

我们知道，从1978年开始，实践问题就一直是哲学研究中的一个主题。从认识论到实践论，实践问题都是人们关注的中心。后来我逐渐意识到，在我们的理论阐述中，出现了一种简单化的趋向。强调实践当然是正确的，但是有把实践抽象化、简单化的倾向，认为实践能解决一切：不管什么问题，只要诉诸实践，就会迎刃而解。似乎实践都是正确的，因为作为检验真理的标准，实践本身应该是没有问题的。实际上这是不对的。日常生活中的任何行为都具有实践的意义，但我们做事有的是对的，有的是不对的。一件事情做得对还是不对，怎么判断呢？我们需要反思实践，用哲学的、反思的方式来对待实践。反思实践其实就是批判实践，意味着实践是你批判的对象。这是一种不同的思考视角。

讲实践是检验真理的标准，如果把实践推到至高无上的地位，就会陷入盲目性。实际上，从哲学的思维方式来看，应该把实践作为反思和批判的对象。这样的看法，是不是马克思主义的看法呢？当然是，因为马克思强调革命的、实践批判的活动的意义，而马克思主义理论的核心就是对现实即资本主义的批判。资本主义经济活动是最常见的实践活动，马克思的《资本论》就对它采取了批判的方式。但批判不是简单的否定，而是理论的分析和实践的改变。对实践应该采取批判的方式，实践本身就是一种批判的方式，实践者对自己的实践也应有自我批判。这些都是马克思主义实践理论的重要内容。出于这种考虑，我写了论文《马克思主义哲学的实践批判理论》，2006年在《哲学研究》上发表。我们讲实践批判，意味着对自己做的事情要采取批判的态度。在实践中有反思有批判，才能有改进有进步。

上述几篇论文，主旨在于思考当时社会生活中存在的问题，试图从理论上作出分析和回答。我讲到这样的经历是想表明：在哲学社会科学领域，学者们从理论上做学术研究，但我们研究的背景和对象是当今的现实。我们不能忽视现实生活中的迫切问题。面对这样的问题，如何从理论上提出、分析和解决，是我们的责任。这几项研究，无论是关于实践运动的基本规律，人的活动效率的历史发展，以及用实践批判、对实践批判和实践自我批判等问题，都是面对现实生活中的基本理论困惑，试图作出自己的回答。而这样的研究和回答，如果仅仅依靠原有的理论和方法无法作出，就要求我们进一步寻找新的理论和方法。这样做的结果，在思想理论上就是一种创新。

四 假说和论证：在创造历程中历练

思想理论的创新，包含着研究方法的创新。当原有的方法不足以解决问题时，新的方法的探索和创新，就可能成为思想理论创新的途径。在研究方法上，我们可以借鉴前人的研究经验，其中有一个方法就是假说方法。

在自然科学的研究中，假说方法是一个常用的方法。一个自然科学新理论的提出，通常都是先提炼一个假说，然后对假说加以反驳和论证。被驳倒的就被淘汰了，如果驳不倒，能够不断论证自己，从而立得住，就会成为科学理论。社会科学是否也像自然科学那样运用假说方法？事实上，社会科学也运用假说方法。很多新理论开始时都是以假说方式提出的。那么，哲学怎么样？哲学允不允许假说方法？我经过反复思考之后，断定哲学也是可以运用假说方法的。

我们对哲学的理解，本来就有一种近科学的解释：把哲学看作科学，或者说是科学的一部分。于是，在广义科学的概念中，就包含了哲学。马克思主义哲学作为现代哲学，同科学具有非常多的相似性，甚至可以说就是同类。如果哲学是一种科学，那么它运用假说方法，就是顺理成章的事情。如果我们强调哲学与科学的区别，甚至认为哲学和科学完全不同，那么在实证科学中通用的假说方法，在哲学中就可能用不上了。所以到底哲学中是否允许假说，这也是个问题。为了回答这个疑问，我曾写过题为《哲学研究中的假说方法》的论文，1988年发表在《现代哲学》上。

波普尔的著作《猜想与反驳》，讲的是科学假说方法。他主张首先确立一个猜想即假说，然后去反驳它，再进一步修改建构新的假说。在哲学研究中，其实很多哲学家都自觉或不自觉地运用了这种方法。他们起初提出的可能是一种猜想，把这样的猜想作为假说建构起来，然后反复加以论证。哲学是可以利用假说方法的。列宁曾说："现在，自从《资本论》问世以来，唯物主义历史观已经不是假设，而是科学地证明了的原理。"[1] 像唯物史观这样的理论创新，开始时的形式都是假说，那么其他哲学新理论的提出，为什么不可以通过假说方式呢？当然是可以的。

---

[1] 《列宁选集》第1卷，人民出版社2012年版，第10页。

可以把哲学假说从几个阶段来划分。首先是发现问题。发现一个新问题，或者说理论上没有解决的问题。然后去探求解法。一个问题可能有 N 个解法，但优劣不同。你要从其中选择最有可能解决问题的解法，运用它来解决问题。这就是一个假说的建构。建构假说之后，再进一步是要全面论证假说，尽可能历史地、逻辑地、科学地论证。论证过的假说，表述要尽量严谨，然后要对它加以评价、批评，拿到社会上去发表，经受实践和历史的检验。一个哲学假说，应该至少经历这样几个阶段。

前面提到我当年的硕士论文，所阐述的实践及其效能、效果和反馈，作为一种理论模式就是一个假说：在人的实践运动中，存在这样一种辩证循环，使我们的实践过程能够趋于不断优化。这在我们的实践运动中是普遍存在的。任何一个自觉的不断改进的实践活动，实际上都是这种不断反馈的调控过程。所以说，这是实践运动的一条基本规律。这算是我最早提出的一个假说。

1987 年，我在《中国社会科学》上发表了论文《人的主体性的进程》。这是针对当时学界对主体性的关注而写的。市场经济的建立和发展，呼唤着人的主体性的发展。当时我思考的聚焦点是人的主体性怎样演化。人的成长要经历一系列发展过程，包括其间的曲折。我提出了三个时期、九个阶段的演进模式：初级期人的主体性，即自在、自然、自知、自我的主体性阶段；转折期人的主体性，即自失的主体性阶段；高级期人的主体性，即自觉、自强、自为、自由的主体性阶段。这是我关于人的主体性演化的假说的主要内容。后来我在出版《主体性哲学——人的存在及其意义》一书时，对人的主体性演化作了较为完整的论述。

顺便提一下，我还做过两个预言，其实在提出时也是假说。1992 年，当时《社会科学战线》杂志编辑约我写篇文章，展望未来 21 世纪的中国。如何想象未来的世纪，那时的中国会是怎样的？中国发展乐章的主旋律是什么？我想来想去，认定这个主旋律是创造。因为中华民族五千年间，曾经创造了辉煌的文明。但是近二百年中，一度跌落在危亡的谷底。我们在不懈的奋斗中走出低谷，正面临民族复兴的过程。未来中华文明必将迸发它的创造活力。所以我当时设想，21 世纪中国的主要特征可能就是创造,创造会成为中国发展的主旋律。这篇文章题为《创造:21世纪中国的主旋律》。现在,这个预言应该说得到了证实。我们把创新作为引领中国发展的动力,这个主旋律至少一个世纪不会中断。

还有一个预言或假说。2008年,我在《中国社会科学》上发表论文:《从主体性到公共性——当代中国马克思主义哲学的走向》。当代中国马克思主义哲学研究范式即研究主题的转换,我认为是从主体性到公共性的转向。改革开放,建立市场经济,呼唤人的主体性,主体性问题日益突出。随着人的主体性的发展,当主体和主体相互面对时,主体际、主体间的问题就凸显了。主体和主体的关系问题,不能简单以主体和客体关系处理。这个主体间、主体际的关系,是主体性基础上的公共性问题。在中国乃至世界,个体主体性越是得到充分发展,共同体公共性问题就会越突出。所以,从主体性到公共性,将成为中国马克思主义哲学主要的发展趋势。这个预言或假说也基本上得到了证实。

哲学研究的方法很多。除了假说方法,我还常用范畴系列方法。我们研究问题,有时研究一个范畴、概念就可以作为一篇论文的主题。有时两个概念的关系,如《存在与虚无》是两个范畴的关系。所谓范畴系列至少三个范畴,我研究实践、效能、效果和反馈,是四个范畴的关系。范畴系列可以作为研究的一种方式,事物之间的联系包括其中的逻辑关系,需要我们研究和阐述。我与王维国合写的论文《公共性的样态与内涵》,涉及十五个范畴,三个范畴一个系列,总共五个系列。这可以说是范畴系列研究的一个标本。

五 思想理论产品的创造、检验和完善

我们进行思想理论上的创新,创造了某种精神产品。这种产品还要长期接受检验,不断加以完善。例如我一直非常关注文化问题。多年前我曾写过题为《转向大文化观》的文章。我认为,现有的文化观是小文化观,是把经济、政治、文化作为三个领域的文化观。这种意义上的

文化观，与当代社会学、人类学关于文化的理解是不相符合的。社会学、人类学关于文化的理解属于一种广义的文化观。在广义文化概念下，任何一种人类活动都具有文化的意味。如果从广义来看，文化的内涵与外延就同原来的理解大不一样了。从总的趋势来说，广义文化观即大文化观，将代表未来文化理解的方向。这是我在当时的一个判断。因为社会学、人类学对文化的理解已经转向了大文化观，哲学不应该与这样的状况相违背，最终必然要顺应关于文化的广义理解。我们的文化观将会转变成一种大文化观。

那么，到底怎样去理解文化？我曾给文化做了一个定义性的说明：文化是相对稳定的人为的程序和为人的取向的统一。文化的根本在于人为的程序和为人的取向这样一种关系。为此我先后写过几篇文章，对这个观点加以论证。这也可以看做是一个假说。因为关于文化的定义非常多。任何一个新的文化定义，都可以作为一种假说提出来。我关于文化的定义也可以说是一个假说，问题是需要加以论证。我一直试图作进一步的论证。前年我出的一本书，题目叫《社会的文化程序》，就是把整个社会看作由文化程序来调控的过程。

我们提出每一个哲学假说，都要经历反复的论证或反驳。能够经得住检验、经得住批判，才能够真正立得住。只有那些经受了千百年历史和文化实践检验的假说，才能够沉淀为人类文化的理论成果。这是非常不容易的，但有志于思想理论创新的学者应该在这方面尽自己的努力。只要我们努力做得足够充分，那么就会有好的成果保留下来。在这个意义上，做学问的人其实与那些工匠是很相似的。我们也要有工匠精神，对于自己创造的产品精益求精，使之站得住脚，并且传之久远。

哲学作为思想理论的创造，提供的是一种公共文化产品，是一种可以为社会广泛接受和运用、能够为后人借鉴甚至沿用的理论和方法。所以人们说，学术乃天下之公器。前人在不断做这样的努力，我们后人也要这样继续去做。只要我们有足够的努力，能够发挥我们的创造性，能够有慧眼识别那些真正的问题，能够创造性地找到真正解决问题的方法，能够形成具有创新意义的理论成果，那么就会留下有价值的文化成果。

总之，在思想理论创新的天地中，每个学术领域都有自己的前提和前沿。我们总是努力用足够的时间来完成这个前提的创造，然后再进一步进入这个领域的前沿。在思想理论创新的前沿，找到对于自己合适、对于社会重要的问题，运用恰当而有效的方法，包括运用哲学和科学的假说方法，来提炼自己的假说，对假说加以论证，让实践和历史做出检验。这就是我们未来有可能作出的贡献。

后 记

1978年10月，我从长春来到北京，在中国人民大学哲学系读马克思主义哲学专业研究生。3年后，毕业留校任教，那年我36岁。校园生活看似平淡无奇，实则内涵丰富，人们在精神的世界中不畏艰险，攀登着各自领域学术理论的高峰。寒来暑往，斗转星移，转眼间40年过去了。岁月匆匆，不留痕迹，但自然界、社会和人本身的变化历历在目。作为新时期中国哲学发展的亲历者，我们也留下了思想之路上艰难跋涉的足迹。

20世纪八九十年代，中国改革开放和现代化建设风起云涌，波澜壮阔。市场经济呼唤着人的主体性的发展，我也同学界许多学者一样，极为关注人的主体性问题。这些关于主体性问题的思考成果，后来汇集为《主体性哲学——人的存在及其意义》一书，作为"哲学理论创新丛书"之一，于2002年在云南人民出版社出版。2011年《主体性哲学——人的存在及其意义（修订版）》由中国人民大学出版社出版，收入"哲学文库"。

进入21世纪，随着中国经济市场化和世界经济全球化的发展，在个人、群体、民族、国家各个层面，人的主体性基础上社会公共性问题日益凸显。总体上说，由前主体性到主体性再到公共性，是人文世界近现代发展的大趋势。自中华人民共和国成立特别是改革开放以来，中国乃至世界历史变化的基本脉络，实质上就是在主体性发展前提下的公共性建构。我和一些学生思考和研究的重心，逐步转向了社会的公共性问题。

近十几年来，我自己写了一些文章，并与刘克苏、王维国、曹鹏飞、谭清华、刘志洪、陈琼珍、陈忠炜、桑明旭等合作发表了一系列论文，讨论当代中国和世界的共同体和公共性问题。共同体是公共性的存在。在复兴中华民族共同体的同时，建构人类命运共同体，这是当今中国和世界和平发展的基本目标和根本保障。在历史唯物主义视野中，社会的公共存在决定公共意识。面向中国和世界未来发展最重要的观念，应该是公共主义的发展观。我们需要有主体性哲学基础上的公共性哲学，引领我们共同创造和享有一个更美好的公共环境。

所有这些研究成果，汇集成《公共性哲学——人的共同体的发展》这本书。此外还有几篇与之相关的文章，作为附录列在结尾部分。收入本书的已经发表过的文章，在题目脚注中注明了最初发表的时间和报刊。出于本书整体结构和表述的需要，作者对原文做了一些必要的补充或修改。凡是书中合作的部分，都在题下脚注中注明合作者及论文发表情况。由于本书中相当大的一部分是师生共同研究和写作的成果，鲜明显示了某种学术共同体的公共性，所以在署名上也有所体现，尽管这种合作的情谊远非一个"等"字能够表达的。

在这里，我要衷心感谢前述八位合作者。同时也要感谢附录文章中除我自己以外的几位作者，他们事实上也是本书的合作者。与作者合作的是编者，作者和编者在学术著作出版中同样构成共同体关系，这种合作令人终身难忘。我们的这本书能够在中国社会科学出版社出版，由衷地感谢赵剑英社长的关心和支持，感谢责任编辑朱华彬等细心负责的工作。华彬也是我的学生，为了这本书的出版，他默默地做了大量工作，实际上也是这本书的合作者。

我还想借此机会，向几十年来一直关注我的亲人、师长、同学、同事和朋友们，向未来阅读这本书的读者们，表示深深的谢意！因为有你们关爱，即使在最寒冷的冬天，也能感受到春天般的温暖。漫漫旅途中，相逢即是缘。如果能够共同创造长留世间的精神产品，更是珍贵的缘分。说到这里，我要向同我一起走过半个世纪的王晓东女士说一句话：感谢有你，一路相伴！在人生中，我们都有各自的主体性，也要有各种共同体的公共性。这是我们共同建构的让我们借以安身立命的人文世界。

郭　湛

2019 年 2 月 21 日

于中国人民大学人文楼